O melhor da espiritualidade brasileira

O melhor da espiritualidade brasileira

organizado por Nelson Bomilcar

Editora Mundo Cristão
São Paulo

Os textos das referências bíblicas foram extraídos da versão *Almeida Revista e Atualizada*, 2ª ed. (Sociedade Bíblica do Brasil), salvo indicação específica.

Dados Internacionais de Catalogação na Publicação (CIP)
(Câmara Brasileira do Livro, SP, Brasil)

O melhor da espiritualidade brasileira / organização: Nelson Bomilcar. — São Paulo: Mundo Cristão, 2005.

Vários autores.
Bibliografia.
ISBN: 85-7325-394-0

1. Espiritualidade   I. Bomilcar, Nelson.

05-3783   CDD — 255

Índice para catálogo sistemático:
1. Espiritualidade: Vida Cristã: Cristianismo   255

Publicado no Brasil com todos os direitos reservados por:
Editora Mundo Cristão
Rua Antônio Carlos Tacconi, 79, São Paulo, SP, Brasil, CEP 04810-020
Telefone: (11) 2127-4147
Home page: www.mundocristao.com.br

1ª edição: julho de 2005
1ª reimpressão: 2012

Sumário

Apresentação

Uma das tarefas mais difíceis (e não menos prazerosa) de um editor é selecionar e recomendar o que será publicado. No processo de aquisição editorial, centenas de manuscritos nacionais e de títulos internacionais são garimpadas a fim de levar a você o que julgamos ser o melhor conteúdo disponível, no campo de conhecimento que o autor se propõe.

Trata-se de um processo que exige que o editor esteja permanentemente com as "antenas ligadas" para captar as grandes questões do indivíduo, da Igreja e da sociedade. A leitura de jornais, revistas, livros, *websites* e muitas conversas com formadores de opinião fazem parte de um elenco de atividades fundamental para identificar o que você, leitor ou leitora, deseja e precisa para seu conhecimento, edificação, entretenimento ou formação.

Assim construímos nossa *plataforma* editorial, sempre preocupados em divulgar uma mensagem relevante e cristocêntrica, de modo que estimule a leitora e o leitor no processo permanente de transformação de vida.

Neste princípio de século, algumas questões nos têm chamado a atenção, tornando-se objeto de livros importantes. As repercussões dessas obras na Igreja e numa camada importante da sociedade confirmam nosso *faro* editorial e nos fazem sentir aquele *frio na barriga*, pela responsabilidade que só faz aumentar.

Uma dessas questões refere-se à atual situação da Igreja. Os caminhos que a Igreja Evangélica vem trilhando no Brasil nos inquietam. A despeito do festejado crescimento (inflacionado pelos bons e velhos números *evangelásticos*), a fluidez doutrinária, o desapego à ética e a inversão de valores que sempre nos foram caros transfiguram o conceito do que é ser evangélico.

Os estragos já começam a se fazer sentir. Envolvidos num ambiente de fortíssima concorrência, cuja audiência dominical é ansiada como um índice do IBOPE, pastores esmeram-se como grandes apresentadores de um *show* recheado de efeitos especiais e boa trilha sonora. A eloqüência da palavra, associada à exploração do emocional, faz do culto um circo, uma oportunidade única para a catarse. Reforçam o individualismo e jogam por terra a experiência comunitária, que outrora dava sentido único ao ser parte de um "corpo".

Tal estado de perplexidade em relação à Igreja nos desafia a oferecer o contraponto. Em 2004, Jorge Barro, com a inestimável colaboração de Wander de Lara Proença, Luis Wesley de Souza e Alfredo dos Santos Oliva, em *Uma igreja sem propósitos*, desnudou as motivações que norteiam o trabalho de muitas igrejas e as analisou à luz da mensagem contida nas cartas dirigidas às sete igrejas do Apocalipse.

Recentemente, foi a vez de Paulo Romeiro, em seu *Decepcionados com a graça*, esmiuçar o que está por trás do neopentecostalismo e seus efeitos danosos, observáveis na multidão de pessoas enganadas pela falsa promessa de prosperidade.

Outra linha editorial de destaque na Mundo Cristão é formada por livros que desafiam o leitor a avaliar sua religiosidade. Phillip Yancey (*Alma sobrevivente*), Larry Crabb (*Sonhos despedaçados*) e Marson Guedes (*O caminho de Jeremias*) discutiram a condição humana e a religiosidade fundamentada no legalismo, na culpa e na relação de barganha com Deus como marcos de uma espiritualidade doentia do cristianismo de nossos tempos. Até parece que nos esquecemos de que foi essa religiosidade que condenou Jesus à morte.

Se é verdade que existe um sentimento de inquietação com os rumos que a Igreja e nossa religiosidade vêm trilhando, *O melhor da espiritualidade brasileira* acena com a possibilidade da esperança. A seleção de autores convidada para refletir conosco sobre os vários aspectos da espiritualidade cristã representa uma pequena fatia dos pensadores que reúnem os valores que a Igreja Evangélica brasileira conseguiu despertar. É gente capacitada, motivada, vocacionada e ungida para gritar em alto e bom som que podemos nos achegar a Deus e tê-lo como o centro de nossa vida.

Certa vez, o salmista declarou que sua alma ansiava e suspirava por Deus, e que seu prazer era estar na presença de Deus, do Deus vivo. Quando imaginamos esta coletânea de ensaios, tínhamos como alvo motivar as pessoas a voltar-se para Deus, e não para a promessa de bênçãos, por mais necessária que seja. Queríamos dizer que Deus quer nos aceitar como somos e, como um pai amoroso que chama o filho sapeca para sentar-se no colo, o Senhor toma cada um de seus filhos no aconchego de seus braços e conversa amorosamente com ele.

O melhor da espiritualidade brasileira resgata a importância crucial da *imago Dei*, do sentido maior do acolhimento e da aceitação, do resgate da dignidade que o Criador concedeu em sua misericórdia à criatura. Seus autores e editores esperam contribuir para colocar ordem no caos desta irreconhecível Igreja Evangélica e desta desfigurada religiosidade.

A publicação de *O melhor da espiritualidade brasileira* marca ainda os 40 anos de fundação da Editora Mundo Cristão. É nossa maneira de agradecer aos milhares de leitores e leitoras, como você, que no Brasil e no mundo nos prestigiam e incentivam a buscar sempre a excelência em tudo o que fazemos.

Finalmente, queremos agradecer a Ricardo Barbosa e a Nelson Bomílcar. Ambos foram imprescindíveis na gestação deste livro. Nelson nos ajudou ainda a compor a seleção de ensaístas e a organizar os temas.

Agradecemos também a todos os ensaístas não apenas por dedicar muitas horas a escrever seus ensaios, mas também pelo privilégio de tê-los em nossa casa. Esperamos poder fazer ainda mais história com vocês.

RENATO FLEISCHNER
Editor

I

O que é espiritualidade?

O desafio bíblico da espiritualidade cristã

Ricardo Barbosa de Souza

Estudou na Faculdade Teológica Batista de Brasília e teologia espiritual com o dr. James Houston, no Canadá. Coordena o Centro Cristão de Estudos — CCE e atua como pastor da Igreja Presbiteriana do Planalto, em Brasília (DF). É articulista e autor dos livros *O caminho do coração — Ensaios sobre a trindade e espiritualidade cristã* e *Janelas para a vida.*

Não é fácil definir ou conceituar a espiritualidade. Embora seja uma expressão religiosa que, a princípio, tenha a ver com o relacionamento de Deus com o ser humano, tornou-se, na cultura moderna, um termo abstrato, vago e presente em quase todos os segmentos da vida: da religião à economia, da ecologia ao mundo dos negócios. Para entender melhor o que significa espiritualidade nos dias atuais, precisamos associá-la a outras duas expressões que se encontram intimamente conectadas: subjetividade e pós-modernidade. Juntas, elas formam o tripé para a compreensão da cultura contemporânea.

O mundo moderno era racional, científico, positivo. Acreditava na bondade natural do ser humano. Era um mundo de certezas e de sólidas convicções. Porém, após duas guerras mundiais e uma infinidade de conflitos étnicos, políticos e econômicos, esta era de certezas deu lugar a um espírito cínico e desiludido. O mundo pós-moderno é o mundo do desencanto, da decepção, da desilusão, das incertezas. Emocionalmente, a modernidade refletiu o progresso, o otimismo, a confiança na tecnologia. O pós-moderno é o oposto — é negativo, irracional e subjetivo. O rápido processo de secularização, o avanço tecnológico, o rompimento com as tradições, a relativização dos valores e dos costumes, o fortalecimento do individualismo e a quebra do consenso social apresentaram uma nova agenda para a sociedade.

A reação contra a objetividade e a mentalidade cartesiana, racional e científica do mundo moderno gerou um novo espírito, mais subjetivo e individualista. A relativização moral criou uma nova forma de ateísmo: o da irrelevância de Deus e uma forma de espiritualidade subjetiva sem nenhum fundamento bíblico ou histórico. A realidade vem se tornando mais abstrata e virtual, e a estética é a nova base da identidade e da afirmação pessoal. Uma vez que a tradição foi descartada e vivemos a falência das estruturas familiares e a burocratização das instituições, não temos mais um juiz para julgar os valores, mas um espírito individualista, cínico e altamente indulgente. Se, no passado, levávamos nossas questões para serem julgadas no tribunal da razão e da sã doutrina, hoje elas são arbitradas na jurisdição das emoções e dos sentimentos. O critério que valida a experiência é o bem-estar pessoal.

É dentro deste cenário que surge o termo "espiritualidade", estabelecendo uma nova agenda para a Igreja. Espiritualidade tem a ver com o novo estado de espírito do mundo pós-moderno. Falar em espiritualidade, segundo James Houston, é falar sobre a revolta do espírito humano ao aprisionamento que a cultura racional impôs sobre a civilização ocidental, levando-a a olhar para a vida apenas na perspectiva superficial da ótica científica. O ser pós-moderno não aceita mais viver sob esta ótica estreita e limitada da cultura racional, mas, paradoxalmente, sua luta contra o aprisionamento da superficialidade racional o levou a um novo estado de alienação e superficialidade, fruto do subjetivismo e do individualismo impessoal.

Espiritualidade é o tema da agenda religiosa do século XXI. Está presente em todos os encontros, debates e discussões. Não apenas no universo evangélico, mas também nos âmbitos cultural, empresarial, econômico, político etc. Todos conversam sobre o assunto, falam de suas experiências, descrevem seu momento espiritual. Empresas preocupam-se com o estado espiritual de seus executivos, oferecendo cursos e palestras para *elevar* o espírito e melhorar o rendimento profissional. Livros e revistas especializados no assunto surgem a cada dia. Entretanto, como afirma Eugene Peterson, quando todos seus amigos começam a conversar sobre colesterol, comparando taxas, trocando conselhos, sugerindo remédios e chás, você logo percebe que este é um mau sinal. Alguma coisa não vai bem. Da mesma forma, quando vemos e ouvimos muita gente conversando e lendo sobre espiritualidade, isto nos leva a pensar que a alma de nosso povo não anda bem; está enferma.

A segunda metade do século XX foi marcada por várias rebeliões e protestos. O movimento *hippie* dos anos 1960 e 1970 protestou contra a repressão sexual e a guerra do Vietnã, levantando a bandeira do amor livre, das viagens lisérgicas, da quebra dos preconceitos e tabus. O movimento feminista lutou pelos direitos das mulheres contra uma sociedade machista, que não apenas oprimia, mas impunha sobre elas um modelo social, econômico e político masculino, abrindo as portas para que se tornassem protagonistas do processo social, e não apenas coadjuvantes.

No campo político, o fim dos anos 1980 foi marcado pela *Perestroika* ("Reestruturação" ou "Reconstrução") e pela *Glasnost* ("Transparência" ou "Abertura"), a queda do muro de Berlim, o colapso das estruturas políticas totalitárias e o surgimento do neoliberalismo da economia globalizada. A ecologia também conquistou sua agenda, levando a sociedade moderna a reconsiderar a natureza como fonte de vida, e não apenas como uma usina inesgotável de riquezas, provocando, em alguns segmentos sociais, um novo tipo de panteísmo.

O surgimento dos livros de auto-ajuda e a descoberta da inteligência emocional abriram um novo espaço nos núcleos que, até pouco tempo atrás, eram dominados pelos tecnocratas. Os avanços tecnológicos nos campos da comunicação e da genética escancararam as portas de uma nova realidade, cujas perspectivas fogem ao controle da ética, colocando o ser humano diante de um novo tempo de incertezas.

No mundo evangélico, tivemos a renovação carismática dos anos 1960, o movimento da música *gospel* no fim dos anos 1980 e início da década de 1990, e o surgimento das igrejas neopentecostais ou pós-pentecostais, com sua frágil consistência teológica e doutrinária, mas com forte apelo emocional e social, trazendo novos contornos e novas definições aos velhos paradigmas da fé cristã.

Todas essas coisas são manifestações de protesto do espírito humano, que brada esta mensagem: existe uma realidade mais profunda que a leitura superficial do racionalismo impessoal. Era isto que Pascal defendia no século XVII, quando afirmou que "o coração tem razões que a própria razão desconhece". Foi também o que a revolução iniciada por Freud no fim do século XIX quis mostrar. Assim, a espiritualidade tem uma relação estreita com o espírito humano pós-moderno em seu protesto contra o racionalismo alienante, mas desenvolveu novas formas de alienação e superficialidade.

Ao falar de espiritualidade dentro do contexto da experiência espiritual cristã e evangélica — propósito dominante deste livro —, devemos levar em conta esse cenário porque, mesmo que tenhamos uma longa história e tradição, bem como sólida bagagem teológica e doutrinária, somos herdeiros da cultura iluminista, e fomos também atingidos pelo processo alienante da cultura moderna e pós-moderna.

A Reforma Protestante — ancorada no Renascimento e, posteriormente, no Iluminismo — trouxe, sem dúvida, uma grande contribuição e um avanço teológico e espiritual para o cristianismo. Libertou muitos cristãos da opressão da ignorância e da superstição do fim da Idade Média, e apontou um caminho fundamentado nas Escrituras Sagradas, na sã doutrina, na centralidade de Cristo e sua obra expiatória, na suficiência de sua graça, na soberania de Deus sobre toda a Criação. A Reforma Protestante do século XVI deu ao cristianismo uma grande e sólida contribuição, ao estabelecer as bases da fé cristã.

A exigência de uma fé articulada na esfera da razão trouxe vários desdobramentos ao estudo teológico, e deu à Teologia Sistemática o honroso título "rainha das teologias", pois conhecer a Deus implicava dominar os dogmas da fé. O conhecimento passou a ser um atributo exclusivo da razão. Enquanto, nos primeiros séculos da era cristã — tanto para os pais da Igreja como para os pais do Deserto —, o conhecimento e o relacionamento eram inseparáveis, para a era moderna tornaram-se realidades distintas. Para os pais da Igreja, conhecer a Deus implicava amá-lo e relacionar-se com ele. A Teologia e a oração não eram tarefas distintas. No período pré-moderno, não vemos uma separação entre o conhecimento e o relacionamento. Gregório, o Grande, do século VI, já afirmava que "amor é conhecimento".

Se olharmos para as obras de Irineu e Orígenes, do Segundo e do Terceiro séculos; Agostinho e os irmãos da Capadócia, do século IV; Benedito e Gregório, do Sexto; Simeão, o Novo Teólogo do Décimo; Bernardo de Clairveaux e Ricardo de São Victor, do século XII; Boaventura, do Décimo-terceiro; Walter Hilton, do século XIV; e muitos outros, veremos que, para todos eles, conhecimento e amor, doutrina e devoção, teologia e oração eram a mesma coisa. Sua teologia era, de certa forma, o relato da própria experiência com Deus. As *Confissões* de Agostinho, as *Regras monásticas* de Benedito, o *Cuidado pastoral* de Gregório, as *Orações* de Simeão, os comentários de Cantares e outros escritos de Bernardo, enfim, todos eram expressões de uma fé pessoal, de amor por Deus, de uma vida de oração. Não havia o divórcio entre Teologia e espiritualidade. Evagrius Ponticus, do século IV, afirmou: "Orar é fazer teologia." A Teologia emergia da oração. Não eram diferentes entre si.

O divórcio entre a Teologia e a espiritualidade surge no fim da Idade Média, com o escolasticismo. Se, de um lado, Gregório afirmava, no século VI, que amor é conhecimento, Tomás de Aquino, no século XIII, passa a distinguir o conhecimento de Deus, que surgia do amor e da relação com o Criador, daquele que era propriamente científico e dogmático.

A partir do século XVI, vemos que a separação entre a Teologia e a vida espiritual e devocional ganha corpo, à medida que se torna cada vez mais subdividida. O Iluminismo gerou um novo tipo de teólogo: aquele que nunca orou porque, para ser teólogo, bastava dominar as ciências da religião. O honroso título de "doutor em Teologia" necessariamente não define mais, na cultura moderna, alguém que tenha uma relação pessoal com Deus, que cultive uma espiritualidade pessoal e madura ou que "ande nos caminhos do Senhor". Para ter este título, basta ser um aluno inteligente e disciplinado, percorrer os corredores e as bibliotecas das academias, escrever teses, ensaios, monografias e demonstrar domínio da ciência teológica.

Chegamos ao fim do século XX com um sentimento de fracasso, vazio, descrença e desilusão. Nossos avanços sistemáticos na Teologia foram grandes e de uma enorme contribuição para a Igreja e a fé cristã. No entanto, falhamos na construção de uma gramática que estabelecesse uma relação real entre o que professamos crer e a vida. A gramática teológica, para muitos, é diferente da gramática da vida. A crise espiritual é fruto da ausência de gramática. Da mesma forma como precisamos de uma gramática para dar sentido à linguagem, precisamos de uma gramática que dê sentido à fé.

Conhecer a Deus implica "amá-lo de todo coração, alma e entendimento". Isto envolve a totalidade da vida, mente e coração em comunhão pessoal com Deus, e significa que o conhecimento não pode ser divorciado do relacionamento, nem a Teologia pode caminhar sem a oração. O apóstolo Paulo nos diz que a sã doutrina é importante, não para nos dar títulos ou temas para teses, mas para nos tornar sábios para a salvação.

É dentro desse contexto de fracasso, vazio e descrença que tomou conta de nossa civilização na segunda metade do século XX que vários movimentos espirituais, muitos deles de natureza esotérica, surgiram buscando aquilo que as grandes ideologias racionalistas falharam em proporcionar ao ser humano. Esta é a arena na qual o cristianismo enfrenta seu grande desafio. De um lado, há o desafio teológico de preservar os fundamentos da fé, estabelecer alicerces teológicos e doutrinários e construir as bases da espiritualidade cristã. Do outro, o desafio espiritual de considerar as demandas e os anseios do espírito humano e resgatar o lugar e o significado da oração e do relacionamento pessoal com Deus e sua Criação. Segundo James Houston, o desafio que temos é duplo, pois significa buscar uma teologia mais espiritual e uma espiritualidade mais teológica.

Por uma teologia mais espiritual

Precisamos de uma teologia que nos desperte para um relacionamento pessoal e verdadeiro com Deus. Em outras palavras, uma teologia e uma linguagem teológica que nos aponte o caminho da oração; que nos conduza e inspire a "amar a Deus de todo coração, alma e entendimento"; que seja mais pessoal, afetiva e comunitária, e não apenas acadêmica.

É lamentável constatar que muitos estudantes de Teologia que entram para um seminário motivados por um profundo amor por Deus e desejo de servi-lo, depois de quatro ou cinco anos de estudo saem mais cínicos em relação a Deus e à Igreja, orando menos, afetivamente atrofiados e mais limitados, em termos relacionais, que ao entrarem. Por que o lugar de formação teológica não é, também, o lugar de formação espiritual? Por que a relação entre a profundidade acadêmica e teológica e a profundidade espiritual e devocional permanece, para muitos, inconciliável?

Certamente não cumpre com seu papel uma teologia que não nos motive à oração; que não nos desperte para amar ao Deus Triúno da graça e a sua Palavra de todo coração, alma e mente; que não nos torne mais compassivos e afetuosos para com o próximo; que não nos faça compreender e discernir o pecado e nos conduza ao arrependimento e à confissão, que não nos envolva comunitariamente; e que não nos leve a ter sede e fome de justiça.

Deus nos chama para participar da eterna comunhão que o Pai, o Filho e o Espírito Santo gozam. Jesus nos apresenta este convite em sua oração sacerdotal, quando suplica, dizendo: "A fim de que todos sejam um; e como és tu, ó Pai, em mim e eu em ti, também sejam eles em nós; para que o mundo creia que tu me enviaste. Eu lhes tenho transmitido a glória que me tens dado, para que sejam um, como nós o somos" (Jo 17:21-22; ARA).

Este relacionamento é a razão primeira e última da Teologia. Todo o esforço da Igreja, todo o labor teológico, toda a eficiência do discipulado devem, em última instância, nos conduzir à comunhão trinitária. Quando perguntaram a Jesus qual era o maior de todos os mandamentos, sua resposta apontou para uma dimensão relacional e afetiva: "Amar a Deus sobre todas as coisas e ao próximo como a nós mesmos." Este era o fim da Teologia, a razão de ser dos mandamentos e das profecias. O apóstolo João nos dá a resposta mais simples e, ao mesmo tempo, mais profunda sobre o conhecimento de Deus. Ao afirmar que "Deus é amor", ele define a natureza pessoal e relacional do Deus Bíblico.

Uma teologia mais espiritual deve ocupar-se com a conversão integral, e não somente com a conversão das convicções. Para a mentalidade racional e cartesiana, o que importa é a conversão das convicções, do pensamento ou das crenças. É certo que a conversão pressupõe uma mudança de convicções, mas, seguramente, implica muito mais que isto. Julia Gatta, escrevendo sobre o pensamento de Walter Hilton, cristão que viveu na Inglaterra no século XIV, mostra sua preocupação com o que chamava "conversão das emoções".

> A totalidade do ser está envolvida no processo de união com Cristo. Tanto nossa mente como nossos sentimentos precisam caminhar em direção à conversão, à progressiva purificação e, finalmente, à transformação. A renovação intelectual, se não é mais fácil, no mínimo é um assunto relativamente mais simples comparado com a redenção da afetividade. A emoção, especialmente a emoção religiosa, é um fenômeno complexo. O fruto do Espírito não pode ser igualado a um simples "sentir-se bem" [...] Como em todos os outros aspectos da natureza humana, a afetividade precisa ser interpretada, disciplinada e, finalmente, redimida.[1]

O racionalismo preocupou-se com as convicções. A psicanálise veio nos mostrar que a fé apresenta uma complexidade emocional e psíquica maior que imaginamos. C.S. Lewis já dizia que a fé está muito mais relacionada às emoções que à razão.

Sabemos que a conversão envolve a totalidade da vida, como o pecado e a queda corromperam todos os aspectos da existência humana. No entanto, a herança iluminista destacou a conversão das convicções como sendo a experiência cristã por excelência. Para muitos, a conversão significa apenas uma mudança de mentalidade religiosa. Contudo, quando olhamos para os evangelhos e, particularmente, para os encontros de Jesus, percebemos que o foco do Mestre não estava apenas nas convicções, mas na gramática da vida.

Um exemplo claro dessa preocupação está no encontro de Jesus com o "jovem rico". Ele se apresenta como uma pessoa de convicções claras e sólidas. Desde a infância, aprendera e guardara os mandamentos, mas, para Jesus, faltava-lhe algo fundamental: amar a Deus e ao próximo de todo coração — um amor que o libertaria da tirania de seu egoísmo.

Outro encontro que nos ajuda a entender a totalidade da conversão foi o de Jesus com o publicano Zaqueu. Em sua conversa reservada com o

Mestre, Zaqueu responde não com um conjunto de declarações confessionais e dogmáticas sobre a fé, mas com um gesto que deixa claro para Cristo que ele compreendera a natureza do Evangelho da salvação. Jesus estava mais atento à gramática da vida que declarações apenas formais, racionais e dogmáticas da fé.

Precisamos da Teologia, e veremos isto mais adiante, mas precisamos também integrar a Teologia com a vida. Para isso, ela precisa ser mais espiritual. Não significa *espiritualizar* a Teologia, mas reconhecer sua pessoalidade e o significado da encarnação na pessoa de Cristo. A encarnação tira a Teologia da prateleira e a coloca no coração, na mente, nos relacionamentos, na vida, nas decisões, nos afetos, nas paixões, nas escolhas, enfim, em tudo. Tornar a Teologia mais espiritual é torná-la mais pessoal, mais comunitária, mais missionária.

Uma teologia espiritual deve valorizar mais a santidade e a sabedoria. O mundo moderno produziu intelectuais brilhantes; o pós-moderno vem produzindo técnicos extraordinários. No entanto, em ambos perdemos o lugar do sábio ou do santo. É curioso notar que o santo do passado foi substituído pelo teólogo ou pelo *especialista* do presente. O mundo moderno, ao reconhecer como verdadeiro apenas o que é racional, acabou negando o lugar da sabedoria e a importância do "santo", valorizando mais o cientista e o intelectual.

Já o mundo pós-moderno, diante dos avanços tecnológicos e suas ferramentas, que criam as possibilidades e a funcionalidade, valorizou mais o "fazer" que o "ser", invertendo a contemplação pela ação, e trocou a sabedoria pela tecnologia. Temos hoje ferramentas técnicas para fazer uma igreja crescer, para organizar um programa de discipulado em cinco ou dez lições (dependendo da disposição do freguês), para tornar um casamento feliz e bem-sucedido, para melhorar o desempenho sexual, para fazer do pastor um ministro de sucesso etc. Os recursos tecnológicos para a adoração ou para criar amigos apenas mostram quanto temos nos tornado tecnocratas impessoais e alienados, pragmáticos obcecados com o resultado e a funcionalidade.

O "santo" ou "sábio" era alguém que, além de dominar a ciência, possuía também o discernimento das complexidades da alma humana, das estruturas sociais, e permanecia mais preocupado com a pessoa que com seus papéis, mais envolvido com o ser que com suas funções ou seu sucesso. Agostinho falava do "duplo conhecimento": o conhecimento de Deus e de nós mesmos. Ele escreve em seus *Solilóquios*: "Permita-me conhecer a ti ó Deus, permita-me conhecer a mim, isto é tudo."

Para Agostinho, conhecer a Deus implicava conhecer-nos. O conhecimento de Deus e o autoconhecimento eram inseparáveis, dando ao teólogo sabedoria capaz de penetrar nos mistérios de Deus e nos mistérios da alma humana. Entretanto, uma teologia que nos leva a conhecer apenas a Deus, e cujo conhecimento não nos leva de volta ao discernimento da própria alma, deixa de ser revelação para ser apenas uma ciência.

Jesus foi um Mestre que não apenas expunha as Escrituras e revelava a natureza do Pai, mas desnudava o espírito humano e revelava os segredos mais íntimos do coração. Jesus era um santo, um sábio, um mestre, um mentor. Uma teologia mais espiritual despertará em nós um desejo por Deus que não será medido apenas pelo volume de livros que lemos, nem pela quantidade de teses publicadas ou graus adquiridos, mas será determinado pela sabedoria que a vida em Cristo, alimentada e inspirada pelas Sagradas Escrituras e conduzida pelo poder do Espírito Santo, nos fornece.

A partir de Cristo, podemos perguntar: quem é o verdadeiro teólogo? Aquele que defendeu uma brilhante tese de doutorado, escreveu o melhor livro e estudou nas melhores escolas? Ou aquele que, em Cristo, dá sentido à vida confusa e desestruturada das pessoas? Precisamos recuperar o lugar da santidade e da sabedoria na Teologia. A esterilidade da academia precisa dar lugar à compaixão, ao envolvimento pessoal, à devoção e à comunhão. É curioso notar que muitos teólogos abandonam ou trocam o pastorado, seja ele institucional ou não, pela academia devido a sua incapacidade de se relacionar com as pessoas, ou mesmo consigo. A conseqüência é o cinismo, fortemente presente nas instituições teológicas.

Uma teologia espiritual deve ser mais contemplativa. Segundo Eugene Peterson, temos uma tendência a olhar para a vida com a ótica jornalística.

Buscamos o grande, valorizamos o extraordinário, exaltamos o glamoroso. A espiritualidade pós-moderna é assim: glamorosa e pragmática. O conceito de "bênção" tornou-se sinônimo de sucesso, grandes experiências, acontecimentos fantásticos. Só se reconhece como verdadeiro aquilo que é pragmático. Na cultura moderna, não há espaço para a contemplação.

A visão jornalística e pragmática da realidade é um fenômeno pós-moderno. Queremos igrejas grandes e funcionais, ministérios bem-sucedidos e técnicas de *marketing* poderosas. A presença de Deus na vida não é reconhecida pela comunhão, pela amizade e pela adoração, mas pela capacidade produtiva, pelas experiências fantásticas, pela saúde física e pelo sucesso econômico.

As páginas dos evangelhos e as melhores tradições cristãs, no entanto, nos ensinam que a graça de Deus é dinâmica. Ela atua nos acontecimentos simples e rotineiros do dia-a-dia. Precisamos de uma teologia que nos ajude a perceber e a valorizar aquilo que Deus está realizando em nós, e não somente aquilo que fazemos para o Senhor. Uma teologia que nos ensine a valorizar o invisível e o intangível.

A contemplação e a imaginação sempre ocuparam um lugar fundamental na formação espiritual do povo de Deus. Grande parte do ensino de Jesus deu-se através de parábolas e histórias que levavam as pessoas a imaginar a riqueza do Reino de Deus e o propósito da redenção. Os lírios do campo, as aves do céu, a casa sobre a rocha, a videira ou a ovelha perdida são imagens que nos convidam à contemplação, e não à formulação matemática da fé.

O apóstolo Paulo, diante das dificuldades, perseguições e tribulações que enfrentou em seu ministério, não se deixou abater pelas lutas reais e visíveis. Pelo contrário, preferiu manter os olhos fixos "naquilo que não se vê, porque aquilo que se vê é temporário, mas o que não se vê é eterno". Para ele, havia uma realidade não visível, mais verdadeira que as realidades visíveis. Por causa da contemplação, ele não se deixou abater pelas dificuldades visíveis.

O livro do Apocalipse é um conjunto de visões e imagens que fortalece a fé e revigora a esperança quando nos deixamos absorver por ele. Um dos grandes erros que muitos teólogos cometeram foi o de tentar decifrar os supostos enigmas por trás das imagens que revelam nossa mentalidade cartesiana e a incapacidade de lidar com a poesia. G.K. Chesterton disse certa vez que "São João, o evangelista, viu muitos monstros estranhos em sua visão, mas nenhuma criatura foi tão grotesca quanto seus críticos".

A contemplação nos permite reconhecer e valorizar o pequeno e o singelo. O salmista percebe o valor das coisas pequenas e simples ao dizer: "Senhor, não é soberbo o meu coração, nem altivo meu olhar; não ando à procura de grandes coisas, nem de coisas maravilhosas demais para mim. Pelo contrário, fiz calar e sossegar a minha alma; como a criança desmamada se aquieta nos braços de sua mãe, como essa criança é a minha alma para comigo" (Sl 131:1-2; ARA).

Para ele, libertar-se da ótica jornalística e pragmática é reconhecer a presença de Deus no seu dia-a-dia, experimentar o descanso da alma, provar o sossego da confiança de quem aprendeu a crer no cuidado divino, perceber o poder de Deus, seja num evento extraordinário ou em outro, singelo e discreto. É isto que significa um "ser espiritual".

Uma teologia espiritual requer também uma reforma na linguagem. A linguagem teológica, pela forte influência que recebeu do iluminismo, é acadêmica e técnica. É curioso notar que grande parte da Bíblia trabalha com uma linguagem poética ou narrativa. Uma linguagem que comunica a graça de Deus de forma pessoal e toca nas necessidades mais íntimas da alma.

Jesus foi um exímio contador de histórias. Suas parábolas, muitas vezes sem nenhum traço de linguagem religiosa, ou sequer tocar no nome de Deus, levavam os ouvintes à profunda reflexão pessoal e à necessidade de uma resposta igualmente pessoal. Da mesma forma, as conversas de Jesus eram sempre de natureza bastante pessoal e profunda. Ao invés de dar respostas prontas, ele levantava mais perguntas. Não se preocupava em apresentar *receitas* espirituais ou teológicas, mas sempre procurava tocar nos pontos mais centrais da vida e da fé.

O apóstolo Paulo, da mesma maneira, sempre procurou uma forma pessoal de comunicar a verdade do Evangelho. Optou por "orgulhar-se" de suas fraquezas, ao invés de vangloriar-se nas grandezas das revelações que havia recebido de Deus. Conhecemos sua teologia através de cartas pessoais que escreveu a amigos e igrejas. Escrevendo a Timóteo, seu filho na fé, Paulo recomenda que não apenas lembre o que aprendeu, mas sobretudo "de quem" aprendeu. A figura de quem ensina é fundamental na memória de seu filho na fé.

Vemos, portanto, que o apóstolo priorizava o pessoal sobre o técnico. Não se trata de reduzir ou simplificar, e muito menos de desconsiderar a importância do estudo e da investigação responsável, acadêmica e técnica. Sempre lutamos contra a preguiça intelectual e contra aqueles que insistem numa espiritualidade sem raízes e sem teologia. No entanto, precisamos reconhecer que há outra linguagem que fala ao coração, e não apenas à mente. Esta linguagem promove e convida à intimidade mais pessoal, mais comunitária e mais viva.

Ao referir-se ao "maior mandamento", Jesus afirma que nosso amor por Deus deve nos envolver por inteiro: alma, força e entendimento. Amar é conhecer. Não se pode conhecer a Deus simplesmente com boas informações sobre ele. O conhecimento de Deus e a comunicação deste conhecimento requerem um relacionamento pessoal com ele e com aqueles a quem esta verdade é comunicada.

Uma espiritualidade mais teológica

Necessitamos de uma teologia mais espiritual, que se ocupe do ser humano de maneira integral, que afirme a santidade da vida e do ministério, que resgate uma linguagem mais pessoal e afetiva. Entretanto, também carecemos de uma espiritualidade mais teológica, que estabeleça fronteiras, que defina os contornos e que firme os fundamentos.

Reconhecemos que há um protesto do espírito humano, uma busca pelo íntimo, pelo sagrado, por um significado que transcenda nossas narrativas racionais, que penetre e toque a alma humana. No entanto, reconhecemos também que há uma onda espiritual, uma forma de *espiritualismo* na cultura, fortemente narcisista, fundamentada na psicologia moderna e antropologia egocêntrica. Esta onda não tem recursos para preencher as lacunas do homem criado à imagem e à semelhança de Deus. Por uma espiritualidade mais teológica, reconhecemos algumas necessidades.

Uma espiritualidade trinitária. A doutrina da Trindade é o fundamento para a espiritualidade cristã e teologicamente bíblica. Ela nos revela um Deus que nos convida a participar da comunhão que o Pai, o Filho e o Espírito Santo gozam desde toda a eternidade. Ao ser formados à imagem e à semelhança de Deus, fomos criados para a comunhão trinitária. Em sua "oração sacerdotal", Jesus diz: "Para que sejam um, como és tu ó Pai em mim e eu em ti, sejam eles também em nós." O convite de Jesus é para que a comunhão que o Filho e o Pai gozam seja também compartilhada por aqueles que, em Cristo, foram reconciliados com Deus pelo poder do Espírito Santo.

É por meio da doutrina da Trindade que entendemos a natureza do novo ser em Cristo. Nossa identidade, a partir da revelação da Trindade, é relacional, e não funcional. Não é o que fazemos que define nossa pessoa, mas o que somos a partir de nossos relacionamentos com Deus e com o próximo. Somos aquilo que amamos. A Trindade cria em nós o ser eclesial e nos faz compreender que a conversão é a transformação do "eu" num glorioso "nós".

A revelação da doutrina da Trindade também nos ajuda a compreender o significado do conhecimento. Os pais da antiga Capadócia diziam: "O ser de Deus só pode ser conhecido através de relacionamentos pessoais e do amor pessoal. Ser significa vida, e vida significa comunhão." Não há conhecimento possível do Filho sem a participação do Pai; nem há possibilidade de conhecimento do Pai sem a revelação do Filho. Se não entendemos a comunhão no ser trinitário de Deus, não podemos conhecer a Deus. "Foi desta maneira que o mundo antigo ouviu pela primeira vez que é a comunhão que forma o ser; que nada existe sem ela, nem mesmo Deus" (John Zizioulas).

É a doutrina da Trindade que nos preservará dos riscos de uma espiritualidade que não contemple a natureza do Deus criador, redentor e santificador. É a doutrina da Trindade que nos guardará de um deus que pode ser conhecido sem a mediação de Cristo. O Deus bíblico não é qualquer deus, mas o Pai de nosso Senhor Jesus Cristo. Sem uma gramática trinitária, toda teologia torna-se extremamente vulnerável e gera uma espiritualidade sem nenhum fundamento bíblico e cristão.

Uma espiritualidade cristocêntrica. O propósito da espiritualidade cristã é nosso crescimento em direção a Cristo — em outras palavras, ser conformados à imagem de Jesus Cristo. Não se trata de ajustamento sociológico ou psicológico, de sentir-se bem emocional ou socialmente, mas de um processo de crescimento e transformação. A espiritualidade da cultura moderna, por ser mais individualista e, conseqüentemente, mais narcisista, mudou o foco da espiritualidade cristã; ao invés de sermos convertidos a Cristo, é Cristo que se tem convertido a nós. Perdemos o significado da doutrina da *imago Dei*, a consciência de que fomos criados por Deus e para Deus, e que somente nele encontramos significado para nossa humanidade corrompida.

Para Paulo, isto significa caminhar em direção à perfeita varonilidade, à medida de estatura de Cristo. Encontramos em Cristo a expressão plena de nossa humanidade. Converter-nos a ele significa ter nossos pensamentos e caminhos transformados, nossa humanidade restaurada, nossa dignidade redimida para viver a nova vida em Cristo. Paulo nos afirma que a verdadeira vida encontra-se oculta em Jesus e, por esta razão, devemos buscar e pensar nas coisas do alto, onde Cristo vive. O fim da espiritualidade cristã está numa humanidade madura e completa em Cristo.

Outra preocupação é o risco da *cultura espiritualista* tirar a divindade de Cristo, reduzindo-o à categoria de Ghandi, de Buda ou de outro personagem da humanidade. A globalização resiste à idéia do sacerdócio único de Cristo. O ser pós-moderno não aceita viver sob a verdade de que Cristo é "o caminho, a verdade e a vida", e que ninguém vai ao Pai a não ser por meio dele. Esta realidade única de Cristo é inaceitável na cultura pós-moderna. Desta forma, Jesus passa a ser apenas uma boa pessoa, que nos deu exemplo de como ser pessoas igualmente boas, mas nada muito além do que outros também fizeram.

Contudo, uma espiritualidade mais teológica requer da Igreja a afirmativa da mediação única de Cristo: sem ele, ninguém conhece o Pai, nem pode ser salvo. Precisa, da mesma forma, afirmar a centralidade da cruz e da ressurreição na experiência cristã de reconciliação, perdão e comunhão com Deus.

Uma espiritualidade comunitária. Uma vez que a natureza de Deus é relacional, assim é também a natureza da pessoa regenerada em Cristo. A conversão é a transformação do indivíduo em pessoa. O indivíduo é o ser encapsulado em si mesmo, que se realiza na autopromoção. É narcisista, concebe a liberdade apenas em termos de autonomia e independência, e reconhece como verdadeira apenas sua realidade limitada. A pessoa é o ser em comunhão, que se realiza nas relações de afeto e amizade. É altruísta, concebe a liberdade em termos de entrega, obediência e amor doado, e se abre para a revelação que encontra fora de si mesmo.

Esta nova pessoa em Cristo recebe o outro da mesma forma como em Cristo é recebido, e nesta nova dinâmica a Igreja deixa de ser um clube religioso, no qual cada um faz o que quer e como quer, e escolhe suas amizades de acordo com os interesses pessoais, para se transformar numa verdadeira comunidade de irmãos e irmãs que se doam mutuamente numa experiência real de aceitação e comunhão. Nossas relações deixam de ser determinadas pelas ideologias ou pelos projetos comuns, e passam a ser construídas dentro da esperança escatológica.

O Credo Apostólico afirma nossa crença em Deus Pai, Criador de todas as coisas; em seu Filho Jesus Cristo, nosso Salvador; no Espírito Santo; na remissão dos pecados; na ressurreição; na vida eterna... e na Igreja. Ela faz parte das convicções básicas do Credo. Da mesma forma como precisamos crer em Deus Pai, Filho e Espírito Santo, precisamos crer também na Igreja como ambiente de comunhão dos salvos em Cristo. Ela é a comunidade do Reino que dá visibilidade ao que Cristo fez em sua obra redentora no mundo.

Crer na Igreja envolve muito mais que reconhecer a necessidade de participar de sua missão. Significa reconhecer que fomos salvos e constituídos como povo de Deus, um "reino de sacerdotes", o "Corpo de Cristo", a fim de testemunhar a glória de Deus na história. Uma espiritualidade mais teológica precisa afirmar a Igreja como comunidade daqueles que têm Cristo por seu Senhor.

Uma espiritualidade centrada na Palavra de Deus. Mais uma vez: o propósito da espiritualidade cristã é nosso crescimento em Cristo. É o processo de nossa transformação pela Palavra de Deus, participando cada vez mais da vida em Cristo. O apóstolo Paulo afirma que, sendo ressuscitados com Cristo, temos nossa vida oculta nele. Portanto, a vida espiritual não é um processo de ajuste aos valores sociais dominantes, mas um caminho que envolve crise e transformação, no qual a tensão entre a Palavra de Deus e o mundo estarão sempre presentes.

Essa tensão se dá através de dois movimentos: o primeiro é o confronto entre a Palavra de Deus e a ordem social, moral e religiosa dominantes. Sabemos que a leitura e a meditação nas Sagradas Escrituras nos consola, edifica e conforta, mas também nos desafia, provoca e confronta. Este confronto exige um diálogo constante entre a Palavra de Deus e o mundo em que vivemos. Paulo escreve aos romanos, rogando para que não se conformem com o mundo, mas sejam transformados pela renovação da mente. Em outra ocasião, ele fala da necessidade de termos a "mente de Cristo", ou seja, pensarmos com os mesmos critérios, valores e princípios de Cristo.

O segundo movimento é o confronto entre a Palavra de Deus e nosso mundo interior. Todos nós trazemos lembranças, memórias e imagens do passado que nos turvam a compreensão de Deus e de nós mesmos. São sentimentos negativos de abandono, medo e solidão que formam em nós uma auto-imagem igualmente negativa de inadequação e rejeição — que, por sua vez, compromete nossa imagem de Deus. Carregamos conosco mágoas, ressentimentos, invejas e ciúmes que nos induzem a usar Deus, ao invés de nos dispormos a ser usados por ele. Eles provocam uma relação confusa e manipuladora, ao invés de uma entrega serena e confiante. É preciso deixar a Palavra de Deus iluminar nosso mundo interior, transformá-lo em Cristo, restaurar nossa vida à imagem de Deus e resgatar a imagem do Deus revelado em Cristo Jesus.

A Bíblia, como instrumento de transformação e crucificação, exige de nós uma aproximação devocional. Reverência e silêncio são posturas básicas de quem deseja ser consolado, confrontado e transformado. É ela quem estabelece o diálogo entre nós e o mundo — seja o mundo exterior seja o interior — e nos transforma em Cristo. Uma espiritualidade que não leva em conta as Escrituras pode até começar com boas intenções, mas certamente terminará em grande crise e confusão pelo simples fato de negar a revelação de Deus a nós. Não somos nós que determinamos a natureza divina: é o próprio Deus quem toma a iniciativa de se revelar a nós. E o faz por meio de sua Palavra.

Uma espiritualidade missionária. A Igreja não tem uma missão própria. Ela participa na *missio Dei*. Como o ser da Igreja está atado ao ser de Deus, a missão da Igreja também está vinculada à missão de Deus. No Evangelho de João vemos Cristo afirmando que não tem uma palavra, um juízo ou uma missão sua, mas que, da forma como ouve, ele fala; da maneira como o Pai julga, ele julga. Ele também afirma que sua comida e sua bebida consistem em fazer a vontade do Pai e realizar sua obra. Oração e missão caminham sempre juntas. Oramos para que nossos caminhos sejam convertidos nos caminhos de Deus, para que nossos pensamentos sejam transformados em seus pensamentos, para que nossos conceitos de justiça, direito e verdade sejam conformados com os de Deus.

A tentação no deserto foi uma experiência definidora da vocação e da missão de Jesus. Sua rejeição aos caminhos propostos por Satanás que, segundo Henri Nouwen, apontam para o imediato, o mágico, o popular e o espetacular, apresenta uma nova forma de ver a missão e realizar a obra de Deus. Jesus rejeita as alternativas que derivam do poder para abraçar um projeto que nasce da graça e se encarna no amor de Deus para com o ser humano.

Não há como separar a espiritualidade de Jesus de sua missão. Num dos momentos mais críticos de sua vocação, Jesus diz a Filipe e André: "Agora está angustiada a minha alma, e que direi eu? Pai, salva-me desta hora? Mas precisamente com este propósito vim para esta hora" (Jo 12:27).

A agenda de oração de Jesus foi determinada por sua vocação, e não pelas necessidades pessoais. Qualquer um, diante das angústias da alma, oraria para que fossem aliviadas, curadas, redimidas. Jesus, no entanto, sabe para quê veio, e reconhece que não é ele quem determina a pauta de suas orações. Então ora e diz: "Pai, glorifica o teu nome." Era a glória do Pai, o cumprimento de seu propósito, a missão que recebera dele que determinava sua oração. O objeto da oração de Jesus era a glória de Deus, não ele mesmo. Era a missão do Pai, não a sua.

Uma espiritualidade mais teológica exigirá de nós uma clara consciência de chamado e vocação. Vivemos hoje o risco de uma espiritualidade intimista, desconectada da realidade, subjetiva, abstrata e com uma forte reação negativa ao cotidiano e ao ordinário. Uma espiritualidade cristã está relacionada com a missão de Deus no mundo em sua obra redentora. Precisa ocupar-se em dar pão ao faminto, acolher o abandonado, vestir o nu, dar esperança ao enfermo, visitar os que estão presos e promover a justiça e a paz. Uma espiritualidade que não contempla a missão torna-se alienante e sem nenhuma relevância social. Em última análise, sem fundamento bíblico e histórico.

Situação de risco

Concluímos que o mundo pós-moderno produziu uma cultura mais subjetiva e mais aberta ao espiritual. Contudo, esta abertura não significa maior profundidade ou maior interesse na obra redentora de Cristo. Estamos entrando numa era em que a obra singular e exclusiva de Cristo no Calvário — e conseqüentemente a espiritualidade cristã — encontrará a mais forte rejeição, talvez mais forte que aquela que a Igreja e os cristãos sofreram nos primeiros séculos. Certamente, o conflito que a Igreja enfrentará na cultura pós-moderna não terá o caráter violento e sangrento de seus tempos primitivos, mas colocará o cristianismo na mesma situação de risco de outros tempos, com uma diferença que o torna mais perigoso e complexo: a nova geração de cristãos provavelmente não terá a mesma disposição para o sofrimento e o martírio que outras tiveram em tempos de crise.

Uma característica da cultura pós-moderna é seu caráter inclusivo. Isto significa que a aceitação de outras formas de estrutura familiar, de outras expressões religiosas e de outros estilos de vida tornaram-se exigências da nova consciência cultural. Para ser pós-moderno é preciso ser "aberto" e aceitar todas as formas de diversidade sexual, cultural, religiosa e social. Como disse o dr. James Houston, "vivemos hoje o novo fundamentalismo da democracia liberal". A democracia liberal exige uma atitude inclusivista radical que representa um grave desafio à espiritualidade cristã.

A afirmação cristã da exclusividade de Cristo como único Salvador e Senhor — o que implica a rejeição de todas as outras formas de salvação e reconciliação com Deus — soará, no mínimo, estranha e agressiva à consciência pós-moderna. Além disso, uma vez que vivemos uma profunda quebra de princípios sociais e a relativização dos valores morais, a consciência de pecado está se tornando vaga e subjetiva. Conseqüentemente, a necessidade de perdão, ou mesmo de um Salvador, torna-se irrelevante.

Vemos, porém, uma grande massa de cristãos evangélicos com pouca ou nenhuma consciência de seu chamado histórico, superficiais na compreensão das grandes verdades bíblicas, buscando nas igrejas formas de entretenimento religioso, socialmente irrelevantes e teologicamente imaturos. O futuro não parece ser muito promissor. O grande desafio que o cristianismo tem de enfrentar é o de afirmar a centralidade da morte e da ressurreição de Cristo na reconciliação do ser humano com Deus e na experiência espiritual, assim como a autoridade das Escrituras Sagradas tanto para a teologia como para a antropologia.

A espiritualidade cristã não pode se sujeitar aos modelos espirituais subjetivos e impessoais que temos hoje. Embora a meditação, a quietude e o silêncio façam parte da longa tradição espiritual do cristianismo, entrar num caminho subjetivo, buscando uma espécie de satisfação interior através de técnicas de meditação sem considerar todas as implicações teológicas e históricas da fé cristã, nos colocará numa posição extremamente frágil e vulnerável.

A espiritualidade de hoje requer profundo e sólido fundamento teológico e histórico. Deve, entretanto, rejeitar os modelos racionais e impessoais do passado. Portanto, nosso desafio é o de preservar uma espiritualidade mais teológica paralelamente a uma teologia mais espiritual. Tanto a mente quanto o coração precisam estar plenamente envolvidos na experiência cristã.

Vivemos um momento de grandes desafios, mas também de grandes oportunidades, pois nunca o cristianismo foi tão provocado em sua relevância e em sua pessoalidade quanto nos dias atuais. Aquilo que era dado como certo, por contar com o aval de uma cultura cristã, hoje já não tem a mesma garantia. Para ser dado como certo, agora precisa mostrar sua relevância.

A tarefa que temos pela frente é grande, e exigirá de todos nós firmeza e perseverança. A exortação para "vigiar e orar" é a que mais se adapta à realidade. De certa forma, precisamos orar com os olhos bem abertos, permanecer atentos ao que Deus está realizando e compreender as mudanças de nosso tempo.

Nota

[1] GATTA, Julia. *Three spiritual directors for our time*. Cowley Publications, 1986, p. 37-47.

II

A espiritualidade nas escrituras

Em busca da genuína espiritualidade

Russell Shedd

Ph.D. em Novo Testamento pela Universidade de Edimburgo, na Escócia, é missionário da Missão Batista Conservadora no Sul do Brasil. Lecionou na Faculdade Teológica Batista de São Paulo e viaja pelo Brasil e exterior fazendo conferências em congressos, igrejas, seminários e escolas de Teologia. Escritor e biblista, fundou Edições Vida Nova e coordena a Shedd Publicações.

Espiritualidade significa a busca e a própria experiência da comunhão com Deus. Inclui a expressão dessa convivência a partir de práticas que agradam o Criador. À medida que alguém se aproxima de Deus, a espiritualidade torna-se mais intensa e real. A distância e o descaso por Deus mitigam a comunhão e subtraem o brilho e a cor da espiritualidade. É por isso que o legalismo e a religião formal fincam suas raízes em uma espiritualidade defeituosa ou deficiente.

Seria possível dizer que uma máquina sem rodas, motor, portas, vidros, bancos e volante seja um carro? Claro que não. Da mesma forma, espiritualidade que omite amor, fé, meditação nas Escrituras e experiência do poder do Espírito Santo não deve ser considerada bíblica. Durante séculos, a Igreja cultivou e incentivou certos exercícios espirituais. No entanto, se omitidos os componentes essenciais, tais exercícios constituem apenas a casca da espiritualidade autêntica.

As formas de exercícios mais recomendados no passado eram:

- Leitura, especialmente a da Bíblia. Logo foram acrescentadas as obras que visavam a edificar os fiéis, como *Atos dos mártires*, a vida e os milagres de religiosos famosos, além de leituras classificadas como "edificantes".

- Os salmos conquistaram uma certa proeminência entre os livros mais eficazes na promoção da espiritualidade. Com os salmos, estabeleceu-se uma ênfase sobre vigílias, "horas de oração" e outras práticas semelhantes.
- Orações, procissões, litanias, estações e peregrinações, entre outros rituais, foram gradativamente incluídos entre os exercícios espirituais mais freqüentes da Igreja institucional.
- A confissão do pecado diante de Deus (Sl 32:6; 1Jo 1:9) e dos irmãos (Tg 5:16) está entre os exercícios que promovem a espiritualidade. "Nada", disse um velho Pai do Deserto, "enfraquece o poder de Satanás como revelar nossos pensamentos impuros para homens santos."[1]
- A Santa Comunhão ganhou seu conhecido lugar de destaque como meio de exercitar a espiritualidade.
- O auto-exame (2Co 13:5) também tem seu lugar entre os exercícios que marcam a espiritualidade. Nos mosteiros da Idade Média, uma série de regras foi elaborada para permitir o exame da própria consciência.
- Meditação e contemplação, isto é, "o esforço para afastar a alma do mundo sensível".[2]
- Silêncio. A passagem do salmo 39:1 ("Vigiarei a minha conduta e não pecarei em palavras; porei mordaça em minha boca enquanto os ímpios estiverem na minha presença"; NVI) deu respaldo a esta prática espiritual, que elevaria a alma até a própria presença de Deus.

Até que ponto esses exercícios conseguiram promover espiritualidade é motivo de muitas conjecturas. Uma observação, no entanto, se confirmou ao longo da história da Igreja: a prática desses exercícios não pode ser identificada como a verdadeira espiritualidade — certamente não no sentido bíblico. Exercícios espirituais sem amor carecem de valor para Deus, e oferecem um grande risco de prejuízo e ilusão para seus praticantes.

O AMOR E O PERDÃO DE DEUS

Jesus confirmou a centralidade do primeiro mandamento citando Deuteronômio 6:5 em três passagens dos evangelhos. O amor pelo Senhor foi elevado por Jesus à mais alta posição entre os deveres espirituais impostos pelo próprio Deus. Envolve todo o coração, toda a alma, todo o entendimento e todas as forças. Distinto de muitos outros deveres bíblicos, o amor por Deus — que vai muito além de atos e práticas externas — deve ser o componente principal da espiritualidade. A maior e melhor afirmação que se pode dizer de alguém é que ele amou ao Senhor, e não que manteve silêncio durante trinta anos, como o abade Thomas, e nem que participou da Santa Comunhão todas as vezes que tomava um refeição.[3]

Em certo momento, quando Jesus foi hóspede na casa de um fariseu chamado Simão, o Filho de Deus teve a oportunidade ímpar de ilustrar tanto o que gera amor como o meio pelo qual esse amor se expressa. Durante o jantar, uma "pecadora" trouxe um frasco de alabastro com perfume. Molhou os pés de Jesus com suas lágrimas, para em seguida enxugá-los com seus cabelos, beijá-los e ungi-los com perfume (Lc 7:37-38). As objeções de Simão incitaram uma resposta inesperada. Jesus contou a história de dois homens em débito: o primeiro, com uma dívida dez vezes maior que o outro. Sem nada com que pagar o credor, ambos tiveram suas dívidas perdoadas.

Depois deste breve relato, Jesus argüiu o fariseu sobre qual dos dois homens seria capaz de amar mais o credor que tinham em comum. "Suponho que será aquele a quem foi perdoada a dívida maior", foi a resposta. Depois de contrastar como Simão o tratou e como a "pecadora" agiu, Jesus declarou que "os muitos pecados dela lhe foram perdoados: pois ela amou muito. Mas aquele a quem pouco foi perdoado, pouco ama" (Lc 7:47; NVI).

Aos olhos de Deus, é possível que os pecados de Simão fossem mais graves que os da mulher que chorara aos pés de Jesus. O auto-exame da vida daqueles que pecam confirma que, uma vez perdoados, amam mais a Deus. A certeza da gravidade de seus pecados é proporcional à força com a qual se apegam ao Senhor da misericórdia. Certamente, são os que mais apreciam o perdão recebido. Em seus delitos, eles enxergam e identificam crimes cometidos contra o próprio Deus. O que importa para aumentar o amor é a intensidade da convicção do pecado que Deus apaga com sua maravilhosa graça.

Agostinho destacou-se por sua espiritualidade porque recebeu uma visão mais nítida e profunda de seus pecados. Entendeu que sua vida sem Deus foi subversão e rebelião contra aquele que mais merecia seu amor e sua lealdade. Suas confissões ressaltam a intensidade do amor gerado na tristeza criada pelas transgressões praticadas e absolvidas. Disse ele: "Eu odiaria minha própria alma se descobrisse que ela não ama a Deus."[4]

Imagino que a mulher pecadora teve um contato prévio com Jesus, o que levou à transformação de seus muitos pecados (na dimensão da mente) de simples erros e deslizes morais em terríveis insultos, blasfêmias e rebeldia contra Deus. Daí as lágrimas, os beijos e o derramamento do perfume, expressando a emoção do arrependimento que sentia. Trata-se do amor genuíno que parte o coração do pecador culpado. Disse John Piper: "Ninguém chora pela falta de santidade se não tiver amor por aquilo que não tem."

Simão não expressou nenhum amor mais intenso por Jesus porque não se permitiu uma visão crítica a respeito do próprio pecado, capaz de lhe criar algum incômodo na alma. Achou que sua dívida era pequena. A parábola põe em relevo o princípio: pouco pecado perdoado, pouco amor gerado.

A espiritualidade superficial de nossos dias tem suas raízes na falta de convicção de que nosso pecado é a mais hedionda rebeldia e traição ao Senhor. Com extrema facilidade as pessoas derramam lágrimas por perdas financeiras, por uma boa reputação maculada, pelo falecimento de entes queridos. Entretanto, quem chora pelo câncer do pecado contra o único e absolutamente santo e amoroso Deus? Pedro chorou com amargura porque negou a Jesus. Sentiu a angústia e a dor da culpa de maneira suficientemente contundente para amar a Jesus muito mais após o perdão outorgado (Jo 21). Instruído pela própria experiência, Pedro escreveu, anos depois: "Mesmo não o tendo visto, vocês o amam, e apesar de não o verem agora, crêem nele e exultam com alegria indizível e gloriosa" (1Pe 1:8; NVI).

Nós, evangélicos, temos barateado a graça, diminuído a tristeza da convicção do pecado e envenenado o solo que gera amor. "Não existe a verdadeira liberdade nem a alegria certa exceto no temor de Deus, acompanhado de uma consciência limpa. Feliz é aquele que sabe lançar fora todos os impedimentos que causam distração e concentrar-se no propósito único da contrição santa. Feliz é aquele que sabe afastar de si tudo o que possa poluir sua consciência ou sobrecarregá-la."[5]

O afastamento da culpa pelo precioso sangue de Jesus intensifica o amor. O perdão do pecado que pouco fere a consciência desvaloriza o amor de Deus derramado no coração. Conseqüentemente, ele não constrange o pecador (2Co 5:14), e a espiritualidade se transforma em liturgia e rituais vazios.

Disse A.W. Tozer: "A razão pela qual muitos ainda estão atribulados (e vencidos), buscando, mas fazendo pouco progresso, é que ainda não chegaram ao fim de si mesmos." O amor por nós mesmos dificilmente rende espaço para o amor de Deus. Com isso, a espiritualidade se esvai. O primeiro passo necessário para seguir a Jesus é negar a si mesmo e carregar a própria cruz da culpa que Cristo levou por nós em sua cruz. Nenhuma aflição nem flagelo pode apagar os delitos que nos matam.

Temos o hábito de destrancar o coração e subjugar os pensamentos diante do Deus Todo-Poderoso? Estamos vivendo na convicção de sua presença? Haveria em nós a capacidade de externar este testemunho especial de que a presença dele está estabelecida dentro de nosso coração para a salvação?[6]

J.H. Newman continua nos lembrando de que nossa alma está repleta de manchas e corrupções — porém, invisíveis a nós. A presença de Deus em nós é como o raio de luz vindo do sol que passa por um quarto escuro. Fora da iluminação deste raio, não enxergamos as partículas de poeira que sempre estão suspensas no ar. Falta a luz do sol para percebê-las. Quando a presença de Deus clareia a consciência com seu facho de luz, os pecados aparecem, e podemos vê-los permeando o ambiente.

O dr. J.I. Packer faz o seguinte comentário: "Parece que o próprio Paulo, à medida que avançava em anos — e presumivelmente também em santidade —, cresceu cada vez mais para baixo, para um sentimento vívido e humilhante de sua falta de mérito. Enquanto em 1Coríntios (c. 54 a.D.) ele se diz o menor dentre todos os apóstolos e, em Efésios (c. 61 a.D.), o menor de todos os santos, em 1Timóteo (c. 65 a.D.) ele descreve a si mesmo como o pior dos pecadores."[7]

O AMOR E A ADORAÇÃO

Surpreendentemente, ao escrever aos coríntios, Paulo afirma que algumas práticas nos cultos da igreja nada valem, pois lhes falta o amor. Como exemplo, ele afirma que falar em línguas dos homens (ensino) ou dos anjos (glossolalia) sem amor torna o adorador semelhante a um "sino que ressoa ou como o prato que retine" (1Co 13:1; NVI). Os dons de profecia, de conhecimento e de fé — este capaz de mover montanhas — que não são acompanhados do amor ou exercidos com ele, não possuem valor algum para Deus, e nada acrescentam ao adorador que os pratica. Nem mesmo a doação dos próprios bens em benefício dos pobres ou o supremo sacrifício do martírio acrescentam algum proveito ao adorador, se não forem atos resultantes de um espírito que ama de fato (1Co 13:2,3). Espiritualidade sem esse componente essencial é uma prática vã.

Evidentemente, é possível utilizar os dons que Deus concede sem esta qualificação essencial. O exercício dos *pneumatikoi* (dons espirituais) pode ou não agradar a Deus, dependendo do amor e da humildade que motivam e acompanham seu uso.

> Aqueles que amam a Jesus por ele mesmo, e não por algum conforto próprio especial, bendizem-no em toda tribulação e angústia de coração, bem como no mais alto conforto [...] Ah, como é poderoso o amor puro de Jesus que não se confunde com interesse próprio ou amor por si.[8]

É assim que Thomas à Kempis marca a diferença entre os atos de culto que se identificam com espiritualidade cristã. Quando há interesse próprio que sobrepuja o amor pelo Senhor, ou deixamos de amar a Deus pelo que ele é, o culto perde sua pureza. A espiritualidade fica contaminada e desvirtuada.

Apenas três décadas após a morte de Paulo, Clemente de Roma escreveu à igreja de Corinto:

> Quem pode descrever o abençoado vínculo do amor de Deus? Que homem é capaz de contar a excelência de sua beleza, como é de fato? A altura para a qual o amor exalta é indizível. O amor nos une a Deus. Ele cobre uma multidão de pecados [...] Pelo amor, todos os eleitos de Deus são aperfeiçoados, e sem ele nada agrada a Deus. Em amor, o Senhor nos levou a ele. Por causa do amor que tinha em si, Jesus Cristo, nosso Senhor, deu seu sangue por nós, pela vontade de Deus; sua carne pela nossa, e sua alma por nossa alma.[9]

A igreja de Éfeso perdeu seu primeiro amor (Ap 2). Não parou de trabalhar arduamente. Foi conhecida pela perseverança. Praticou a disciplina entre os membros, excluindo os impostores. Não fugiu do sofrimento pelo nome de Cristo. Manteve a força e não desfaleceu. Discerniu a maldade das práticas dos nicolaítas. Infelizmente, o enfraquecimento do amor tornou toda a atividade da igreja enfado, cansaço e tradição rotineira.

A seriedade deste estado de frieza motivou o Senhor a dizer: "Lembre-se de onde caiu! Arrependa-se e pratique as obras que praticava no princípio" (v. 5; NVI). Afastar o amor (*ágape*) do culto e do serviço é uma atitude digna de condenação. É pecado, que requer, portanto, arrependimento.

Evidentemente, o amor que arde no início da fé pode perder o calor. Cristãos que se unem a Deus com entusiasmo muitas vezes perdem o prazer de adorar, ler as Escrituras e meditar nelas, participar nos cultos e testemunhar da transformação que o Evangelho realiza. A alegria do relacionamento com Deus, expressa em rotinas e repetições de atos religiosos, não empolga nem atrai. Da mesma maneira que, em alguns casamentos, os cônjuges trocam o romance e a paixão por relações cordiais, cultos sem entusiasmo e gratidão oferecem uma espiritualidade seca e desgastada. Apenas cumprem formalidades.

A espiritualidade deve unir o coração, a mente e a mão, uma idéia amplamente encorajada na Palavra e mantida desde os tempos da igreja primitiva. As três dimensões da vida — o afeto, o pensamento e a ação —, se mantidas em equilíbrio, conduzem a Igreja no caminho seguro do Senhor. O entusiasmo do amor, a disciplina da mente e a ministração das mãos produzem harmonia entre os membros da Igreja dotados dos dons que condizem com essas categorias. Porém, será o amor, o fruto de Cristo em seu Corpo, que liberará a energia do Espírito e transformará a religiosidade vã em espiritualidade que agrada a Deus.

A FÉ

A centralidade da fé na espiritualidade torna-se evidente e clara pois "sem fé é impossível agradar a Deus" (Hb 11:6; NVI). Ao pensar no conceito bíblico de fé, embora se devam considerar vários aspectos, deve-se focar o sentido básico da confiança em Deus. Fé, no Novo Testamento, apresenta um significado de confiança que se destaca dos demais elementos. "No uso do vocábulo no sentido verbal (crer), muitas vezes aparece junto à preposição *en* ("em") *epi* ("sobre"). Assim, aponta para a confiança ou para a dependência da pessoa ou do objeto em que se deposita a fé."[10]

Para que a fé possa ser dirigida à pessoa de Deus, é pressuposto fundamental crer em fatos revelados na Bíblia, os quais descrevem a natureza divina, sua Palavra e sua obra. Não é possível crer no Senhor Jesus sem, contudo, reconhecê-lo como o Messias, o filho de Deus encarnado, crucificado e ressurreto.

Crer em Deus não pode prescindir de algum conhecimento de sua natureza e de seus atributos (Rm 1:19-21). Fé é elemento essencial à espiritualidade porque entendemos que Deus é soberano e pessoal, e deseja se relacionar com os seres humanos. A fé aceita a verdade de que, em relação ao mundo, o Criador dirige atenção especial a seus filhos. É natural para Deus dar atenção a cada um de seus filhos como se fosse o único no mundo.

Em resposta ao amor de Deus, a busca pela espiritualidade inclui, em seu cerne, a gratidão e a valorização da vida, assim como o reconhecimento dos privilégios que Deus nos dá. Diz Max Muller:

> Como devemos ser gratos a ele por cada minuto de nossa existência e porque tudo nos dá para gozar! Quão pouco merecemos esta vida feliz, muito menos do que muitos pobres sofredores, para quem a vida é um fardo e uma provação dura e amarga. Mas, então, quão maior é a dívida

> e mais sagrado o dever de nunca desperdiçar tempo e poder, mas viver em todas as coisas, pequenas e grandes, para a glória e louvor de Deus; ter o Senhor sempre presente conosco e estar prontos a seguir sua voz, e sua voz somente![11]

Foi este princípio que regeu a vida de Paulo e também o que o motivou a exortar os coríntios: "Assim, quer vocês comam, bebam ou façam qualquer outra coisa, façam tudo para a glória de Deus" (1Co 10:31; NVI).

Sem qualquer dúvida, o maior presente que Deus nos oferece é a justificação e a reconciliação com ele. Assim, pecadores são transformados de cativos de Satanás em amigos de Deus. Esta dádiva, porém, pode ser recebida unicamente pela fé (Ef 2:8), isto é, crendo que Deus é real, que ele enviou seu Filho, o eterno *Logos* que encarnou para morrer como nosso substituto, ressuscitou e foi entronizado. Ele nos envia seu Espírito para nos regenerar. Se estamos convictos de que esta história é verídica e firmamos nossa fé em Jesus Cristo, ganhamos paz com Deus e esperança da vida eterna.

Qualquer espiritualidade que valoriza obras que tornam Deus um devedor não pode ser considerada bíblica. A fé evangélica cita o apóstolo Paulo: "Sendo justificados gratuitamente por sua graça, por meio da redenção que há em Cristo Jesus [...] temos paz com Deus, por nosso Senhor Jesus Cristo, por meio de quem obtivemos acesso pela fé a esta graça na qual agora estamos firmes" (Rm 3:24; 5:1-2; NVI).

Fé salvadora requer muito mais que uma simples concordância com os fatos do Evangelho. Quando se oferece apenas anuência às verdades salvadoras sem amor genuíno, a espiritualidade deixa de ser cristã. A confiança genuína em Deus exige comunhão. Quando a fé não é capaz de criar o desejo de obedecer às ordens de Deus e guardar seus preceitos, deixa de ser resultado da confiança autêntica e gerada pelo amor.

A obediência gerada pela fé não opera como fonte de mérito, mas "atua pelo amor" (Gl 5:6; NVI). Este fato anula qualquer pensamento que não condiz com a mais profunda humildade de espírito. Jesus deu ênfase especial a esta necessidade na primeira bem-aventurança.

O PODER DO ESPÍRITO

O terceiro componente indispensável da espiritualidade genuína é o poder do Espírito Santo. Ele é o meio de contato que comunica a presença divina aos que crêem. Ele é a fonte que vivifica a Igreja — a energia vital do Corpo de Cristo. Em seu livro *O desenvolvimento natural da Igreja*, Christian Schwartz afirma:

> Os que defendem o paradigma da espiritualização não entendem que foi Deus mesmo quem criou o mundo e o considerou 'muito bom' (Gn 1:31). Eles não entenderam que a encarnação é a palavra que se torna carne (Jo 1:14). Eles não entenderam que, de acordo com o testemunho da Bíblia, o Espírito de Deus é a origem da vida e da energia da Criação (Sl 104:30; Jó 34:14).[12]

O salmista ficou maravilhado com a realidade da presença do Espírito. "Tu me cercas, por trás e pela frente, e pões a tua mão sobre mim [...] Para onde poderia eu escapar do teu Espírito? Para onde poderia fugir da tua presença?" (Sl 139:5,7; NVI). Rufus Jones assim comentou a imanência de Deus pelo seu Espírito:

> Por toda a linha do cristianismo histórico, houve freqüentes explosões de fé pentecostal e fervor. Algo semelhante ao que aconteceu no cenáculo cinqüenta dias após a crucificação tem alcançado grupos pequenos e maiores de crentes. E quando esta experiência ocorreu, deu àqueles grupos a segurança de que Deus estava lá como Espírito, e não o Soberano remoto no céu.[13]

Paulo pede, em sua oração pelos efésios, "que o Deus de nosso Senhor Jesus Cristo, o glorioso Pai, lhes dê espírito de sabedoria e de revelação, no pleno conhecimento dele. Oro também para que os olhos do coração de vocês sejam iluminados, a fim de que vocês conheçam a esperança para a qual ele os chamou, as riquezas da gloriosa herança dele nos santos e a incomparável grandeza do seu poder para conosco, os que cremos" (Ef 1:17-19; NVI).

Em cultos nos quais a presença atuante do Espírito não é prioritária, falta sabedoria e revelação. À palavra pregada falta o elemento profético e a relevância — portanto, não alcança seu propósito de penetrar os corações como uma espada de dois gumes. Sem revelação, o culto não tem poder de provocar a reação entre não crentes ("Deus realmente está entre vocês") que ocorre quando o Espírito fala pela mensagem (1Co 14:24,25). Sem a iluminação dos "olhos do coração", as realidades espirituais parecem etéreas e ilusórias. Parece tratar-se de esperança apenas virtual, uma herança que jamais será nossa. A "grandeza do poder" parece mais um riacho do que o rio Amazonas.

A motivação que impulsionou Paulo em sua oração pelos efésios foi seu desejo de vê-los crescer espiritualmente. Crescimento espiritual, além de tudo, é dom do Espírito Santo. Longe da presença de nosso Ajudante, os exercícios espirituais podem ser mortais. É preciso pedir ao Espírito Santo a orientação necessária para que as experiências de culto, meditação, participação na ceia e tudo o mais sejam úteis no objetivo de alcançar maturidade espiritual.

Paulo lembrou aos tessalonicenses que o Evangelho chegou "não somente em palavra, mas também em poder, no Espírito Santo, e em plena convicção" (1Ts 1:5; NVI). Aos coríntios, ele promete visitá-los em breve, e então saberá que poder os líderes arrogantes possuem: "Pois o Reino de Deus não consiste de palavras, mas de poder" (1Co 4:19,20; NVI).

Se lermos as entrelinhas, concluiremos que a justificativa do sucesso em Tessalônica foi a manifestação do Espírito, produzindo convicção acerca da veracidade da mensagem, tal como aconteceu em Jerusalém no dia em que o Espírito desceu com poder. Em Corinto, era evidente que Paulo tinha uma unção da qual os maus mestres não gozavam. Espiritualidade, omitindo a operação poderosa do Espírito nos corações, assemelha-se mais à sombra que à substância.

O autor de Hebreus assim compara a adoração sob a Lei na Velha Aliança e a aproximação a Deus para adorá-lo após o derramamento do Espírito nos que crêem (Hb 10:1). Pedro introduziu sua mensagem no dia de Pentecoste, asseverando que a profecia de Joel se cumpria (At 2). Deus derramara seu Espírito sobre toda carne, inaugurando assim a Nova Aliança e formando sua Igreja.

A vinda do Espírito tornou possível a verdadeira espiritualidade. A chegada do *Paracletos* (o "Encorajador") gera seu fruto nos corações cristãos, isto é, o amor e a motivação para obedecer às instruções de Jesus. Em conseqüência, Jesus prometeu, "meu Pai o amará, nós viremos a ele e faremos morada nele" (Jo 14:23; NVI). A espiritualidade que surge a partir da vinda do Espírito Santo em poder deve fundamentar-se realmente na Bíblia.

É lastimável perceber que a busca pelo poder do Espírito, em nosso país, tem guardado uma relação pouco profunda com a espiritualidade. Não é a comunhão com o Senhor que atrai a maioria, mas os *presentes* que ele dá: saúde, emprego, proteção. A teologia da prosperidade valoriza o que podemos conseguir de Deus, e não os preciosos momentos em que podemos desfrutar de sua presença e comunhão.

Meditação na Palavra

Outro componente fundamental para legitimar a espiritualidade bíblica é o estudo e a meditação nas Escrituras inspiradas pelo Espírito. As palavras que Deus pronunciou a Josué — "Não deixe de falar as palavras deste Livro da Lei e de meditar nelas de dia e de noite, para que você cumpra fielmente tudo o que nele está escrito" (Js 1:8; NVI) — oferecem a base veterotestamentária para sustentar o valor da meditação. A revelação proposicional que Deus apresentou aos profetas pela inspiração providenciou o meio pelo qual os santos do Antigo Testamento puderam conhecer a mente de Deus e entrar em comunhão com ele.

No primeiro salmo, o homem próspero (espiritualmente falando) medita na Lei do Senhor de dia e de noite. A pessoa que se dedica a essa disciplina não o faz em vão se, por meio desse exercício espiritual, consegue comunhão com a Fonte inspiradora da Escritura. Essa prática não deve limitar-se apenas a um esforço por seguir normas divinas alistadas na Lei, sem interesse genuíno por sua presença. Prosperidade espiritual não se identifica com farisaísmo, mas com comunhão.

O salmo 19 de Davi afirma que a Lei do Senhor é perfeita e capaz de revigorar a alma (v. 7). Quando o homem de Deus medita nas Palavras reveladas pelo Senhor, sua alma ganha força e incentivo para seguir os preceitos divinos. É comparável ao doente que, auxiliado por remédios, vitaminas e alimentos saudáveis, recupera a saúde — e, com ela, a energia, a vitalidade e o entusiasmo.

Pedro cita salmos 34 — "Provem, e vejam como o Senhor é bom" —, aplicando o texto a crianças na fé que "desejam de coração o leite espiritual puro, para que por meio dele cresçam para a salvação, agora que provaram que o Senhor é bom" (1Pe 2:2,3; NVI). Para os recém-convertidos, torna-se clara a necessidade de se alimentar da Palavra para confirmar o fato de que o Senhor é bom e crescer em direção à maturidade espiritual. Que outro meio mais seguro há de experimentar comunhão real com Deus, além de escutar sua voz por meio das Escrituras?

Experiências místicas funcionam para alguns. Seria glorioso possuir uma linha telefônica especial para a "sala do trono de Deus". Seria vergonhoso, porém, descobrir que confundimos nossos pensamentos com recados divinos. Jeremias apontou o perigo de profetas que profetizam "mentiras e as ilusões de suas próprias mentes [...] Eles imaginam que os sonhos que contam uns aos outros farão o povo esquecer o meu nome" (Jr 23:26,27; NVI). Deus pode falar por sonhos e visões, mas raramente transmite suas mensagens por outros meios além de sua Palavra inspirada. Ele nunca fala algo que contradiga sua revelação autoritária, canonizada para orientar todos os cristãos.

Jeremias desafiou os que desprezavam a palavra profética do Senhor com a pergunta que deve ser repetida hoje para os que não têm tempo ou interesse de examinar a Palavra: "Qual deles esteve no conselho do Senhor para ouvir a sua palavra?" (Jr 23:17,18; NVI). Toda espiritualidade que não tem raízes profundas no "conselho do Senhor" anda na contramão dos sinaleiros da Bíblia. Jesus disse a seus contemporâneos: "Vocês estão enganados porque não conhecem as Escrituras nem o poder de Deus!" (Mt 22:29; NVI).

Davi expressou seu desejo intenso de um encontro com Deus: "Todo o meu ser anseia por ti, numa terra seca, exausta e sem água" (Sl 63:1; NVI). Esse contato com o Senhor era possível enquanto ele se deitava, se lembrava de seu Deus e nele pensava durante as vigílias da noite (v. 6). Tais pensamentos só lhe eram possíveis por meio do conhecimento das Escrituras. Espiritualidade depende diretamente da revelação escrita. É o galardão daqueles que contemplam e buscam intensamente a água viva que Jesus prometeu à mulher samaritana. Satisfaz os sedentos e purifica os maculados.

Pedro não entendeu como o ato de Jesus lavar-lhe os pés proporcionaria purificação e união espiritual com Cristo (Jo 13:8-10). Jesus disse: "Se eu não os lavar *[isto é, os pés do apóstolo]*, você não terá parte comigo." Mais tarde, falou aos discípulos: "Vocês já estão limpos, pela palavra que lhes tenho falado" (Jo 15:3; NVI). Por meio da fé, o pecador finca sua confiança no solo firme das palavras registradas por profetas e apóstolos para ficar limpo e unido ao Senhor. O apóstolo do amor disse: "Se confessarmos os nossos pecados, ele é fiel e justo para perdoar os nossos pecados e nos purificar de toda injustiça" (1Jo 1:9). Mas esta promessa serve unicamente para aqueles que, pela Palavra, reconhecem seus delitos a fim de confessá-los.

O autor do salmo 119 acreditava na singularidade da Palavra para proporcionar um encontro válido e efetivo com Deus. Considere o versículo 2, em que a busca pelo Senhor é identificada com a prática de seus estatutos: "Como são felizes os que obedecem aos seus estatutos e de todo o coração o buscam", isto é, ao Senhor.

Tanto o louvor a Deus quanto a busca sincera e de todo o coração pelo Senhor são expressões de obediência e comunhão espiritual (Sl 119:10). Sem raízes profundas na Palavra de Deus, não há benefícios: "Obedecerei aos teus decretos; nunca me abandones" (v. 8). "Tu és a minha herança, Senhor; prometi obedecer às tuas palavras" (v. 57) é uma afirmação que confirma essa verdade sobre a espiritualidade.

O fundamento que sustentou o relacionamento de Israel com seu Deus foi a aliança que Deus firmou com a nação no monte Sinai. Moisés foi intimado a passar o recado de Deus aos escravos libertados da mão opressora do governo do Egito.

> Diga o seguinte aos descendentes de Jacó e declare aos israelitas: Vocês viram o que fiz ao Egito e como os transportei sobre asas de águias e os trouxe para junto de mim. Agora, se me obedecerem fielmente e guardarem

> a minha aliança, vocês serão o meu tesouro pessoal dentre todas as nações. Embora toda a terra seja minha, vocês serão para mim um reino de sacerdotes e uma nação santa. Essas são as palavras que você dirá aos israelitas.
>
> Êxodo 19:3-6; NVI

A história posterior de Israel demonstrou como o esquecimento da palavra divina registrada nos Livros Sagrados apagou a espiritualidade do povo escolhido. É inexplicável este fenômeno: todos os privilégios que Deus ofereceu na aliança foram desperdiçados por desvalorizar o contato vital com Deus. Josué e sua família lideraram a nação no compromisso de servir ao Senhor; porém, logo depois da morte do grande líder e de sua geração, todos seguiram o próprio conselho. "Os israelitas fizeram o que o Senhor reprova e prestaram culto aos baalins" (Jz 2:11).

Foi o perigo de receber a bênção de ouvir a voz de Deus através das Escrituras, por meio da meditação, e logo perder este bálsamo que motivou Francisco de Sales (1567-1622) a declarar:

> Acima de tudo, amado, esforce-se, quando terminar sua meditação, de reter os pensamentos e as resoluções que assumiu como sua prática interior durante o dia. Este é o fruto real da meditação, sem o qual ela pode ser desprovida de proveito, ou até prejudicial. Concentrar a mente em virtudes sem praticá-las gera a tendência de inchar-nos de irrealidades, até começar a imaginar que somos tudo que temos meditado e decidido ser.[14]

Comunhão de fato

É impossível buscar espiritualidade genuína sem pensar nos componentes essenciais: amor pelo Senhor, fé e poder do Espírito Santo, e meditação sincera na Palavra de Deus. Estes elementos podem corrigir as distorções que apóiam a espiritualidade *de fachada*. "Estou rico, adquiri riquezas e não preciso de nada" (Ap 3:17; NVI) é a expressão de uma atitude que a Bíblia condena com muita propriedade. Busquemos sempre nas Escrituras a capacidade de distinguir a comunhão genuína da espúria.

Notas

[1] Cheetham, Samuel. "Spiritual exercises" ("Exercícios espirituais"), in *Dictionary of Christian antiquities* [*Dicionário de relíquias cristãs*], Londres: John Murray, 1880, p. 1922.

[2] *Id.*

[3] *Ibid.*

[4] Citado em Blanchard, John (ed.) *Pérolas para a vida*. São Paulo: Vida Nova, 1993, p. 19.

[5] Kempis, Thomas à. *A imitação de Cristo*. São Paulo: Shedd, 2001, p. 39.

[6] Perguntas de J.H. Newman, citado em Baillie, John (org.) *A diary of readings* [*Diário de leituras*]. Nova York: Charles Scribner's, 1955, p. 111.

[7] Packer, J.I. *Na dinâmica do Espírito*. São Paulo: Vida Nova, 1991.

[8] Kempis, Thomas à. *Op. cit.*, p. 75.

[9] Kepler, Thomas S. (org.) *The fellowship of the saints* [*A fraternidade dos santos*]. Nova York: Abingdon-Cokesbury, 1948, p.20.

[10] Bromiley, G.W. "Faith", in *The international Bible encyclopedia* [*Enciclopédia bíblica internacional*]. Grand Rapids: Eerdmans, 1982, v. II, p. 270.

[11] Baillie, John. *Op. cit.*, p. 124.

[12] Schwartz, Christian. *O desenvolvimento natural da Igreja*. Curitiba: Esperança, 1996, p. 90.

[13] Kepler, Thomas S. *Op. cit.*, p. 653.

[14] *Id.*, p. 300.

III

A ESPIRITUALIDADE NA HISTÓRIA DA IGREJA EVANGÉLICA BRASILEIRA

Passado e presente da espiritualidade cristã

Joyce Every-Clayton

Nasceu na Irlanda do Norte. Possui formação em Geografia e Teologia pela Universidade de Londres. Desde 1973, trabalha no Brasil com a União Evangélica Sul-americana. Mora em Recife, onde atua como professora do Seminário Teológico Congregacional do Nordeste e do Seminário Teológico Batista do Norte do Brasil. Neste, concluiu mestrado e doutorado na área de História da Igreja Evangélica no Brasil.

Tão difícil quanto definir o significado da palavra "espiritualidade" é encontrar um conceito comum a respeito do que ela representa. Conseqüentemente, a tarefa de analisar o processo histórico de desenvolvimento da espiritualidade cristã no âmbito da igreja brasileira é bastante árdua.

Enquanto a conceituação secular de espiritualidade está relacionada com a busca vaga do sagrado pelo ser humano, a conceituação cristã diz respeito diretamente à maneira pela qual se vive o "conhecer a Deus", uma vida de comunhão com o Deus das Escrituras do Antigo e do Novo Testamento.

Espiritualidade é, portanto, algo de cunho pessoal, que cada um experimenta a sua maneira, em seu cotidiano. Ela se evidencia através de formas religiosas distintas, como jejum, reunião de oração, serviço cristão e leitura da Bíblia, e se expressa de maneiras igualmente diversas, de acordo com o grupo religioso em questão.

Para evangélicos, em especial, a forma de expressão dessa espiritualidade está subordinada a sua essência, em conformidade à imagem de Cristo (Rm 8:29). Além disso, em cada época e em cada lugar onde a igreja tem sido plantada, cristãos vivem diferentemente seu relacionamento com Deus.

Segundo o próprio Jesus, o mandamento principal consiste em amar a Deus, amar a si mesmo e amar ao próximo (Mc 12:28-31). A história da espiritualidade cristã pode ser sintetizada como um levantamento de vinte séculos de leitura, interpretação e vivência desse mandamento. Fazemos parte desta história global. Nós a espelhamos. Nós a reinventamos a nossa maneira.

As bases históricas

Algumas características importantes da espiritualidade cristã sobressaem em determinadas épocas da história, ainda que sejam menos valorizadas em outras. É difícil detectar as causas precisas dessas mudanças de ênfase. Certas tradições e práticas espirituais são afetadas, por exemplo, pelo temperamento do crente ou pelo contexto histórico em que ele vive. Uma mulher nordestina, que passa anos enfrentanto as mazelas das constantes secas e as influências de movimentos messiânicos, formará uma espiritualidade bem diferente daquela experimentada por uma catarinense de origem alemã.

Os pressupostos teológicos são, acima de tudo, fundamentais para compreender as mudanças de ênfase ao longo da história. Em última análise, é a teologia da salvação que determina tudo: a espiritualidade está intimamente ligada à percepção de como se apropriar da salvação, da graça de Deus, por meio da fé. O consenso geral é que nosso legado nacional, no que diz respeito à teologia e à espiritualidade evangélicas, consiste em herança pietista, evangelical, sobreposta numa base que remonta à Reforma Protestante, a Calvino e Lutero.

Lutero, tendo sido monge, tinha uma formação mística que se fez refletir em sua vida devocional de louvor sincero a Deus pelos benefícios da justificação pela fé, pela realidade da graça de Deus e da *Liberdade do cristão*, conforme o título de um texto de sua autoria (1520). Ele traduziu a Bíblia para o alemão, compôs hinos, casou-se, amou seus filhos, brigou com Satanás ("Se nos quisessem devorar/ Demônios não contados"), e assim por diante.

Autores contemporâneos[1] destacam aspectos menos conhecidos da espiritualidade do primeiro grande reformador que, em carta a seu barbeiro, ensinou-o a buscar nos Dez Mandamentos, na Oração Dominical e no Credo dos Apóstolos "algo a aprender, algo pelo que se deve pedir perdão, um motivo de louvor e gratidão a Deus e uma petição em favor de alguém".[2]

Calvino — temperamento diferente, país diferente, formação diferente — começou cada edição de sua obra, *Institutas da religião cristã*, da seguinte maneira: "Quase toda a sabedoria que possuímos, isto é, a sabedoria verdadeira e sã, consiste em duas partes: o conhecimento de Deus e de nós mesmos." Já em 1537, ele definira a piedade como "um zelo puro e verdadeiro que ama a Deus plenamente como Pai, que o reverencia verdadeiramente como Senhor, que abraça sua justiça, e que teme ofendê-lo mais do que teme morrer".[3]

Não é de admirar que Calvino tivesse grande interesse no tema da santificação como fruto da justificação pela fé. Suas ênfases sobre a soberania santa de Deus, a seriedade do pecado e o milagre da união entre o próprio Cristo e o crente conduziam inevitavelmente à necessidade de uma vida santa.

O tempo se encarregou de transformar as conceituações bíblicas e práticas dos primeiros reformadores em fé fria e estéril, que predominou durante os séculos XVII e XVIII. A Bíblia cedeu lugar à racionalidade humana; a fé viva cedeu lugar a um código de comportamento sem vida, um mero dever religioso.

Foi nesse clima que surgiu, na Alemanha, o movimento pietista, uma reação ao protestantismo sem o Espírito e sem espiritualidade. Tratava-se de um movimento focado na experiência religiosa, um tipo de devoção anti-intelectual, embora seus líderes mais conhecidos — os bem-preparados Jacob Spener e August Francke — fossem também muito práticos em sua dedicação à obra de Deus, fundando escolas, orfanatos, tipografias e até fazendas para ajudar pobres. O forte do pietista Zinzendorf era sua espiritualidade missionária, conforme praticada pelos corajosos morávios.

Esses são os elos que ligam esta base da Reforma à palavra "evangelical", hoje usada para referir-se ao revigoramento protestante que se deu com o avivamento encabeçado por João Wesley, de cuja conversão, em 1738, os morávios participaram.

Entre as contribuições distintas que Wesley, evangelista incansável, legou à espiritualidade cristã está a insistência na segunda experiência da graça de Deus, algo ocorrido após a conversão inicial a Deus por meio da fé em Cristo. Em sua percepção, tanto a justificação quanto a santificação resultam da fé, uma interpretação que marcou diversos movimentos do tipo *holiness* (santidade) no fim do século XIX.

Foi durante aquele século que algo importante aconteceu nos Estados Unidos: uma fusão quase total entre parte considerável das principais tradições da espiritualidade (e da teologia), alimentada pelo zelo evangelístico e pela expectativa de um avivamento. Este fenômeno exerceu forte influência sobre a espiritualidade trazida ao Brasil por missionários e vivenciada pelas primeiras gerações de crentes.

Século XIX

Ashbell Green Simonton, pioneiro presbiteriano, foi fruto direto de um avivamento ocorrido na sua região dos Estados Unidos, em 1855. Como resultado, ele entrou para o Seminário de Princeton, onde se preparou para vir ao Brasil.

> Às vésperas de ir para o seminário para estudar teologia, para me precaver das tentações e possíveis derrotas, fiz alguns propósitos: 1) freqüência constante aos exercícios devocionais do seminário e uso de todos os meios de graça que edificassem minha alma; 2) vigilância constante sobre meu coração e sobre os pecados que me rodeavam (o orgulho e a teimosa oposição às doutrinas do Evangelho que me humilhavam); 3) estudo das doutrinas do Evangelho e leitura de biografias de cristãos que se distinguiram pela piedade sincera; 4) comunhão constante e íntima com Deus para crescer na vida divina; 5) o cultivo da graça da oração. Além disso, me dispus a cuidar da saúde física através de exercícios diários ao ar livre e de uma alimentação equilibrada.[4]

Este último elemento — algo raro em textos de origem protestante — é explicado: "O cuidado com a doutrina e o cuidado com a vida abundante não são opostos entre si. Ambos procedem de um só Deus."[5]

O depoimento, de conteúdo por sinal bem puritano,[6] indica que Simonton praticava as disciplinas centrais da espiritualidade cristã:[7] disciplinas interiores, como meditação, oração e estudo; disciplinas exteriores, como simplicidade, submissão e serviço; e disciplinas corporativas, como confissão e culto público.

No mesmo século, as novas missões inglesas de fé eram conseqüência direta do movimento *holiness* e, no que diz respeito à espiritualidade, bem semelhantes ao fenômeno ocorrido nos Estados Unidos. Robert Reid Kalley, pioneiro na evangelização de brasileiros em língua portuguesa, refletia aspectos daquela espiritualidade, embora não pertencesse a nenhuma missão. Após sua morte, alguém recordou "seu amor intenso para com o Deus do céu", enquanto sua esposa lembrou seus:

> ... sonhos santos [...] transbordando de pensamentos maravilhosos de Deus [...] Ele sempre falava dessas coisas celestiais [...] A petição freqüente de meu querido esposo era: "Que conheçamos a Deus como se o estivéssemos vendo" [...] Acho que o ouvi pedir isso de seu Senhor milhares de vezes, e sempre com aquela profunda e santa reverência.[8]

Nos documentos encontrados, há poucos detalhes precisos sobre a espiritualidade pessoal de Kalley. Menciona-se um "jejum parcial pela manhã" e um diário particular, nem sempre bem utilizado, no qual ele recordava sua caminhada cristã. Sua visão da espiritualidade, no que se refere à igreja local, incluiu a afirmação: "O dono de escravos é inimigo de Cristo; não pode ser membro da Igreja de Jesus".[9] Em 1862, a Igreja Evangélica Fluminense[10] recebeu como membro "Leopoldina [...] Ainda é escrava, mas cremos que ela é crente verdadeira. Ela foi batizada e sentou-se à mesa do Senhor".[11]

Algo bastante comentado (e até criticado) a respeito do médico-missionário foi o fato de ter traduzido, em 1856, seu "livro predileto"[12] para a língua portuguesa: *O peregrino*, de John Bunyan.[13] Como seria de esperar, a espiritualidade e até a linguagem de Bunyan influenciaram Kalley, que chamou os membros de sua igreja "meus caros companheiros de viagem ao mundo eterno". Em outro momento, ele insistiu que "é preciso que sejamos como o Cristão *[personagem principal do livro]* na gaiola da Feira da Vaidade: cada vez mais sábios e vigilantes para não dar ocasião alguma ao escândalo".

É quase desnecessário recordar como *O peregrino*, durante anos o único livro devocional em português, influenciou na espiritualidade evangélica, inclusive na decoração das casas. Ainda hoje, o quadro dos "dois caminhos" compõe a decoração da sala nas casas de crentes evangélicos em muitos lugares no interior do Brasil.

Menos conhecida na espiritualidade de Kalley é sua insistência em observar da Semana de Oração, proposta pela entidade interdenominacional, a Aliança Evangélica. Outra atividade interdenominacional apoiada por Kalley e por muitos dos primeiros evangélicos do país foi a da Sociedade Bíblica, cujos métodos e metas exigiam espiritualidade prática, aliada à fé robusta e destemida. A esposa de Kalley coordenou todo o trabalho dos colportores — todos homens, nos primeiros tempos. Algumas décadas depois, Mulheres da Bíblia,[14] obreiras brasileiras da Sociedade Bíblica Britânica e Estrangeira, deixaram transparecer sua espiritualidade nos relatórios enviados a Londres:

> Vinculada à Missão Congregacional, uma jovem mulher da Bíblia [...] está trabalhando em Encantado, um subúrbio do Rio. Durante alguns meses, houve um surto terrível de varíola no Rio, e às vezes umas 50 pessoas morriam em um só dia [...] "Neste mês", escreve a obreira, "tenho visitado e ajudado a cuidar de uma menina com varíola, que, embora filha de pais não-crentes, havia começado a freqüentar a escola dominical, onde aprendeu as palavras 'no Senhor confio'. Aquelas três palavras, repetidas pela menina durante seus últimos momentos de vida, impressionaram muito seus familiares e conhecidos. Ela dormiu em Jesus, e esperamos que essas palavras que ela deixou com seus pais os conduzam à Luz."[15]

Uma certa dona Amália, que trabalhava em Petrópolis, ligada à Igreja Metodista Episcopal, visitou uma senhora que já lia a Bíblia:

> Eu tive a oportunidade de falar com ela sozinha, e me parece que, naquele momento, ela sentia mais liberdade para abrir o coração e me falar de

> sua situação verdadeira. Ela disse que sabia que amava a Deus, mas que sentia que faltava algo em sua experiência com Deus; seu coração não estava satisfeito. Pedia que eu me unisse a ela em oração acerca disso [...] Na reunião de oração no meio da semana, oramos [...] pela família, pedindo que a mãe encontrasse a verdadeira paz [...] E Deus ouviu esta nossa oração. O coração da mãe está plenamente satisfeito, agora que ela conhece a Cristo como seu Salvador.[16]

Outra obreira em Petrópolis ensinava sobre a Bíblia no Colégio Americano:

> ... internato [...] fundado para a educação das filhas de brasileiros ricos. Das 35 garotas sob meus cuidados, a maioria é de pais católicos, e algumas das alunas novas não sabiam nada da Bíblia, e exclamam, surpresas, quando lêem pela primeira vez o relato de como Pedro andou por cima das águas [...] Numa recente prova, uma criança escreveu que a coisa principal que se deve lembrar ao estudar a crucificação de nosso Senhor é "que ele sofreu tudo isso por mim — sim, por mim".[17]

A esposa do missionário batista Zachery C. Taylor supervisionava as Mulheres da Bíblia no Estado da Bahia: "Nossa obreira gosta tanto de seu trabalho que não sabe falar de mais nada [...] Alguns dos crentes que ela trouxe para a igreja já foram batizados." Antes de que o casal Taylor chegasse ao Brasil, em 1882, outro batista, Thomas J. Bowen, aqui esteve trabalhando entre negros e marinheiros, e orando: "Que eu possa ter forças para orar e trabalhar com o fim de estabelecer o Evangelho neste lugar de iniquidade [...] Ou, pelo menos, que eu possa ser um homem amável, cheio do Espírito Santo e fé [...] Tenho muito que crescer até chegar à estatura da perfeição humana em Cristo".[18]

Um contemporâneo de Bowen, o ex-padre José Manoel da Conceição, o primeiro pastor presbiteriano brasileiro a ser ordenado, também orava: "Entrando na casa com a Bíblia na mão, abriu em João 3:16 e pediu licença para ler a respeito do grande amor de Deus por toda a humanidade e sua graciosa oferta de perdão pela fé somente. Depois, estendendo no chão de terra batida um lenço colorido, derramou seu coração em comovente oração pela família."[19]

Em sua espiritualidade, José Manuel era bem diferente dos colegas missionários, pois nunca deixou de ser místico, nem abandonou seu estilo de vida extremamente simples. "Sua frugalidade era tal que com qualquer coisa se satisfazia durante o dia inteiro."[20]

Enquanto José Manuel e tantos outros estimulavam a leitura da Bíblia Sagrada e militavam na causa protestante durante o século XIX, muitos brasileiros foram se filiando às novas igrejas. O padrão de espiritualidade exigido era alto. Por exemplo, em 1882, os membros da Igreja Evangélica Pernambucana[21] discutiram o caso de um certo Hipólito do Socorro, e "apresentaram testemunho razoável, porém ainda não pôde decidir-se nada a tal respeito em conseqüência do seu emprego de guarda municipal, que o obriga a trabalhar aos domingos".[22] Um tal João Francisco de Sousa foi excluído em 1881. "*[Ele]* não tem andado conforme os preceitos do Senhor, mas [...] em fornicação, sendo infiel a sua mulher."[23]

Bem diferente foi a situação dos imigrantes de origem alemã, conforme depoimento de Wilhelm Kleingunther, pastor luterano em Porto Alegre de 1866 a 1873:

> Quando ainda estávamos em casa, na Alemanha, disse-me um colono, ainda rezávamos de quando em vez; desde que estamos no Brasil, acabamos com tudo isso [...] Assim entram na igreja. O pastor diz rapidamente a sua prédica horripilante, e lá vai todo o mundo à venda para cantar e dançar toda a tarde e durante toda a noite. O pastor acompanha tudo se quer ser bom pastor, e quanto maior a farra, tanto melhor para os colonos.[24]

Conforme sua tradição eclesiástica, a comunidade luterana de Petrópolis conseguiu colocar um crucifixo no altar de sua igreja, apesar da ilegalidade do ato antes da Proclamação da República. Porém, quando E. Blackford, presbiteriano e cunhado de Simonton, foi pregar naquela cidade, "exigiu que tirassem de lá o crucifixo. Não tiraram; não pregou mais no templo, preferindo fazê-lo na escola".[25]

Como é sabido, a proibição legal da cruz durante aquelas décadas fez crescer uma forte reação contra o uso deste símbolo da fé cristã entre evangélicos brasileiros. Uma só exceção parece ter sido seu uso em túmulos.

Quando Joe Wilding foi à Ilha do Bananal, em 1960, para ver a sepultura de seu pai, falecido em 1933, recordou: "É exatamente como vi nas fotografias. A cruz de madeira com a inscrição está lá. Junto à sepultura, dois carajás estão enterrados."[26]

Talvez seja possível sintetizar as práticas da espiritualidade que prevaleceram durante o século XIX com um exemplo simples: não foi sem motivo que os crentes daquela primeira geração receberam o apelido de *bíblias*. Sendo das Escrituras Sagradas a origem da mensagem que transformou-lhes a vida, através de uma experiência marcante de conversão, aprenderam a estudar a Palavra de Deus ajudados pela grande novidade: as revistas de escola bíblica dominical. Eles descobriram como cantar sobre sua espiritualidade, a "pensar nesse lar lá no céu", a recordar que "Cristo em breve do céu virá". Aprenderam a orar, mas não o "Pai nosso" da tradição católica, deixado de lado junto com símbolos tradicionais, como a cruz.

Século XX

Com a chegada do novo século, a espiritualidade evangélica no Brasil passou a apresentar novas ênfases. Os relatos da viagem dos pioneiros da Assembléia de Deus, Daniel Berg e Gunnar Vingren, denunciam um forte interesse na revelação através de sonhos, compartilhado por não pentecostais. Stuart McNairn descreveu como uma mulher pobre e analfabeta no interior de Goiás:

> ... sonhou com um livro, uma grande luz brilhando sobre suas páginas, e uma voz que lhe disse que o lesse. Ela tentou — e conseguiu ler! Começou assim um trabalho que continua crescendo. Mesmo paupérrimo, este casal dá seu dízimo e recentemente chegou ao missionário com um lencinho sujo, cheio de moedas.[27]

O pioneiro pentecostal Daniel Berg também "foi muito humilde e simples". Sempre que surgia qualquer problema, estas eram suas palavras: "Jesus é bom. Glória a Jesus. Aleluia! Jesus é muito bom. Ele salva, batiza com o Espírito Santo e cura os enfermos. Ele tudo faz por nós. Glória a Jesus. Aleluia!".[28]

"Aleluia" foi a palavra que marcou a primeira reunião do Exército de Salvação, realizada em 1922, no Rio de Janeiro, na presença do dr. Erasmo Braga.

> Após a leitura da passagem da Bíblia, o ajudante Sjodin anunciava um coro, cujas palavras, dizia ele, todos aprenderiam imediatamente [...] Consistia ele numa só palavra, "Aleluia", repetida um grande número de vezes numa toada animada [...] Encorajado pela animação do ambiente, o coronel se arriscou a convidar os que cantavam a acompanhar com o bater de palmas [...] A experiência foi maior do que a expectativa![29]

Mesmo na hora da morte, o crente conseguia louvar, como transparece na descrição da morte de Vingren, em 29 de junho de 1933.

> No dia 27, entre 5h e 6h da manhã, ele recebeu a chamada para o céu. Então, com os braços levantados, exclamou: "Jesus, como tu és maravilhoso. Aleluia! Aleluia!". Enquanto orava sob este poder, leu os quatro primeiros versos do salmo 84 [...] Depois dessa experiência, viveu ainda por dois dias, quando várias vezes disse que tinha saudade de ouvir o cântico dos anjos [...] Na quinta-feira [...] estava muito fraco e quase não falava. A única coisa que disse foi: "Está cantando no meu coração!" E [...] partiu [...] Começamos então a orar, e o poder de Deus veio sobre nós, fazendo-nos pensar que também iríamos para o céu [...] Uma irmã viu, naquele momento, duas mãos traspassadas e estendidas, prontas para receber alguma coisa preciosa.[30]

Um episódio parecido aparece nos relatos do presbiteriano Nathanael Cortez, que descreveu a morte, em 1932, de uma jovem cearense que "respondeu, com fisionomia angélica, ao ouvir que Jesus a esperava no céu: 'E de braços abertos...' E dormiu! Dormiu nos braços do seu Salvador Jesus".[31]

Além dessas ênfases, o novo século apresentou um interesse renovado na oração. Benjamim L. Araújo César, outro pastor presbiteriano, chegou na Igreja Presbiteriana de Campos (RJ) em 1928, e logo tratou de iniciar "a semana de santificação. No princípio, compareceram poucos irmãos. Mas, ao passo que ele falava e insistia em que comparecessem, as reuniões iam melhorando [...] Dia a dia, mais pessoas oravam, e orações menos vazias. Alguns tinham coragem e confessavam a Deus suas transgressões".[32]

Enquanto isso, a descrição de João Clímaco Ximenes, pioneiro congregacional na Paraíba após seu chamado ministerial, em 1922, é típica: "Ele foi sempre um homem de muita oração e jejum. Costumava jejuar o dia inteiro [...] Orava de joelhos, chorando".[33]

Isso não quer dizer, porém, que a Bíblia tenha sido deixada de lado como base para a espiritualidade. Pelo contrário. A fundadora do Instituto Bíblico Betel Brasileiro (1968), Lídia Almeida de Menezes, descreveu a espiritualidade que aprendeu na Paraíba de sua mentora Ernestine Horne:

> Durante quatro anos, [ela] me ensinou a conhecer, amar e obedecer à Palavra de Deus. Aprendi a meditar nela [...] As leituras e os estudos incessantes que fiz da Palavra de Deus geraram a fé em Deus, que cumpre o que promete [...] A origem da minha fé na implantação do Betel Brasileiro está baseada no conhecimento de Deus através de sua Palavra.[34]

Quanto a Lídia Almeida, toda a "ênfase dada na educação cristã volta-se para a formação de Cristo no caráter da pessoa, entendendo-se que a eficácia da proclamação do Evangelho permanece à medida que a vida cristã é vivida segundo a doutrina bíblica: 'Cristo em vós, a esperança da glória'".[35]

Novamente trata-se de ênfase nas disciplinas centrais da espiritualidade cristã, a partir da centralidade da Palavra de Deus. Semelhante valorização da Palavra marcou um trabalho evangélico que nasceu entre colonos catarinenses de origem luterana alemã durante a Segunda Guerra Mundial.

> Quando não se podia contar com a presença de um missionário, *[os crentes]* se visitavam [...] e liam um para o outro. Cantavam hinos, oravam e fortaleciam-se no discipulado do Senhor." [E mesmo em meio a dificuldades diversas,] experimentaram a mão de nosso Salvador, que salva, corrige, carrega e auxilia. Naquele tempo, as "horas bíblicas" não nos pareciam demasiadamente longas. O irmão Graupner lia um trecho proveitoso de algum livro, e nós dialogávamos sobre o assunto.[36]

Enquanto isso, na década de 1960, e também no sul do Brasil, a espiritualidade de outros luteranos apresentava ênfase distinta:

> Um homem miúdo estava deitado numa cama, exausto e gemendo de dor. Nós conversávamos em português sobre Jesus Cristo. Ele disse que

> fazia anos que não ia à igreja; nem a Bíblia ele tinha. Eu percebi que, naquele momento, ele queria sinceramente que Jesus perdoasse todos os seus pecados, e queria a Santa Ceia. Eu cantei dois hinos bastante conhecidos em alemão [...] Nós oramos juntos e ele aceitou Jesus através do pão e do vinho.[37]

Outros entenderam o "aceitar Jesus" como "quero entrar para a sua lei", nas palavras de uma índia da Ilha do Bananal.

> É desta maneira simples que as pessoas costumavam expressar o seu desejo de se tornar crentes em Cristo. Ela [...] andava à procura da verdade, e disse que quando chegou à sede da Missão sentiu seu coração "abrir". Eu lhe falei de Cristo, e depois orei com ela. Ela orou também fervorosamente, e foi assim que outra alma passou das trevas para a luz, da morte para a vida eterna.[38]

Durante décadas, porém, não foi fácil para muitos brasileiros optar pela "lei dos crentes" devido à perseguição desencadeada pela Igreja Católica Romana, que, em regiões do interior, persistiu até os anos 1940. Mesmo assim, o fervor e os exercícios espirituais não diminuíram, como se vê pelo relato (1931) de Harry Briault, obreiro congregacional na Paraíba:

> Em Brejo de Cavallos [...] foi a noite da reunião de oração, com [algo] entre 50 e 60 crentes reunidos na pequena sala [...] Nada de pausas constrangedoras — um após outro se levantava para nos conduzir ao trono da graça, em petições que não eram meras formalidades, e sim a expressão dos desejos dos corações. Nestes cultos, os crentes recitam versículos bíblicos e é fascinante ouvir pessoas que não sabem ler recitar, em pé e sem nenhum problema, uns cinco ou seis versículos da Carta aos Romanos.[39]

Durante o século XX, lições usadas nas inúmeras escolas bíblicas dominicais incentivaram crentes a decorar textos bíblicos. Também passaram a circular programas de leitura bíblica sistemática, muitos deles fundamentais para o discipulado oferecido pelas missões para-eclesiásticas que proliferaram a partir da década de 1950. Muitas delas — Mocidade para Cristo, Aliança Bíblica Universitária,[40] Palavra da Vida, Cruzada Estudantil, entre outras — se esmeraram em forjar uma espiritualidade para a juventude brasileira e, na força mobilizadora de seus muitos acampamentos, reforçaram disciplinas centrais da espiritualidade: leitura bíblica, tempo a sós com Deus, ética pessoal e serviço cristão.[41]

O trabalho da Aliança Pró-Evangelização das Crianças impactou a infância de Ziel Machado (fim dos anos 1960 e início dos 1970):

> Eu fui profundamente marcado por histórias dos heróis da Bíblia contadas no flanelógrafo e nos cânticos dos cultos infantis. Pela primeira vez [se abriam] possibilidades para que as crianças entendessem os cultos, pois os cultos dos grandes só nos ajudavam a decorar os salmos e alguns hinos. O demais era completamente ininteligível [...] Eu mesmo representei a história do Samuelito (menino mexicano que vendia lagartos para sustentar missões), e anos depois me tornei missionário[42] no contexto latino-americano.

Um trabalho diferente, o dos clubes bíblicos, acontecia aos sábados no Seminário Betel, no bairro do Rocha (Rio de Janeiro), dirigido por Tabita Kraus, esposa de pastor batista. Segundo Ziel Machado:

> Jovens de muitas igrejas se reuniam para orar e ler a Bíblia de maneira mais "livre". Esta chama se alastrou por todo o Rio na década de 1970, e surgiram vários outros clubes bíblicos: na Igreja Congregacional de Bento Ribeiro, na Igreja Batista de Itacuruçá [...] Desses clubes saíram muitos pastores e missionários, mas sobretudo uma espiritualidade juvenil que não precisava de terno e gravata para ser levada a sério.

Além de cobrar o uso de terno e gravata, igrejas de todas as denominações proibiam o cinema, danças, fumo e assim por diante, entendendo tratar-se de comportamentos mundanos inapropriados. Tais proibições perduraram até a década de 1970, e constituem aspecto importante da espiritualidade evangélica do século XX.

Poucos anos antes, a situação de algumas denominações complicara-se graças à controvérsia modernista-fundamentalista e à fundação de entidades como o Conselho Mundial de Igrejas (1948) e o Conselho Internacional de Igrejas Cristãs (1949), de caráter mais fundamentalista. A conseqüente crise na espiritualidade evangélica foi acentuada quando Manoel de Mello, fundador da denominação O Brasil para Cristo (1956), decidiu filiar-se ao Conselho Mundial de Igrejas, convidando o secretário geral da organização a pregar na inauguração de seu megatemplo, em 1962. D. Paulo Evaristo Arns, cardeal arcebispo de São Paulo, também estava presente. Nos momentos que antecederam a chegada de D. Paulo à celebração, Manoel de Mello havia anunciado essa expectativa, levando o povo a bradar em alta voz, por três vezes consecutivas: "Eu amo meu irmão católico".[43] Para a maioria dos evangélicos, porém, tratava-se de uma aberração.

Nos anos 1960, a preocupação geral era outra: o movimento da renovação espiritual, que teve forte impacto nas igrejas e na espiritualidade evangélicas. São muitos os relatos registrados de fatos ocorridos em praticamente todas as denominações. Em 1964, Fred Orr, evangelista com base em Manaus, foi pregar num seminário batista de Natal:

> Começamos a orar às 7h da manhã. Eu havia passado a noite anterior com o Senhor, e ele se encontrou comigo em poder. Lá pelas 8h da manhã, preguei sobre o salmo 51, e depois começamos a orar de novo [...] De repente, o fogo caiu e o aluno que havia causado graves problemas na escola levantou-se para confessar seu pecado [...] As lágrimas começaram a rolar, e um após outro, os alunos confessaram seus pecados. Até os professores fizeram o mesmo. E devagar a alegria veio [...] Foram horas e horas assim, e pareciam alguns segundos somente. Saí da sala para outro encontro às 16h, e quando retornei, às 17h, os alunos ainda estavam orando.[44]

Barbara Burns descreve momentos semelhantes numa escola de preparo ministerial em Cianorte, em 1972:

> A maioria dos estudantes ainda alimentava dúvidas e críticas à idéia de missões transculturais. Então, uma manhã, durante o período de devoção de uma classe de missões, a idéia pegou fogo. Um dos estudantes céticos começou a orar. De repente, ele começou a chorar e se ajoelhou no chão de cimento áspero [...] Dentro de segundos, a classe inteira estava orando e chorando. Outras classes ouviram as orações e vieram se unir à primeira. A comunidade escolar inteira orou até o meio-dia.[45]

Um hino muito popular entre as igrejas pentecostais dizia: "Ninguém detém, é obra santa." Naturalmente houve dificuldades, algumas oriundas de imposições legalistas que passaram a ser adotadas como sinônimos de espiritualidade evangélica, e outras resultantes de enganos teológicos. João Queiroz, de Fortaleza, precavia-se devidamente:

> Se chegava alguém com uma mensagem em nome do Senhor, supostamente recebida por "revelação", ele respondia sem titubear: "Meu filho, o Senhor Deus é meu amigo, e quando ele quer falar comigo, não manda recado por porta de travessa. É bom você começar a descobrir quem é o senhor que está falando com você." Sendo uma visão com que, por discernimento, não concordasse, numa situação em que não constrangesse a pessoa, levantava logo a questão: "Cuidado! Sua história tá mais pra visagem do que pra visão."[46]

Em décadas mais recentes, congressos promovidos pela Visão Nacional de Evangelização (VINDE) e pelo Serviço de Evangelização para a América Latina (SEPAL) ofereceram contribuições notáveis à espiritualidade evangélica, promovendo saudável vivência interdenominacional e boa literatura. No entanto, devido em grande parte às práticas litúrgicas, devocionais e eclesiológicas das novas igrejas neopentecostais, também surgiram sinais de uma espiritualidade distorcida. Um exemplo é o fenômeno de *mercantilização* da fé, que desemboca no misticismo expresso na inclusão de símbolos e subterfúgios, como óleos *bentos*, "anéis de José", bênçãos para copos d'água, rosas *especiais* e muitos outros. É o caminho para o divórcio entre a teologia e a espiritualidade. E quando tal divórcio ocorre, ambas perdem.

Este caminho parece ser o preferido de evangélicos de hoje. A solitude e o silêncio simplesmente não fazem parte da história documental de nossa espiritualidade. Em contrapartida, os futuros historiadores precisarão explicar uma espiritualidade evangélica que exalta celebridades e faz provocações ao Diabo, contribuindo para remover os "marcos antigos" postos por nosso pais (Pv 22:28).

O fato, porém, de a maioria das igrejas ter assumido (ao menos extraoficialmente) a teologia e a espiritualidade pentecostais não é o único traço de uma nova dinâmica que move a espiritualidade evangélica nacional na atualidade. É preciso considerar também a revisão da própria agenda de vários ministérios e denominações. Se antes as lições para a escola bíblica dominical davam ênfase à doutrina bíblica, aos erros das seitas e ao estudo sistemático dos livros da Bíblia, entre outros assuntos, é cada vez mais freqüente o ensino sobre temas como estresse, relacionamentos, corrupção, solidariedade e mídia.

Não há como negar a necessidade e a importância de discussões que ultrapassam o universo evangélico. Porém, é preciso cuidado para que não substituam o ensino e a vivência dos elementos fundamentais da fé, sob o risco de secularizar a práxis da igreja, em detrimento das disciplinas centrais da espiritualidade cristã.

É preciso evitar também a negligência da própria história da Igreja Evangélica. Este cuidado é fundamental para preservar as motivações contidas em depoimentos como a seguinte descrição da espiritualidade vivenciada no Colégio Evangélico de Bom Sucesso (MG), em 1913.

> [A missionária]... ensinava grandes e pequenas coisas. Dizia-nos como viver na presença de Deus e sujeitar-nos a sua vontade. Todas as noites, terminado o estudo, ela nos levava para o jardim e nos mostrava o céu. Falava sobre aquela estrela, este planeta, a imensidão do universo. Enchia-nos a alma das grandezas do Criador de todas essas maravilhas. Ensinava-nos como deveríamos amá-lo e louvá-lo. Ministrava-nos uma religião prática. Nunca me esqueci de uma vez quando nos disse: "Se vocês encontrarem um caco de vidro ou uma casca de banana caídos na rua, abaixem-se e apanhem, pois alguém poderá se cortar ou escorregar e quebrar uma perna."[47]

Notas

[1] Ver HOLT, Bradley P. *Brief history of Christian spirituality* [*Breve história da espiritualidade cristã*]. Oxford: Lion Publishing, 1993; e TROBISCH, Walter. *Complete works of Walter Trobisch* [*Obras completas de Walter Trobisch*]. Illinois: Intervarsity, 1987.

[2] HOLT, Bradley P. *Op. cit.*, p. 91.

[3] MCNEILL, John T. (ed.) *Calvin: Institutes of the Christian religion* [*Calvino: institutas da religião cristã*]. Londres, SCM Press, 1961, v. 1, p. 40.

[4] CESAR, Elben M. Lenz. *Entrevistas com Ashbell Green Simonton*. Viçosa: Ultimato, 1994, p. 98.

[5] *Id.*, p. 97.

[6] Comparar as *Resoluções* de Jonathan Edwards.

[7] Conforme Richard Foster em *Celebração da disciplina*.

[8] Kalley, Sarah P. *Reminiscências*, arquivo da Igreja Evangélica Fluminense.

[9] Rocha, João Gomes da. *Lembranças do passado*. Rio de Janeiro: Centro Brasileiro de Publicidade, v. 2, 1944, p. 79.

[10] Igreja organizada por Kalley em Rio de Janeiro, em 1858.

[11] Gama, F. *Carta a R.R. Kalley*, 1862, arquivo da Igreja Evangélica Fluminense.

[12] Conforme entendia sua meio-irmã.

[13] O livro, de forte estilo alegórico, era muito apreciado no período. William C. Burns, também missionário escocês, o traduziu para o chinês em 1853.

[14] Em inglês: *Biblewomen*.

[15] Relatório de 1909.

[16] *Id.*

[17] Relatório de 1910.

[18] Oliveira, Betty Antunes de. *Centelha em restolho seco*. Rio de Janeiro: B.A. Oliveira, 1985, p. 79.

[19] Hahn, Carl Joseph. *História do culto protestante no Brasil*. São Paulo: Aste, p. 192.

[20] *Id.*, p. 194.

[21] Organizada por Kalley em Recife, em 1873.

[22] Every-Clayton, Joyce E.W. *Grão de mostarda*. Recife: Igreja Evangélica Pernambucana, 1998, p. 75.

[23] *Id.*, p. 77.

[24] Hunsche, Carlos Henrique. *Protestantismo no sul do Brasil*. Porto Alegre: EST/Sinodal, 1983, p. 59.

[25] Ribeiro, Boanerges. *Protestantismo no Brasil monárquico*. São Paulo: Pioneira, 1973, p. 141.

[26] Wilding, Rettie. *Semeando em lágrimas*. Anápolis: Casa Aplic, 1979, p. 86.

[27] McNairn, Stuart. *True stories* [*Histórias verdadeiras*]. Londres: Evangelical Union of South America, s/d, p. 24.

[28] Almeida, Abraão de (org.) *História das Assembléias de Deus no Brasil*. Rio de Janeiro: CPAD, 1982, p. 21.

[29] *David Miche e os acontecimentos iniciais do Exército de Salvação no Brasil*. São Paulo, s/d, p. 44.

[30] Almeida, Abraão de. *Op. cit.*, p.19.

[31] Viana, Paulo (org.) *Natanael Cortez, a sagrada peleja*. Fortaleza: UFC, 2001, p. 297-8.

[32] César, Elvira Magalhães, e Araújo, Benjamin Lenz de. *Nem sempre será*. São Paulo: Cultura Cristã, 1988, p. 79.

[33] Souza, Claudinor Gomes de. *João Clímaco Ximenes*. Belo Horizonte: Betânia, s/d, p. 11-12.

[34] In *Raio de Luz*. Governador Valadares: Instituto Betel Brasileiro, ano 23, nº 91, p. 8.

[35] *Id.*, p. 7.

[36] Clebsch, Arthur. *Sob a graça de Jesus*. São Bento do Sul: Meuc, 1997, p. 52.

[37] Tollefson, Otto C., e Steuernagel, Valdir. *Semente em terra fértil*. Curitiba: Encontro, 2000, p. 83.

[38] WILDING, Rettie. *Op. cit.*, p. 42-3.

[39] BRIAULT, H. "The Cross – The touchstone of faith" ("A cruz: base da fé"), in *South America*. Londres: Evangelical Union of South America, v. 12, nº 11, 1931, p. 171.

[40] O impacto dos congressos da ABU é tratado em outro capítulo deste livro.

[41] Os Vencedores por Cristo (1968) contribuíram muito para profundas alterações na hinódia.

[42] Da Aliança Bíblica Universitária.

[43] REILY, Duncan A. *História documental do protestantismo no Brasil*. São Paulo: Aste, p. 391.

[44] MAXWELL, Victor. *When God steps in* [*Quando Deus entra*]. Belfast: Ambassador, 2001, p. 158.

[45] BURNS, Bárbara. "A Missão Antioquia: comunidade, espiritualidade e missão", in TAYLOR, William D. (org.) *Missiologia global*. Curitiba: Descoberta, 2001, p. 708.

[46] QUEIROZ, Carlos P. *As faces de um mito*. Brasília: MZ, 1999, p. 200.

[47] CÉSAR, Elvira Magalhães, e ARAÚJO, Benjamin Lenz de. *Op. cit.*, p. 26.

IV

A ESPIRITUALIDADE E A IDENTIDADE EVANGÉLICA NACIONAL

Quem são os "evangélicos"?

Orivaldo Pimentel Jr.

Pastor da Igreja Batista Viva, em Natal, é professor e coordenador do Curso de Graduação em Ciências Sociais da Universidade Federal do Rio Grande do Norte. Capelão universitário, é graduado em Teologia pela Faculdade Teológica Batista de São Paulo. É mestre em Teologia pelo Seminário Teológico Batista do Sul do Brasil e doutor em Ciências Sociais pela Pontifícia Universidade Católica de São Paulo. É coordenador da Fraternidade Teológica Latino-americana no Nordeste.

Sob o ponto de vista das mais diversas disciplinas — antropologia, sociologia, eclesiologia etc. —, uma questão parece se levantar: ainda haveria lugar, hoje em dia, para se falar de um grupo religioso identificado como "evangélico"?

Muitas pessoas que, há alguns anos, se identificariam prazerosamente como evangélicas hoje recusariam esse *rótulo*. Elas se sentem como se grupos religiosos inescrupulosos lhe tivessem roubado esta identidade. Entretanto, o relativismo moderno e o esvaziamento das palavras não podem conduzir ao sacrifício dessa terminologia, pois muita história lhe serve de esteio e lastro.

Na primeira metade do século XX, o relativismo moderno estava associado à eclosão e ao crescimento da Antropologia multiculturalista. Tratava-se de uma prática acadêmica que refletiu uma espécie de sentimento de culpa dos países que, na condição de potências e matrizes, ofereceram um tratamento negligente às colônias e a outros povos considerados "periféricos".

A nova atitude, porém, se revelava tão nociva quanto o próprio imperialismo, pois qualquer forma de atividade passava a ser justificada pelas diferenças culturais de modo complacente e ingênuo. Em meio a esse *pode-tudo* relativista, as palavras — um dos maiores patrimônios da humanidade — começaram a se esvaziar. E, com prejuízo para todos, o nome "evangélico" foi atingido por este fenômeno.

Tal situação constituiu terreno fecundo para posturas reacionárias: multiplicaram-se as "identificações fortes", ou seja, afirmações enfáticas e até virulentas de identidade; recorreu-se ao expediente de requentar eventos históricos esquecidos; e deu-se o retorno semi-idolátrico aos pais fundadores e a certas doutrinas excessivamente datadas. Essa postura reforça o relativismo, pois demarca pequenos territórios, policia as fronteiras e rejeita visões de conjunto.

É o caso das denominações históricas, que passam a realizar congressos e publicar lições e livros sobre a própria identidade denominacional, recuperando eventos marcantes de sua história e se autovalorizando em relação aos outros grupos cristãos, como se fossem historicamente inferiores, mesmo que mais bem-sucedidos em termos de crescimento numérico. Neste caso, o termo "evangélico" é abandonado por ser demasiadamente abrangente. É preciso enfatizar, no entanto, que o desprezo pelos conceitos universais reforça o relativismo e o esvaziamento das palavras. Daí a importância de recuperarmos a compreensão do que significa ser evangélico.

Um pouco de história

Em tempos relativistas como o nosso, é necessário rever a história do cristianismo moderno em seu conjunto, enfatizando os movimentos integradores e universalizantes. Um desses movimentos, que representa um esforço de equilíbrio e integração, é o chamado evangelical. O pouco material histórico a seguir ajudará a fazer uma análise da atual condição da espiritualidade evangélica no Brasil.

Os diversos estilos de praticar e conceber a fé dentro do cristianismo fazem desta uma das mais multiformes manifestações religiosas que já existiu. Além das macrodivisões entre católicos romanos, ortodoxos e protestantes, existem as manifestações periféricas e paracristãs, além das inúmeras subdivisões internas. Dos três grandes grupos, os protestantes foram os que mais se subdividiram.[1]

Existem razões históricas para isto, como o livre exame das Escrituras Sagradas, a proximidade ideológica com o espírito da livre empresa, o anticlericalismo e as formas não centralizadas de estruturação eclesiástica. O mais interessante, porém, na abordagem deste texto é distinguir uma faixa neste vasto leque de agrupamentos eclesiásticos autodenominada "evangélica".[2]

Grosso modo, o protestantismo se divide em três grandes correntes: o protestantismo tradicional (*main line protestantism*, como é denominado nos Estados Unidos), os evangélicos e os pentecostais. O primeiro é composto pelas igrejas originais da Reforma Protestante do século XVI: os anglicanos (ou episcopais), os luteranos, os reformados, os presbiterianos e algumas denominações que não surgiram como resultado direto da Reforma, mas se juntaram ao grupo tradicional por conta de seu alinhamento teológico: os batistas, os menonitas, os congregacionais e os metodistas.

Alguns protestantes tradicionais são conhecidos como "conciliares" por fazerem parte do Conselho Mundial das Igrejas. Entretanto, em praticamente todas essas denominações, existem alas evangélicas e alas pentecostais. Desta forma, pode-se dizer que, em bloco, nenhuma delas é exclusivamente alinhada com o estilo protestante tradicional de práxis religiosa.

Do ponto de vista institucional, a corrente evangélica é a menos visível. Poucas das grandes denominações mundiais podem ser consideradas predominantemente evangélicas. Mesmo aquelas cujos nomes incluem o termo "evangélico" não são necessariamente evangélicas no estilo. É o caso da Igreja *Evangélica* de Confissão Luterana no Brasil. Embora abrigue um grupo evangélico (Encontrão), é majoritariamente conciliar. Ou ainda a Igreja *Evangélica* Assembléia de Deus, maior denominação protestante no Brasil, e que é pentecostal.

Os pentecostais surgiram mais recentemente. Na verdade, o movimento pentecostal tem pouco mais de um século, e no entanto é o que mais tem crescido em número, notadamente no Terceiro Mundo. Embora tenda à cissiparidade, esse fenômeno não se revela um obstáculo a seu crescimento, pelo contrário. Mais recentemente, a corrente pentecostal sofreu uma grande cisão com o surgimento dos neopentecostais.[3] Esses se distinguem em muitos aspectos dos pentecostais, mas mantêm a característica doutrinária básica: o batismo com o Espírito Santo.

Os pentecostais mantêm um distanciamento crítico em alguns lugares e momentos históricos em relação ao evangelicalismo. Por exemplo, o pentecostalismo no Chile começou com uma divisão na Igreja Metodista. Enquanto a igreja de origem manteve uma linha tradicional, a Igreja Pentecostal Metodista identificou-se com o evangelicalismo.[4] Já nos Estados Unidos, o pentecostalismo seguiu linha própria, muitas vezes fechada com o fundamentalismo. No entanto, este perfil mudou recentemente. No Brasil, depois do surgimento do neopentecostalismo, muitos pentecostais passaram a considerar-se evangélicos.

Tanto os pentecostais quanto algumas denominações neopentecostais possuem evangélicos em suas fileiras; por isso, a faixa central, dos que são chamados evangélicos, não constitui um agrupamento de igrejas, mas uma corrente de pensamento, uma postura, um estado de espírito ou uma tendência. Esta corrente inclui partes significativas das denominações pentecostais e do protestantismo tradicional.

Até certo ponto, o mesmo pode ser dito do pentecostalismo presente em denominações tradicionais e até no catolicismo, através de movimentos como o da Renovação Carismática Católica. No entanto, diferentemente do evangelicalismo, há inúmeras denominações explicitamente pentecostais.

Longo processo

O processo de construção da identidade evangélica é longo, e já dura mais de dois séculos. Em 1795, o País de Gales foi palco de um grande avivamento religioso[5] chamado *evangelical revival* (reavivamento evangélico), envolvendo as igrejas mais populares, isto é, mais afastadas da igreja oficial anglicana.

> Pela primeira vez, a palavra "evangélico" [*"evangelical"*] tornou-se conhecida popularmente e amplamente usada em inglês. Os "evangélicos" come-

> çaram a ser vistos como um grupo distinto: aqueles que se preocupavam com a conversão pessoal, um viver santo, ansiedade por evangelizar; aqueles que criam na transformação do caráter através da experiência com Cristo; aqueles que olhavam para as grandes figuras da Reforma — e, ainda mais atrás, a Igreja apostólica do Novo Testamento — como sua inspiração e exemplo.[6]

Antes disso, a tradição pietista entre os morávios, metodistas, batistas e reformados já preparara o terreno para a eclosão do evangelicalismo. Nos Estados Unidos, onde essas igrejas tinham forte presença — visto que muitos britânicos tinham emigrado para lá justamente para poder exercer livremente sua religiosidade —, os evangélicos experimentaram, nos séculos XVIII e XIX, um rápido crescimento. O impulso maior se deu com o "segundo avivamento", que surgiu na virada do século XVIII para o XIX e teve a participação de intelectuais de destaque, como Jonathan Edwards, presidente da Universidade de Yale. Esse movimento foi também uma reação ao iluminismo, que começava a ter vasta aceitação no meio estudantil e eclesiástico.

Todas as denominações influenciadas pelos avivamentos evangélicos se caracterizavam por um forte "ardor missionário", isto é, investiam no envio de missionários por todo o mundo. Em 1792, um batista inglês, William Carey, conseguiu convencer sua denominação a enviá-lo como missionário à Índia. Esse episódio é conhecido entre os evangélicos como o "início da obra missionária moderna".[7]

Graças a esse fervor missionário, o movimento evangélico espalhou-se por todo o mundo, tendo maior ou menor sucesso em função da qualidade do trabalho missionário e da conjuntura sócio-religiosa do país a ser alcançado. Com isso, durante os séculos XIX e XX, os evangélicos continuaram a crescer e a construir sua identidade em relação às igrejas protestantes tradicionais — e, mais adiante, em relação aos pentecostais.

Posteriormente, o movimento precisou rearticular sua identidade por conta da eclosão de outra força que vigorava no interior das mesmas igrejas desde o início do século XX, fortalecida nos anos 1960: o fundamentalismo.

A reação não extremada ao socialismo cristão distinguiu os evangélicos de uma parte significativa do protestantismo tradicional, que na virada dos séculos XIX e XX era simpatizante do evangelho social e do liberalismo teológico. A adoção da prática social — posteriormente chamada "missão integral da Igreja" — e a abertura interdenominacional distinguiram os evangélicos dos fundamentalistas, que rejeitavam toda preocupação social no âmbito da religião e atividades em conjunto com outras denominações.

Por dar muita importância ao texto bíblico, parte considerável dos evangélicos revelava uma certa tendência ao fundamentalismo. Para criar um contraponto a essa tendência, foi preciso recorrer à exegese crítica. Por conta da ênfase na conversão pessoal, muitos grupos evangélicos também mostram uma inclinação ao sectarismo, embora bem menos intensa, em função da responsabilidade social embutida na missão.

A ambivalência dessas características dificulta a visibilidade orgânica dos evangélicos, levando-os a buscar alinhamentos transversais. Muitos evangélicos procuram e têm mais afinidade com outros evangélicos de denominações diferentes que com seus colegas da mesma denominação. Em outras palavras, apesar de não compartilharem doutrinas teológicas, nutrem afinidades teológicas e missiológicas. Congressos como o de Lausanne, em 1974, e as chamadas organizações para-eclesiásticas tiveram um papel importante nesses alinhamentos transversais.

A distinção entre tradicionais, evangélicos e pentecostais não se apóia em supostas características sociológicas (classe, agrupamento étnico, rural-urbano, nível educacional etc.), mas teológicas. Isto não só é verdade em relação ao protestantismo tradicional nos Estados Unidos e na Inglaterra, como também é o caso com o atual pentecostalismo no Terceiro Mundo.

Antes do surgimento do neopentecostalismo, o pentecostalismo esteve mais associado às classes menos favorecidas, o que pesava na definição de suas características. Hoje, porém, essa distinção perdeu muito de seu sentido, especialmente depois que o perfil sócio-econômico deixou de ser o parâmetro principal das explicações sociológicas.

De fato, a identificação clássica dos protestantes tradicionais com a classe alta, dos pentecostais com a classe baixa e dos evangélicos com a classe média mostrou-se muito simplista.

Os evangélicos surgiram num ambiente de avivamento religioso com forte ênfase na experiência da conversão[8] e em plena eclosão do iluminismo. Por isso e por outros fatores de natureza doutrinária, eles se caracterizaram por uma religiosidade não acomodada com o racionalismo. Não se identificaram com o iluminismo do protestantismo tradicional norte-americano nem com o liberalismo teológico europeu. Com a fusão do protestantismo tradicional nos Estados Unidos com o liberalismo teológico, que redundou na ampliação do socialismo cristão, as ênfases evangélicas pareceram insuficientes para alguns.

> Vendo o que estava acontecendo, a Assembléia Geral da Igreja Presbiteriana Americana decidiu que tinha chegado a hora de defender os princípios básicos da fé cristã. Em sua assembléia de 1910, os presbiterianos traçaram uma declaração de cinco fundamentos que eles consideravam inegociáveis: os milagres, o nascimento virginal, a morte expiatória e a ressurreição de Cristo e a autoridade das Escrituras. Nos cinco anos seguintes, numa série de doze livretos chamados *Os fundamentos* [*The fundamentals*], líderes e eruditos evangélicos de várias denominações na Grã-Bretanha, Canadá e nos Estados Unidos expandiram essas idéias e argumentaram acerca de sua importância. Batistas pré-milenaristas fundaram a World's Christian Fundamentals Association, em 1919, e um jornal intitulado *O fundamentalista* foi lançado nos Estados Unidos poucos anos depois.[9]

A referência aos pré-milenaristas nesta citação é digna de nota. Trata-se de uma postura escatológica que espera o retorno de Cristo para inaugurar uma era de paz e prosperidade para os salvos. Ela se opõe à postura tipicamente modernista, pós-milenarista, que crê na superação dos problemas inerentes à natureza humana e na instauração de uma utopia que inclui a correção da injusta estrutura social, para então assistirmos ao retorno de Cristo.

O crescimento fundamentalista — predominantemente pré-milenarista — teve um reforço *ecológico* com o fracasso das utopias modernistas indicado pela Grande Depressão e pelas duas guerras mundiais.

Devido à qualidade dos escritores da série *Os fundamentos*, em sua origem o movimento manteve posturas abertas em relação àquelas que veio a desenvolver posteriormente.

> Os que pensam que tudo o que é fundamentalista só pode ser anti-intelectual, simplista e polêmico ficariam surpresos ao ler *Os fundamentos*. Conquanto alguns artigos tivessem um tom emocional e hostil, a maioria deles era irônico, calmo e bem equilibrado.[10]

Os fundamentos abordam de modo bastante conciliador até mesmo a teoria da evolução de Darwin, que veio a ser objeto de discórdia depois do chamado "Monkey trial" ("Julgamento do macaco"), isto é, o julgamento de John T. Scopes, em 1925, no Tennessee. Scopes era professor de biologia se recusou a obedecer a uma lei estadual que proibia o ensino da evolução nas escolas. Quando ele foi a julgamento, Clarence Darrow apresentou-se como advogado de defesa e William Jennings Bryan, um fundamentalista que havia se candidatado três vezes à presidência dos Estados Unidos, como promotor.

> Com sensacionalismo, Darrow convocou o próprio Bryan como testemunha para a defesa e gastou noventa minutos interrogando-o cruelmente acerca de seu conhecimento de ciência, teologia e religiões comparadas [...] como tentativa de ridicularizar a crença conservadora.[11]

Os jornais aproveitaram ao máximo o episódio para criticar os evangélicos, tidos na época como equivalentes aos fundamentalistas. Darrow registrou prazer mórbido pela vitória ao comentar num jornal, em termos pouco elegantes, a morte de Bryan, ocorrida uma semana após o julgamento. Na representação popular norte-americana, o episódio teve como efeito a idéia de que os evangélicos eram intelectualmente limitados.

O "Julgamento do macaco" marca a passagem do fundamentalismo para uma fase sectária e ressentida. Como toda religiosidade sectária, reduziu a ética cristã a regras moralistas de proibições a tudo o que fosse considerado "mundano": música secular, entretenimentos, moda, jogos, cinema, álcool, tabaco e dança. Desenvolveu posturas anti-intelectualistas e tornou-se cheio de suspeitas para com a ciência.

Desde o surgimento do fundamentalismo, em 1910, os evangélicos encontraram grande dificuldade para se identificar, seja por proximidade seja distância desse movimento. De fato, a identificação dos fundamentalistas induz à mesma postura dos evangélicos, que nunca haviam criado um perfil consistente por meio de instituições, textos e aparições públicas. "A despeito do entrelaçamento orgânico entre o movimento evangélico e o fundamentalismo, eles não são idênticos", defende Mark Ellingsen.[12] Só nos anos 1940 é que os evangélicos começam a se apresentar como distintos do fundamentalismo.[13]

Desta forma, o fundamentalismo tem sido o principal obstáculo na história do desenvolvimento do movimento evangélico exatamente por ocupar praticamente a mesma faixa no leque dos cristãos protestantes. Carl Henry, como editor da revista *Christianity Today*, e o teólogo George Ladd, após a Segunda Guerra, identificam o evangelicalismo em oposição ao fundamentalismo. Foi Ladd quem introduziu entre os evangélicos o conceito de Reino de Deus como forma de conceber a indissociabilidade entre evangelização e ação social, marca distintiva em relação aos fundamentalistas.

Ellingsen[14] vê na questão do separatismo a principal característica distintiva entre os evangélicos e os fundamentalistas. Estes não concordam com nenhuma aproximação entre denominações diferentes, nem mesmo com o objetivo de realizar empreendimentos de massa como, por exemplo, as cruzadas evangelísticas.

A definição de fronteiras é uma questão tratada de modo diferente por fundamentalistas e evangélicos. Os primeiros tendem a se fechar em instituições isoladas do mundo exterior. Eles criam as próprias escolas, faculdades e têm até suas *páginas amarelas* cristãs. Atualmente, defendem inclusive o ensino caseiro dos filhos para que não freqüentem escolas seculares. A questão do separatismo talvez não seja, como sugere Ellingsen, a única distinção entre o fundamentalismo e o evangelicalismo. O fundamentalismo sempre foi fortemente contrário a qualquer envolvimento com as questões sociais, geralmente associadas ao evangelho social e ao comunismo.

Expressando-se na forma de uma sociologia cristã, o evangelho social foi um movimento socialista cristão presente tanto na Inglaterra como nos Estados Unidos.[15] Por conta da aproximação suspeita de qualquer atividade social com esse movimento, os evangélicos adotaram por muito tempo certa cautela, chegando mesmo a praticamente sair de cena em alguns momentos. No entanto, como essas questões adquiriam grande urgência no

Terceiro Mundo, os evangélicos se viram diante do desafio de tomar posições teológicas e sociais mais progressistas. Este veio a ser justamente o ponto mais forte na distinção relativa aos fundamentalistas.

O último grande avivamento evangélico mundial ocorreu nos anos 1970 e 1980: "O maior crescimento no cristianismo americano neste período não foi no liberalismo, na neo-ortodoxia ou no fundamentalismo, mas no evangelicalismo".[16] O efeito tem alcance mundial por três razões: a força de destaque dos Estados Unidos no cenário mundial num momento de eclosão da globalização; a ligação histórica — e até organizacional — das denominações evangélicas americanas e autóctones; e a realização, em julho de 1974, do I Congresso Internacional de Evangelização, em Lausanne, Suíça.

O congresso em Lausanne reuniu quatro mil líderes evangélicos de todo o mundo e produziu uma base teológica bastante consistente, sintetizada no documento conhecido como o "Pacto de Lausanne". Isto deu certa visibilidade para a corrente evangélica do protestantismo. Outros congressos posteriores tiveram alcance regional.[17]

Mais recentemente, o neoliberalismo econômico, a globalização e a crise do socialismo real tornou essa questão mais complexa, arrastando o evangelicalismo para uma crise de identidade. O extremo oposto desse eixo, o liberalismo teológico, deixou de oferecer desafios teológicos e programáticos atraentes. Sem essa baliza, que havia por tanto tempo servido de referência, os evangélicos viram-se bastante atraídos pelo neofundamentalismo, que veio com toda força nos anos 1960.

O QUE É IDENTIDADE?

Com o iluminismo, o próprio conceito de identidade entrou em crise. O racionalismo moderno, que se sustentava na análise cartesiana — segundo a qual é necessário distinguir as coisas de modo claro até chegar aos conceitos puros —, foi posto em cheque. O princípio da identidade, nesse tempo, passou a ser o sustentáculo de toda razão, isto é, cada coisa é uma coisa, e não pode deixar de sê-lo. William Shakspeare registrou este princípio na fala magistral de Hamlet: "Ser ou não ser, eis a questão." Em outras palavras: na modernidade, se é ou não se é.

Foi nesse berço que nasceu e cresceu o protestantismo. E logo passou a ser quem o balançava. Era fundamental definir a identidade religiosa de cada pessoa. De modo que, sem a longa experiência pré-moderna que tinha, por exemplo, a Igreja Católica, o protestantismo tornou-se analítico ao extremo, separando-se em microidentidades excludentes entre si.

A crise do iluminismo, porém, como já mencionada, colocou em crise o conceito de identidade, de modo que, se Shakespeare escrevesse nos dias de hoje, ele colocaria na boca do príncipe Hamlet outro dilema: "Ser *e* não ser, esta é a questão." Nesse caso, a questão que se levanta é: seria oportuno falar de identidade evangélica hoje? A resposta é "sim", se tomadas certas precauções.

Num artigo que escrevi,[18] alerto sobre três equívocos básicos por trás do discurso sobre identidade, todos frutos do contexto histórico em que são construídos, ou seja, o do iluminismo. O primeiro equívoco é atribuir um certo imobilismo à identidade. O segundo é a busca da identidade unicamente na esfera subjetiva. Finalmente, o terceiro equívoco é o narcisismo.

Em outras palavras, não existe identidade estática, pois toda identidade está em constante mutação exatamente por ser algo não subjetivo, que se estabelece nas relações que vão se alterando com o tempo. Por isso, é mais apropriado falar sobre identificação que sobre identidade. Quando uma pessoa ou grupo se volta apenas para o próprio universo, na tentativa de definir sua identidade, perde tempo ou se perde: ao erguer os olhos, percebe que tudo a sua volta mudou e sua identidade não se encaixa mais naquele contexto. Só podemos nos identificar nas relações que estabelecemos, isto é, por meio do diálogo.

Por não ser um processo autocentrado, é importante prevenir-se contra todo tipo de postura narcisista com potencial de alimentar definições, pois logo servirão para a depreciação daqueles identificados como "os outros", "os diferentes", "os de fora". Em vez disso, a identidade serve como ferramenta para o diálogo, coisa impossível de ocorrer no gueto e no ecletismo. Quando se fala em diálogo, refere-se ao mesmo tempo à tolerância, ao respeito e à propriedade de ser e de não ser ao mesmo tempo.

Michel Serres alerta sobre o perigo de encarar identificação como um pertencimento. Esta atitude tem gerado equívocos significativos ao longo da história, sendo um dos mais marcantes a guerra entre os tutsis e os hutus em Ruanda, país onde mais de um milhão de pessoas foram assassinadas em 1994. Para superar essas armadilhas, Serres propõe o conceito de "interseção flutuante", segundo o qual cada pessoa ou grupo poderia se inserir na eterna mudança de tudo ao redor.

Abram de Swaan chama a esse processo "alargamento dos círculos de *desidentificação*". Ele o faz num fascinante estudo sobre o conflito em Ruanda. Para evitar essas armadilhas que o conceito de identidade criou, é possível usar, pelo menos neste estudo, o termo "singularidade". Realmente, algo de peculiar está sendo construído há quase trezentos anos entre os inúmeros movimentos e tendências do protestantismo — daí ser possível falar de uma certa "singularidade evangélica", composta de uma série de características.

Singularidade evangélica

É muito difícil definir os evangélicos recorrendo isoladamente a características teológicas ou sociológicas. A condição de evangélico é, na verdade, resultado de um processo dinâmico, que inclui concepções distintas, algumas vezes divergentes, mas que não são separadas por uma racionalidade estreita. Mesmo assim, é possível listar algumas características abrangentes:

1. Completo apoio na autoridade última das Escrituras para questões de fé e prática;
2. A necessidade de uma fé pessoal em Jesus Cristo como Salvador do pecador e a conseqüente submissão a ele como Senhor;
3. A urgência de se procurar ativamente a conversão de pecadores a Cristo.[19]

A essas três características podem se acrescentadas mais duas que surgiram no transcorrer do século XX: a preocupação com a responsabilidade social da Igreja e a abertura para encontros e ações interdenominacionais. A preocupação com as questões sociais partiu da compreensão da a salvação, embora não social — como defendia o movimento do evangelho social —, gerava implicações sociais e, conseqüentemente, o convertido precisava dar mostras de sua conversão através das boas obras que praticasse.

O relacionamento interdenominacional foi uma forma de reação à típica cissiparidade protestante, manifestada desde seus primórdios como fruto do conceito cartesiano de identidade e, mais recentemente, do fundamentalismo segregacionista. Neste sentido, o movimento evangélico foi uma reação ao iluminismo e, desta forma, desagradou tanto o liberalismo teológico quanto os fundamentalistas, ambos manifestações tipicamente modernas de religiosidade.

John Stott, numa palestra promovida pela Fraternidade Teológica Latino-americana em Recife, no fim dos anos 1980, apontou para seis características dos evangélicos, mencionadas anteriormente neste texto, de uma forma ou de outra. Porém, ele chamou a atenção para o fato de que ser evangélico é aceitar o pluralismo, e isto coloca este grupo em perfeita sintonia com o presente processo de globalização. Talvez seja o grupo religioso mais bem preparado para enfrentar esse novo tempo.

O comprometimento do protestantismo com o iluminismo, no esforço de torná-lo aceitável ao ser humano moderno, significou seu atrelamento a um mundo evanescente. Tampouco as soluções que apregoam um retorno ao mundo pré-moderno são razoáveis, pois ele nada tinha de superior ao moderno, assim como o pós-moderno não tem. O equívoco reside em achar que se pode encontrar uma definição final de como exercer a fé numa proposta historicamente condicionada.

Há ainda um elemento que se constitui em desafio para os evangélicos: sua relação com o mundo intelectual secular. Eles sempre tentaram posicionar-se numa faixa eqüidistante do liberalismo teológico, de boa parcela do protestantismo tradicional e do fundamentalismo de algumas das novas igrejas e das independentes. Numa crítica publicada em *The Atlantic Monthly*, Alan Wolfe, afirma que os evangélicos perderam seu equilíbrio e não conseguem mais se distinguir dos fundamentalistas. A tese de Wolfe é a de que os evangélicos nos Estados Unidos são intelectualmente mortos, e que o esforço de alguns pensadores evangélicos para revitalizar a atividade intelectual não parece muito promissor.

Essas tentativas soam, para ele, como arremedo dos tradicionais, e não como expressão consistente de sua identidade. Os evangélicos demonstram sua tendência sectária em suas universidades, ao fugir do diálogo com outras crenças e com os descrentes, de modo que "o retraimento provoca o fanatismo".[20] Trata-se certamente de um risco sempre presente entre os evangélicos, com o qual eles têm hoje sérias dificuldades, como um reflexo dos tempos de políticas neoconservadoras. Um exemplo é dado por Tito Paredes, que descreve esta tendência ao retraimento entre os evangélicos no que tange às ciências sociais:

> Poder-se-ia afirmar que a compartimentação e dicotomização da vida é uma das tentações e fatos mais característicos do mundo evangélico. Notemos que a teologia ocidental que herdamos em nossa apreensão do evangelismo contribuiu fortemente para esta separação entre fé e vida, entre fé e ciências sociais.[21]

Esse talvez seja o maior obstáculo que o evangelicalismo tem a suplantar para poder desenvolver uma espiritualidade transformadora na sociedade pós-moderna. Ele lida bem com o pluralismo interno, mas não avançou suficientemente em sua relação com a sociedade como um todo. Esta tendência pode lhe ser fatal, além de imensamente prejudicial para sua missão peculiar no atual momento histórico.

Pode-se concluir este esforço de identificação situando os evangélicos num cruzamento histórico que lhe confere potencialidade integradora. Nos extremos de um dos eixos estão os dois agrupamentos institucionais típicos do protestantismo: o protestantismo tradicional (*main line*) e o pentecostalismo. O outro eixo inclui em seus extremos tendências ao liberalismo teológico e ao fundamentalismo.

Ele só poderá manter essa posição, instável por natureza, se cultivar o diálogo interno e externo com as demais faixas do cristianismo e construir uma nova frente de conversação com a sociedade como um todo. É bom lembrar que grupos neopentecostais têm investido numa relação com a esfera político-social sem nenhuma perspectiva missionária. A política é corporativista, e o contato com a sociedade é pela mídia de massa, que só faz reforçar a alienação.

A afirmação de sua riqueza histórica, incluindo aí a espiritualidade do encontro, da conversão e da conversação, há de servir de alicerce e lastro para a construção de uma face pública mais efetiva na sociedade pós-moderna — sem medo de perder, com isso, sua singularidade; a espiritualidade do serviço aos mais necessitados como expressão da conversão; e a espiritualidade da paixão pelas Escrituras, com todas as conseqüências para uma disciplina espiritual cotidiana e pessoal.

Essa há de ser a espiritualidade que trará, em novas bases, o verdadeiro reencantamento do mundo.

Notas

[1] Não há registros que dêem conta da multiplicidade de denominações protestantes. Algumas estimativas, como a de David Barrett (*World Christian encyclopedia* [*Enciclopédia mundial cristã*], 1980), chegam a se referir a 23 mil. Só que esta já era muito conservadora em 1980, de modo que poderíamos, pelo menos, dobrar este número para os dias de hoje, sem risco de exagero.

[2] Embora seja historicamente mais preciso, preferimos aqui o termo "evangélico" a "evangelical" para evitar o anglicismo deste último, assim como o surgimento de mais uma divisão no já fragmentado quadro das igrejas cristãs, que a difusão em português do termo "evangelical" poderia insuflar.

[3] Os assim chamados neopentecostais têm sido alvo de inúmeros estudos. Este nome foi o que adquiriu maior difusão, especialmente com a publicação do trabalho de Ricardo Mariano. Porém, Paul Freston fala de "terceira onda do pentecostalismo" (no Brasil), e Paulo Siepierski cunhou a feliz expressão pós-pentecostalismo. Essa discussão, no entanto, foge do escopo deste texto.

[4] ALLAN, John. *The evangelicals: The history of a great Christian movement* [*Evangélicos: A história de um grande movimento cristão*]. Exeter: Paternoster Press, 1989, p. 108.

[5] Um avivamento talvez seja a experiência religiosa coletiva mais extraordinária que existe. O despertamento para a prática religiosa alastra-se rapidamente por uma comunidade e logo se expande para outras regiões geográficas. As experiências são intensas e se caracterizam, em seu estágio inicial, pela alegria. A força do coletivo se estende, gerando um legalismo exacerbado numa segunda fase. Geralmente, um avivamento religioso surge em momentos de grande tensão social e deixa suas marcas na história.

[6] ALLAN, John. Op. cit., p. 38.

[7] Esta definição indica um certo *etnocentrismo* dos evangélicos, que fazem vista grossa para o imenso avanço missionário católico desde o século XVI e dos empreendimentos heróicos dos morávios no século XVII.

[8] Ou de *Novo Nascimento*, que levou muitos evangélicos a se autodenominarem *born-again Christians* [*cristãos nascidos de novo*].

[9] ALLAN, John. Op. cit., 139*s*.

[10] Ellingsen, Mark. *The evangelical movement*, 1988, p. 50*s*.

[11] Allan, John. Op. cit., p. 142.

[12] Ellingsen, Mark. Op. cit., p. 97.

[13] Alan Wolfe refere-se ao emprego do termo *neo-evangelical* já nos anos 1930 para se definirem, em oposição ao extremo antimodernismo dos fundamentalistas. "The opening of the evangelical mind", p. 4.

[14] Ellingsen, Mark. Op. cit., p. 104.

[15] O Movimento Evangelho Social foi um agrupamento amórfico de líderes eclesiásticos que se propunha a promover reforma social na virada do século XIX para o século XX. Entretanto, tinha seus centros de influência, e esses eram também, por definição, centros para a propagação da Sociologia Cristã. Lyon, D. "The idea of a Christian Sociology", p. 234.

[16] Balswick, The emergence of evangelicalism. *In* Swatos Jr, William H. (ed.). Religious sociology: Interfaces and boundaries, p. 144.

[17] Como, por exemplo, o II Congresso Latino-Americano de Evangelização – CLADE 2, em 1979, o Congresso Brasileiro de Evangelização, em 1983, e o Congresso Nordestino de Evangelização, em 1987.

[18] Lopes Jr., Orivaldo L. "Sou evangélico. Quem sou eu?", in *Missão integral: Proclamar o Reino de Deus e viver o Evangelho de Cristo*. Belo Horizonte: Visão Mundial e Ultimato, 2004.

[19] Quebedeaux, *In* Swatos Jr, William H. Op. cit., p. 144.

[20] Idem, p. 30.

[21] Paredes, Tito. *El evangelio en platos de barro*, p. 19.

V

A ESPIRITUALIDADE E A TRANSFORMAÇÃO PESSOAL

A ESSÊNCIA DA *IMAGO DEI*

Isabelle Ludovico

Formou-se em Economia na França, onde nasceu, e Psicologia na Pontifícia Universidade Católica (PUC) do Rio de Janeiro. Fez especialização em Terapia Familiar Sistêmica em Curitiba. Trabalha como psicóloga clínica. Escritora e palestrante, integrou a diretoria do Corpo de Psicólogos e Psiquiatras Cristãos (CPPC) e da Fraternidade Teológica Latino-americana. Desde 1999 é representante do Brasil na Commission on Women's Concern da World Evangelical Fellowship.

A dimensão espiritual e a pessoal possuem entre si uma ligação profunda. Particularmente, entendo "espiritualidade" como a busca de maior intimidade e amizade com Deus. O coração quebrantado, a alma apegada ao Senhor, o encontro em silêncio com a face amorosa de Deus no secreto, a leitura meditativa das Escrituras e o mistério da comunhão com Deus no íntimo são dimensões da espiritualidade cristã que curam as feridas humanas. "Contemplando, como por espelho, a glória do Senhor, somos transformados de glória em glória, na sua própria imagem, como pelo Senhor, o Espírito" (2Co 3:18).

> A contemplação não é um exercício de relaxamento [...] É, acima de tudo, um relacionamento [...] Não é uma técnica [...] É uma oração sem palavras que se fundamenta no chão da fé, esperança e amor [...] É o caminho mais seguro e garantido rumo à santidade.[1]

No entanto, como ressalta Esly Carvalho, "sem saúde emocional, não existe santidade [...] Não acredito que seja por acaso que a única diferença entre as palavras sanidade e santidade seja a letra "t", que representa a cruz do Messias".[2] De fato, ferimos a nós mesmos e aos outros a partir de nossas feridas. Somente o amor internalizado de Deus pode cicatrizá-las, ao suprir nossa necessidade de aceitação incondicional.

O reconhecimento reverente do mistério de Deus Pai, Filho e Espírito Santo revela nossa condição de pecadores e nossa verdadeira identidade de filhos criados a sua imagem e semelhança. Nascer de novo significa construir nossa identidade não naquilo que temos ou fazemos, mas naquilo que somos em Cristo. Diante do olhar misericordioso de Deus, podemos reconhecer a verdade sobre nós mesmos: tanto a luz quanto a sombra. "O fato de sermos conhecidos e amados como somos nos liberta de ter de ser alguém e algo que não somos."[3]

Encarar a realidade desmonta nossa auto-imagem idealizada ou obscurecida e nossas projeções, que nos levam a acusar o outro do mal que negamos em nós. A releitura de nossa história na perspectiva da graça nos permite entender o caminho e sarar as marcas do passado, transformando-nos de agressores em terapeutas. Paralelamente, somos convidados a escolher a vida e desenvolver o potencial de dons e talentos que Deus nos confiou.

A espiritualidade é autêntica se nos torna pessoas cada vez mais amorosas e voltadas para os outros com humildade, empatia e generosidade. A essência da *imago Dei* reside na capacidade de amar, de se relacionar. A espiritualidade cristã diz respeito a esse processo contínuo de transformação do caráter: a santificação, que resulta em serviço e engajamento maduro no mundo em que vivemos. Em 1994, Osmar Ludovico nos lembrava:

> A verdadeira espiritualidade reside na santidade do gesto simples do cotidiano. Em Jesus Cristo não há megalomania, grandiosidade, extravagância; há a simplicidade do gesto humano, há ternura e firmeza [...] A verdadeira vida cristã não significa sermos mais espirituais, e sim, mais humanos.[4]

Ficar em silêncio, prestar atenção, estar alerta e presente diante de Deus, saborear a Palavra, tudo isso nos permite discernir a ternura com a qual Deus nos ama. A experiência da graça nos encoraja a reconhecer nossos medos, esconderijos, nossas fantasias persecutórias ou onipotentes, nossa mentalidade de escravos. É a bondade de Deus que nos conduz à metanóia

(Rm 2:4). Ela nos ajuda a enfrentar as ambigüidades de nosso caráter, nossa instabilidade emocional, nosso narcisismo, nossa busca de reconhecimento e sucesso através de bens e do desempenho. Ela nos cura do isolamento, da rejeição, do desamor, do desencontro.

A qualidade da relação conosco e com o próximo depende da qualidade de nosso vínculo com Deus no secreto do coração, e isto só depende de nós, visto que Deus está sempre disposto a nos acolher. Nada pode nos separar de seu amor, a não ser nós mesmos.

Da solidão à solitude e da solitude à solidariedade

A Palavra nos lembra que este mundo "jaz no Maligno" (1Jo 5:19). Afastados de Deus, os homens construíram uma sociedade perversa que está em crise: crise econômica, com recessão e desemprego; crise moral, cujos sintomas principais são a corrupção e a violência; crise familiar, que gera desencontros e separações. Além dessas crises culturais, somos também afligidos por crises decorrentes de nosso processo de desenvolvimento: adolescência, meia-idade e ninho vazio.

Neste contexto, somos tentados a lançar mão do famoso "salve-se quem puder" ou do "cada um por si". A principal conseqüência desta atitude é a solidão: um senso de abandono e incompreensão que se transforma em desânimo, tristeza e mesmo angústia. O futuro parece sombrio. Não se enxerga nenhuma luz no fim do túnel. O mundo se tornou um ambiente hostil e ameaçador, e não podemos contar com ninguém para enfrentá-lo.

A crise, no entanto, pode se tornar uma alavanca para o amadurecimento. Aliás, o diagrama chinês para "crise" é formado de duas figuras, como as faces de uma mesma moeda: perigo e oportunidade. Existe, de fato, o perigo do desespero, que nos leva a retroceder numa atitude defensiva, agressiva ou de auto-sabotagem que pode até conduzir ao suicídio. Mas existe igualmente a oportunidade de sair do comodismo para descobrir caminhos novos e refazer nosso projeto de vida.

O ser humano é um ser solitário, já que os momentos mais significativos de sua vida, como o nascimento e a morte, por exemplo, deverão ser enfrentados individualmente. Neste sentido, é importante que cada um saiba encontrar dentro de si, a partir da intimidade com Deus, os recursos para lidar com essas situações de forma a transformar seu isolamento ou a solidão em recolhimento e reabastecimento. É o teste de nossa fé.

O psiquiatra argentino Carlos Hernandez aponta quatro estágios em nossa caminhada com Deus. O primeiro é o *chamado*, e o paradigma é Abraão. Ouço Deus me chamar pelo meu nome. Percebo que Deus não é apenas uma energia, mas é pessoal. Rendo-me ao abraço do Pai através do sacrifício de Cristo e da revelação do Espírito.

A segunda etapa é a *missão*, e o paradigma é Moisés. Deus me vocaciona para servi-lo. O terceiro estágio é o *deserto*, e o paradigma é Jó. Nesta hora, minha fé não pode se apoiar em nenhuma circunstância favorável. Na solidão, preciso lidar com o sentimento de abandono e encontrar Deus no silêncio. O silêncio revela minha realidade interior. Deus lança luz em minhas trevas. Meus ídolos são quebrados. Deus não é mais uma projeção de meus desejos, muitas vezes onipotentes. É o momento da entrega incondicional. A partir desta submissão à soberania de Deus, alcanço o último estágio de uma *fé encarnada*, cujo paradigma é Maria. Dizer "sim" a Deus significa entregar até meu útero. Assim posso ser fertilizada e gerar "as boas obras que Deus de antemão preparou"(Ef 2:10).

O terceiro estágio é o mais delicado. Em seu livro *Decepcionado com Deus*, Philip Yancey pontua os questionamentos que nos assaltam em momentos de provação e angústia. Diante do silêncio de Deus, de orações não respondidas, de sofrimentos injustos, podemos acumular pequenos desapontamentos ou entrar em crise aguda. Negar as emoções para preservar a imagem de Deus ou negar a própria existência de Deus são dois atalhos a evitar. Na primeira via, ao inibir a raiva, estaremos adoecendo através do mecanismo bastante conhecido de somatização. O segundo caminho leva ao desespero — ou, como escreveu Camus, à "náusea".

A forma como Deus nos é apresentado contribui para a imagem que construímos. Muitas decepções dizem respeito a expectativas irreais, geradas por um evangelho distorcido que apresenta Deus como o Papai Noel ou o gênio da lâmpada: "Venha para Deus que ele vai te abençoar." A teologia da prosperidade coloca Deus a serviço do ser humano. Achamos, assim, que se Deus é amor, ele deve nos paparicar e nos poupar do sofrimento. A morte de Jesus na cruz, no entanto, mostra que, para Deus, amar significou estar disposto a sofrer. Assim, nosso contrato inicial com Deus precisa ser alterado para chegar a uma aliança fundamentada na graça, na qual Deus já cumpriu sua parte, e a nossa é apenas reconhecer sua bondade e sua soberania, mesmo que a vida nos reserve aflições. Deus se declara apaixonado pelo homem e prova seu amor. A fé é a melhor maneira de expressar nosso amor por ele.

No Antigo Testamento, a Bíblia atesta que Deus forneceu sinais em abundância, mas nem por isso os israelitas se mostraram mais fiéis. Assim, Philip Yancey conclui que "os sinais só conseguem nos tornar viciados em sinais, não em Deus".[5] Depois, ele mandou seus profetas, que também não foram ouvidos. Na verdade, Deus tem mais motivos para estar decepcionado conosco que nós com ele. Em Oséias, o Senhor se compara a um marido traído. Mesmo assim, continuou retendo a ira, perdoando e buscando o ser humano.

Sua presença gloriosa é tão ameaçadora para nós que ele se esvaziou e encarnou numa manjedoura para nos reconquistar. Ele é um rei que não deseja a sujeição a seu poder, mas a entrega a seu amor. A judeus que nem pronunciavam o nome de Deus, Jesus ensinou uma nova maneira de dirigir-se a Deus: "*Abba*, paizinho."

Ele ainda nos confiou a missão de ser seu Corpo na Terra, e nos capacitou através do Espírito Santo. Assim, limitou-se novamente através de nós: um Deus perfeito vive agora dentro de seres humanos bastante imperfeitos, e o mundo julga Deus por aqueles que levam seu nome. Por isso, uma segunda fonte de decepção é a imagem distorcida que transmitimos de Deus através de nossas vidas.

Jó não tem medo de ser honesto com Deus e de expressar sua perplexidade, sua raiva, sua indignação, sua revolta. Suas tribulações representam o teste crucial da liberdade humana. Despojado de tudo, exceto da liberdade, ele a exercitou para reafirmar a fé num Deus que não podia ver nem compreender. De fato, a vida é injusta. No entanto, somos chamados a desenvolver uma fé que não depende das circunstâncias nem dos benefícios de

Deus, mas de um relacionamento afetivo que nos livra do desespero. A questão não é fugir do sofrimento, mas encontrar Deus no meio do sofrimento, de forma que, uma vez consolados, esta experiência se torne uma alavanca para nosso amadurecimento.

> Nossa esperança não está mais baseada em alguma coisa que acontecerá depois de terminados os nossos sofrimentos, mas na presença real do Espírito curador de Deus em meio a esses sofrimentos.[6]

A cruz expôs toda a violência e injustiça deste mundo. Apenas o abraço permanente de Deus pode transformar nossa dor em alegria. A experiência de Jó nos reafirma que jamais somos abandonados, não importa quão distante Deus pareça estar. Este discernimento leva Jó a se arrepender de sua revolta antes de receber em dobro tudo o que havia perdido.

Nossa alternativa para a decepção com Deus parece ser a decepção sem Deus. Não existe vida humana sem sofrimento. Podemos escolher sofrer ao lado de Deus, confiando em sua soberania e vitória sobre o mal, ou sofrer sem Deus numa agonia inútil e desesperadora. Em Deus, podemos acolher o sofrimento, sabendo que o mal já não tem a última palavra e que todas as coisas cooperam para o bem daqueles que o amam. Deus não deseja o mal, mas não nos livra sempre do mal. No entanto, ele reverte o mal em bem na vida daqueles que confiam nele. Assim podemos entrar em contato com a dor, expressá-la e confessar inclusive as dúvidas, os questionamentos e as revoltas, pois Deus acolhe aqueles que são sinceros e os conforta.

Não nos cabe, porém, determinar de que forma Deus deve agir, mas apenas nos abrir e nos deixar surpreender pela expressão de sua graça. Esta graça pode nos atingir através de uma pessoa que nos oferece um ouvido atento, um olhar compassivo, um ombro aconchegante e nos encoraja a olhar de frente para as múltiplas emoções que nos invadem, de modo a escolher vivê-las amparadas em seu amor.

Somente pessoas que sobreviveram à crise de fé e saíram vitoriosas podem ajudar outros a atravessar esse deserto. Reafirmar a bondade de Deus sem ignorar nossa realidade objetiva e emocional requer muita maturidade. A maioria é tentada a negar a própria verdade ou o amor de Deus. Ou projetamos em Deus nossas angústias e concluímos que ele nos abandonou, ou procuramos abafar nossa dor, colocando uma máscara e fingindo que está tudo bem. Seguindo o exemplo de Bonhoeffer, somos chamados a assumir nossa verdade sem deixar de reconhecer que Deus a transcende. Assim, podemos orar como ele o fez no campo de concentração, em 1943:

> Dentro de mim há trevas,
> Mas contigo está a luz;
> Eu me sinto solitário,
> Mas tu não me desamparas;
> Estou desanimado,
> Em ti, porém, está o meu auxílio;
> Invade-me uma inquietude,
> Tu, entretanto, és a paz;
> Sinto-me tão amargurado,
> *Mas contigo está a paciência...*

O silêncio e a solidão não constituem um fim em si, mas um meio para chegar mais perto de Deus e de nós. "Precisamos de disciplina para entrar em nós e ouvir, sobretudo quando o medo faz tanto barulho que nos empurra constantemente para fora de nós mesmos. Converter-se significa voltar para casa, procurar nosso lar lá onde o Senhor edificou sua morada, na intimidade do próprio coração."[7]

Silenciamos para ouvir com o coração. Ouvir Deus nos chamar pelo nome e nos deixar abraçar como o filho pródigo voltando para casa. Ouvir nossos muitos ruídos interiores e entregá-los um a um aos cuidados de Deus. Aguardar, em silêncio, a revelação do mistério de Deus e sua direção. O silêncio interior é a terra mais fértil para o amor divino criar raízes. O silêncio desmascara nosso falso "eu" e revela nossa verdadeira identidade.

> A solidão é o lugar da grande luta e do grande encontro — a luta contra as compulsões do falso "eu" e o encontro com o Deus zeloso que se oferece como substância da nova individualidade. É o lugar de conversão, onde o velho "eu" morre e o novo nasce [...] Onde sou só "eu" — nu, vulnerável, fraco, pecador, carente, desalentado —, sem nada.[8]

Ali, Cristo nos remodela a sua imagem e nos liberta das enganosas compulsões do mundo. É no silêncio interior que podemos ouvir Deus perguntar: "Quem é você?"; "Onde você está?". Responder estas duas perguntas é crucial para nosso crescimento. Convertemos a solidão em recolhimento quando, em vez de fugir dela, a protegemos e transformamos em gestação frutífera. Ela se torna um início, em vez de um beco sem saída; um lugar de encontro, em vez de um abismo. Ao escutar atentamente nosso coração, "podemos começar a sentir que no meio da nossa tristeza existe alegria, que no meio dos nossos medos existe paz [...] No meio da nossa difícil solidão, o início de um recolhimento sereno".[9]

Cada pessoa é única. Não existe, nunca existiu e nunca existirá alguém igual a você. Por isso, somente você pode descobrir o potencial extraordinário com o qual Deus dotou sua existência. Eis um convite para explorar apaixonadamente este seu espaço interior, ir ao próprio encontro e estender a mão para esta pessoa especial que é você. A crise se tornará uma fase de gestação, uma oportunidade de autodescoberta e crescimento, se você se dispuser a lançar um olhar acolhedor sobre sua vida, se souber escutar as vozes que ressoam em seu interior, os rumores de medos, frustrações, expectativas, anseios que trancou no porão de sua alma e que lhe reclamam atenção.

Você pode fugir deles através do ativismo, abafando esses seus anseios e se tornando um robô porque perdeu o contato com o coração. Esta atitude autodestrutiva é, infelizmente, uma opção não rara que transforma indivíduos em fantoches manipulados com facilidade pelos meios de comunicação que sustentam nossa sociedade de consumo. O ativismo nos impede de ter calma e sossego para avaliar se vale a pena pensar, dizer ou fazer as coisas que pensamos, dizemos ou fazemos. Nossa necessidade de afirmação contínua e crescente nos leva à compulsão por mais trabalho, mais dinheiro, mais relacionamentos.

> Quando nos sentimos sós e procuramos alguém para evitar a solidão, depressa experimentamos a desilusão. O outro que, durante algum tempo, talvez tenha sido ocasião de uma experiência de totalidade e paz interior, bem depressa revela-se incapaz de nos dar a felicidade duradoura e, em vez de eliminar a nossa solidão, acaba apenas por nos confiar a sua profundidade. Quanto mais forte for a nossa expectativa de que um outro ser humano preencha os nossos mais profundos desejos, maior será o sofri-

> sofrimento quando tivermos que nos confrontar com os limites do relacionamento humano. E a nossa necessidade de intimidade depressa se torna exigência. Mas logo que começamos a exigir amor de outra pessoa, o amor converte-se em violência.[10]

O caminho que gera amadurecimento é mais árduo. Você precisa ter a coragem de reconhecer seus limites e encarar seus fantasmas. Ao olhar para o interior, você descobrirá não somente tesouros escondidos, mas também algumas experiências frustradas e alguns desejos abortados. Será necessário abraçar essa criança frágil e medrosa que você traiu e abandonou em seu processo de crescimento para vestir a máscara de um adulto forte e decidido. Sua história poderá revelar aspectos novos, até então negligenciados, que traçarão novos contornos em seu horizonte.

O novo, porém, é ameaçador. Preferimos a mesmice de hábitos e esquemas estereotipados, ao invés de nos aventurar em picadas ainda não exploradas. Este processo de autodescoberta pode ser regado com lágrimas, pois permitirá um contato com nossa dor, em vez de negá-la. Essas lágrimas são, no entanto, fecundadoras de restauração, constituem bálsamo que gera cura e libertação.

Após esse reencontro com nossa unicidade, este acolhimento de nossa inteireza, somos capacitados a ir ao encontro do outro e experimentar solidariedade genuína com ele, em suas dores e alegrias. O outro não é mais um meio de fugir da solidão, mas uma pessoa igualmente única, parceira e companheira de caminhada. Não é a toa que Jesus convida a amar o outro "como a si mesmo".

Só podemos aceitar, respeitar, ouvir, acolher, consolar o outro se formos capazes de aceitar, respeitar, ouvir, acolher, consolar a nós mesmos. A prática da espiritualidade torna-nos receptivos ao amor de Deus. Neste processo, nossa solidão estéril transforma-se em solitude e autodescoberta, que nos impulsionam a sair ao encontro do outro, para ser solidário com ele.

A jornada rumo à cura interior

A qualidade de amor pela qual ansiamos é humanamente impossível, pois nossa capacidade de amar é limitada. Assim, desde o ventre, nossa expectativa é frustrada e gera feridas que se vão acumulando e nos deformando. O primeiro passo para alcançar a cura é reconhecer o mal que nos fizeram, o que significa ter a coragem de entrar em contato com essa dor. Já que temos tendemos a negar esse mal com o intuito de nos proteger do sofrimento ou assumir a culpa por ele, de forma a proteger os outros. Em vez de reconhecer as limitações de nossos pais, preferimos arcar com o ônus deste amor incompleto. Por não receber o amor que almejamos, passamos a nos sentir indignos dele.

Como comenta Lya Luft no livro *O rio do meio*, ao lembrar a experiência de ter sido internada num colégio: "Se me castigaram tanto, e são pessoas boas, e me amam como dizem, com certeza devo ser muito má. Era o seu jeito de se consolar [...] A rejeição instalara-se nela: essa falha no chão de seus passos nunca mais se fechou."[11]

A jornada rumo à cura passa pela própria dor. Enquanto negamos as feridas, a criança dentro de nós não pode crescer, pois permanece aprisionada, à espera de alimento e consolo. Sem tomar consciência dessa realidade, reagimos diante das situações de vida a partir de nossa sofrida e negligenciada criança interior. Buscamos confirmar as hipóteses que nos minam a auto-estima, ou esperamos que alguém preencha os buracos a que apenas nós temos acesso.

O segundo passo é reconhecer o mal que nos fizemos com o mal que nos fizeram. Como vimos, ao negar a dor, rejeitamos essa criança interior que tentará nos chamar a atenção através do mecanismo da somatização. A dor emocional que ignoramos se transformará em dor física, pois estaremos adoecendo. Ao assumir a falha do outro, desenvolvemos uma auto-imagem deturpada ou nos punimos, como se fôssemos nosso carrasco.

O atalho oposto consiste em alimentar uma autocomiseração que nos transforma em vítimas inocentes e passivas. Na maturidade, percebe-se que não importa tanto o que fizeram conosco, mas o que fizemos com o que realmente nos aconteceu. Identificar os mecanismos de defesa que nos aprisionam é uma tarefa árdua. Com o intuito de nos proteger do sofrimento, acabamos provocando um mal maior, pois vamos limitando nosso espaço interior e exterior, em vez de encarar a verdade e buscar cura em Deus.

Adoecemos, fugimos por meio do ativismo que nos leva ao estresse, desenvolvemos armadilhas contra nós mesmos, provenientes dos sentimentos de autodepreciação, autopunição e auto-sabotagem. Em vez de repetir este mal, alimentá-lo e multiplicá-lo, a Bíblia nos convida a vencer o mal com o bem (Rm 12:21).

De fato, o amor de Deus é o único antídoto para o veneno do desamor. Este amor é manifesto e acessível aos seres humanos em Cristo, que se identificou conosco e levou sobre si nossas iniqüidades e transgressões. Após a morte de Cristo, os discípulos que voltavam para Emaús demoraram a reconhecer seu Salvador ressurreto, que caminhava ao lado deles. Como esses, nossas expectativas não satisfeitas geram frustrações que nos impedem de enxergar a realidade. Ao abrir mão da imagem ideal, mas irreal de nós mesmos e dos outros, podemos ver que a perfeição só existe em Deus e que nele podemos depositar todos os nossos anseios, pois nunca nos decepcionará.

Às vezes, precisamos que alguém seja porta-voz de Deus e nos acompanhe nesse caminho, pois tememos encontrar monstros e ser destruídos por descobertas avassaladoras ou emoções incontroláveis. Um terapeuta pode ser um guia seguro nesta empreitada. Encarar nosso mundo interior, nossas dores, mágoas e decepções é o único caminho para nos reconciliar conosco e com a nossa história. Resgatar esta criança abandonada, dar-lhe colo, sendo pai e mãe de nós mesmos, nos liberta da dependência dos outros e nos capacita a construir relações maduras e equilibradas.

É no recolhimento e no silêncio, diante da face amorosa de Deus, que este processo se aprofunda, enquanto nosso vínculo com Deus se consolida. Somente a experiência do amor incondicional de Deus pode curar-nos as feridas de rejeição, à medida que o enxergamos como um Pai acolhedor, que nos criou e resgatou para construir conosco um relacionamento tão íntimo quanto o que o une ao próprio Filho. Esta verdade, quando assimilada no mais profundo de nosso ser, vai ao encontro de nosso desejo mais íntimo: o de ser amados de forma plena e irrestrita.

Provérbios de Salomão, na Bíblia, nos convidam a entender nosso caminho (Pv 14:8) e a estar atentos a nossos passos (Pv 14:15). De fato, a maturidade provém da capacidade de compreender nossa história e integrar as peças esparsas do quebra-cabeça que é nossa existência para enxergar o quadro completo. As experiências marcantes da vida precisam ser consideradas com reverência para encontrarmos o sentido mais profundo e aprendermos com elas.

Tempo e atenção são necessários, se queremos evitar a superficialidade. Fomos criados à imagem de Deus, que é Luz. Assim, quanto mais nos aproximamos dele, numa atitude contemplativa, mais enxergamos a própria realidade. O olhar amoroso de Deus nos permite superar o medo da rejeição e tirar as máscaras a fim de confessar nossa luz e nossa sombra. Identificamos em nós limites, feridas, mecanismos de defesa e incoerências, mas também aspiração por amor, alegria e paz, capacidade criativa e relacional, busca de sentido existencial. Admitimos, perplexos, a coexistência simultânea e sistêmica de alegria e tristeza, prazer e dor, sofrimento e paz, amor e solidão.

Perceber esta condição de nossa humanidade choca-se com o desejo de nos apegar a um estado mental dominante e obsessivo, como a busca da felicidade permanente. Nossa sociedade a define como ausência de dor. Para isso, construímos um castelo forte, onde estamos protegidos, mas também enclausurados. Poupar-nos do sofrimento nos priva da alegria, pois estes dois sentimentos são parceiros inseparáveis nesta vida.

Nossa cultura prega uma felicidade artificial, mantida com pílulas que anestesiam a dor, camuflando nossa inescapável condição de mortalidade e fragilidade. Solitários e carentes, buscamos compensar o vazio interior mediante um consumismo compulsivo. Para outros, é mais fácil sofrer que ser feliz. O sentimento de culpa e o medo do castigo os levam a desconfiar da felicidade. Eles preferem um caminho de auto-sabotagem ao risco de perder. A felicidade em Deus não é merecida. Ela é de graça. Mas ela não nos poupa do sofrimento, que é a conseqüência de nossa humanidade caída.

O desejo mais profundo de amar e ser amado requer que nos disponhamos a baixar as defesas e a nos tornar vulneráveis. Como diz uma música popular: "Quem quiser aprender a amar, vai ter que chorar, vai ter que sofrer."

As feridas mais profundas e dolorosas não provêm de acidentes ocorridos, mas do desamor. O amor transforma nossa personalidade e nossa percepção. Ele nos arranca de um mundo unidimensional, em preto e branco, a fim de nos transportar para um universo de cores brilhantes e paisagens sempre renovadas. Quando o amor se retrai, sofremos a dor da perda. A alegria do encontro é proporcional à dor do desencontro.

Como diz o teólogo John Main, precisamos diferenciar feridas e machucados. Estes, como o fracasso num teste, uma derrota financeira, uma expectativa frustrada, são sofrimentos provisórios e superáveis. Aquelas nos marcam para sempre. Modificam nossa percepção íntima e o fundamento de nossa identidade.

Uma ferida significa que nada será como antes. O tempo apaga os machucados, não cura as feridas. Somente a imersão no amor absoluto de Deus pode curar-nos as feridas. É preciso mergulhar na morte de Cristo para experimentar sua ressurreição. O significado de nossas feridas emerge quando as enxergamos à luz da graça e em sua relação com outros eventos e padrões da vida.

Nosso jeito de lidar com as feridas pode nos tornar feridos que ferem ou feridos que curam. A Bíblia fala de dois tipos de tristeza: uma tristeza *mundana*, que leva à autocomiseração, nos faz assumir o papel de vítima e "produz morte"; e uma tristeza na perspectiva de Deus, que gera transformação e vida (2Co 7:10).

Ao mergulhar na história de nossa vida, encontramos momentos dramáticos, em que tivemos de fazer a escolha crucial de nos tornar amargurados por nossas feridas ou feridos que curam. O filme *Patch Adams: o amor é contagioso*,[12] conta a história de um homem que fez a escolha de ser um ferido que cura, e que quase desistiu quando uma nova ferida o empurrou para a beira do precipício. Para o próprio bem e o bem das pessoas a sua volta, ele finalmente escolheu seguir o princípio bíblico de vencer o mal com o bem (Rm 12:21).

Na maioria das vezes, optamos por uma solução intermediária, mesclando sentimentos de mágoa e desejo de superação, passando alternativamente de vítimas a protagonistas.

A única forma de nos livrarmos do mal que nos fizeram e que fizemos a nós mesmos é o perdão. A palavra grega para "perdão" significa "libertar-se", enquanto "ressentimento" significa "sentir de novo". Sem o perdão, continuamos presos àqueles que nos feriram. "Quando genuinamente perdoamos, libertamos um prisioneiro, e então descobrimos que o prisioneiro que libertamos éramos nós."[13] Apenas o perdão nos liberta da injustiça do outro.

O perdão imerecido de Deus nos capacita a exercer perdão imerecido para com aqueles que nos feriram. A partir da experiência restauradora de nos saber perdoados por Deus, somos chamados a ser despenseiros de sua graça. A compaixão ajuda a nos identificarmos com todas as emoções humanas e a perdoar, já que "o perdão somente é real para quem descobriu a fraqueza de seu amigo e os pecados de seu inimigo em seu próprio coração".[14] Há duas categorias de pessoas: as pessoas culpadas que reconhecem seus erros e as pessoas culpadas que não os reconhecem. Nossas feridas, como nossas falhas confessadas, são as fissuras pelas quais a graça pode entrar.

A busca de felicidade fora de Deus alimenta nosso falso "eu". Enquanto perseguirmos a felicidade como prioridade absoluta, o faremos às custas do bem-estar do outro. O anseio por segurança, afeto e reconhecimento também nos torna escravos das expectativas dos outros. O quarto interior é o lugar da cura de nossa baixa auto-estima, do desejo de aprovação que nos leva a construir um falso "eu".

Ao buscar minorar a dor de nosso próximo, no entanto, encontraremos a plenitude de alegria para a qual fomos criados. Ao acolher a realidade com todas suas facetas, não podemos deixar de perceber o próprio Deus. Cristo é a Verdade e a Vida. Por isso, ao optar pela verdade, encontramos a Cristo, assim como através das coisas bonitas podemos enxergar a própria beleza. A cruz de Cristo proclama que a vida não se preserva negando a morte, mas acolhendo o ciclo de morte e renascimento. Por isto, somos chamados a levar "sempre no corpo o morrer de Jesus, para que também sua vida se manifeste em nosso corpo" (2Co 4:10).

Assim, em vez de fugir do sofrimento através de uma vida artificial, podemos superá-lo com o bálsamo do amor de Deus, que transforma o mal em bem. Precisamos olhar para os retalhos espalhados de nossa vida na perspectiva de Cristo, que venceu o mal e a morte. Com isso, podemos costurá-los para formar uma colcha que reflita a obra de arte única que é nossa existência à luz do amor de Deus e na dependência do Espírito Santo.

As evidências da transformação

A primeira evidência de nossa transformação é um coração grato a Deus. Êxodo 23:19 nos convida a trazer as primícias da colheita para Deus. Trata-se de oferecer antecipada e incondicionalmente, expressando nossa confiança e dedicação. Esta oferta revela uma gratidão não circunstancial, mas existencial, movida por reconhecimento, não por medo nem barganha. Ela é fruto da consciência de quem ele é e de quem somos. Em primeiro lugar, porque Deus é bom e "a sua misericórdia dura para sempre" (Sl 106:1).

Esta premissa nos parece óbvia e natural, mas Deus poderia ser um tirano, sádico, cruel, que tivesse prazer em nos enganar, como faziam algumas divindades da Antigüidade. Ele poderia nos controlar através do medo, mas deseja nos cativar e estabelecer conosco uma relação filial. Apesar disso, nossa maior tentação é duvidar de sua bondade. Foi essa dúvida, insuflada pela serpente, que provocou a Queda. Em seu livro *A batalha da cruz*, Rubem Amorese comenta: "A estratégia de Satanás [...] consiste em produzir, por meio do sofrimento, um coração ingrato; portanto, ressentido, rancoroso, amargurado, revoltado e rebelde."[15]

Achamos que, por nos amar, Deus deve nos livrar do sofrimento. Assim, quando o mal nos aflige, sentimo-nos como que abandonados por Deus. Até Jesus questionou o Pai na cruz, mas morreu reafirmando sua comunhão com ele.

Sim, Deus é fiel. Seu amor é generoso e incondicional. Não depende de reciprocidade. Não é manipulador, como a maioria de nossos relacionamentos. Não é uma incógnita. Pelo contrário: revela-se, em vez de se esconder e nos deixar tateando no escuro. Também não é um deus ausente, mas um Deus que intervém, muitas vezes através de nós, dando-nos o privilégio de ser emissários, porta-vozes e expressão de seu amor. Tampouco é um deus distante ou autoritário, mas um Deus que nos ouve e interage conosco. Não se trata de uma energia impessoal, como acredita a Nova Era, pois ele seria menos que nós, que temos consciência de existir. É um Deus pessoal, que se relaciona e nos oferece sua intimidade.

Finalmente, não é um deus solitário, que estabeleceria conosco uma relação simbiótica e de co-dependência. É um Deus trino que nos convida a participar de uma comunidade numa rede de relações inclusivas e diversificadas. Fomos criados à imagem de Deus, e por isso somos capazes de amar, criar, sentir prazer através dos sentidos, ter senso moral, ético e estético. Somos inteligentes e dotados de autonomia. O pecado nos deformou, mas, pela graça, podemos reconhecer nossa sombra sem medo de ser rejeitados.

Nossa gratidão é fruto do olhar amoroso e perdoador de Deus, que nos liberta da culpa. Esta revelação, como está escrito em Zacarias 12:10, é dádiva do Espírito Santo. Ela nos liberta da armadilha do orgulho pela nossa luz e da autopunição ou do desespero por causa de nossa sombra. Encarar a verdade, sem amor, sobre nós mesmos seria uma desestruturação. A verdade em amor é libertadora. Ela nos liberta da ilusão de perfeição, da onipotência, da auto-suficiência, e nos abre o caminho da humildade e da sabedoria, fruto do reconhecimento de nossas limitações e da soberania de Deus.

É mais fácil ser grato por benefícios concretos, materiais, visíveis. Mesmo assim, tendemos a nos acostumar à graça. Só damos valor à saúde quando ficamos doentes. Só valorizamos as pessoas quando deixam saudades. Se somos ingratos em relação às bênçãos materiais mensuráveis e palpáveis, quanto mais com as bênçãos que dependem de revelação e discernimento! A gratidão nos renova, nos ajuda a enxergar além do sofrimento, além do mal (2Co 4:15-18), nos permite dar graças pelas provações (Tg 1:2): não pelo sofrimento em si (que não é da vontade de Deus), mas pela capacidade divina de reverter o mal em bem.

Deus nos alerta que, no mundo, teremos tribulações. Ele não nos livra sempre das dificuldades, mas muda nosso olhar sobre elas. Está junto para nos capacitar a lidar com o sofrimento, de forma que este não seja inútil. Ele nos ajuda a passar da revolta para a superação, percebendo que o mal já foi vencido na cruz e visualizando a luz no fim do túnel. Gratidão é uma graça que nos capacita a discernir quem é Deus e quem somos para viver a partir de nossa verdadeira identidade de filhos amados pelo Pai, salvos pelo Filho e capacitados pelo Espírito Santo. Ela nos permite ver além do material, para o que é eterno.

Dar as primícias é um ato de fé incondicional, de esperança. Como diz Henri Nouwen, "esperar estando aberto a todas as possibilidades é uma atitude extremamente radical perante a vida [...] É desistir de exercer o controle sobre o nosso futuro e deixar que Deus defina a nossa vida. É viver com a convicção de que Deus nos molda de acordo com o seu amor, e não de acordo com o nosso próprio medo".[16]

Costumamos selecionar em nossa existência alguns momentos privilegiados para serem lembrados, mas somos chamados a abraçar com gratidão toda nossa vida. Nela, alegria e sofrimento estão entrelaçados, e cada experiência faz parte do caminho da cruz que leva a uma nova vida. Assim, todo nosso passado pode tornar-se a fonte de energia que nos moverá para frente.

A segunda evidência é a esperança. A esperança é confiar no futuro porque "todas as coisas cooperam para o bem daqueles que amam a Deus" (Rm 8:28). Não é resignação passiva, mas fé pessoal e íntima naquele que já venceu a morte e o mal.

> A comunidade cristã é o lugar onde mantemos a chama da esperança viva entre nós [...] É assim que teremos a coragem de dizer que Deus é um Deus de amor, mesmo quando à nossa volta vemos apenas rancor. É por isso que poderemos proclamar que Deus é um Deus de vida, mesmo quando à nossa volta vemos morte, destruição e agonia [...] Esperar juntos, alimentar o que já começou, esperar pela sua completa realização. Este é o significado do matrimônio, da amizade, da comunidade e da vida cristã.[17]

Deus nos convida às bodas do Cordeiro, um banquete eterno celebrando sua aliança conosco através de seu sangue. Ele deixa como lembrança a Ceia, uma refeição com gosto de intimidade e esperança.

A parábola do filho pródigo é um roteiro espiritual. Voltar para casa é fazer nossa morada onde Deus escolheu morar. A casa é o centro de nosso ser, onde podemos ouvir a voz que diz: "Você é meu filho amado/minha filha amada, em quem me comprazo." Há muitas outras vozes. Vozes que dizem: "Vá e prove que é alguém, prove que merece ser amado através do sucesso e do poder!" Deixamos a casa cada vez que deixamos de confiar na voz que nos chama "filhos amados" para seguir vozes que nos oferecem maneiras diversas de ganhar este amor que desejamos tão intensamente.

Enquanto perguntamos "você me ama?",[18] damos ouvido às vozes do mundo e nos tornamos escravos, porque o mundo é cheio de "se". O mundo diz: "Sim, eu amo você se for bonito, inteligente e rico, se tiver uma boa educação, um bom emprego e for bem relacionado."

Precisamos escolher nos sujeitar ao mundo que nos aprisiona ou assumir a identidade de filhos do Deus que nos liberta. Seguir a Cristo significa deixar Deus ser Deus. Deixá-lo operar toda a cura, restauração e renovação. Após identificar em nós características do filho pródigo e de seu irmão, somos chamados a nos tornar como o Pai, escolhendo o amor ao invés do poder, sendo acolhedores e perdoadores.

A reconstrução de nossa identidade em Deus

A espiritualidade reforça nosso vínculo com o Deus Triúno. Ele se revela à medida que nos aproximamos com reverência e receptividade, pois "a intimidade do Senhor é para os que o temem" (Sl 25:14).

> A Palavra de Deus conduz-nos ao silêncio; o silêncio torna-nos atentos à Palavra de Deus. A Palavra de Deus penetra através da espessura da verbosidade humana até o centro silencioso do nosso coração; o silêncio abre em nós o espaço onde a Palavra pode ser escutada. Sem ler a Palavra, o silêncio banaliza-se, e sem silêncio, a Palavra perde o seu poder recriativo. A Palavra conduz ao silêncio e o silêncio, à Palavra. A Palavra nasceu em silêncio, e o silêncio é a resposta mais profunda à Palavra.[19]

Através do silêncio fértil e da Palavra, podemos reconstruir nossa identidade em Deus. Somos curados e transformados a sua imagem para sinalizar sua presença no mundo. Viver como cidadãos do Reino de Deus é reordenar nossas prioridades para estar enraizados nele e dar liberdade ao Espírito para se mover em nós e através de nós. Trata-se de um caminho de despojamento que nos leva a experimentar uma nova e inesperada liberdade.

> Somente os pobres podem entrar no Reino de Deus. Não somos nada e não temos nada por nós mesmos [...] Tudo o que temos é fruto do amor divino. Mas tudo o que queremos possuir é arrancado do reino do Amor [...] Quando estamos conscientes de que não possuímos nada, então estamos ricos do amor de Deus [...] Na contemplação, aprendemos gradualmente a valorizar coisas e pessoas sem o desejo de possuí-las.[20]

"Vender o que se possui, deixar sua família e amigos e seguir a Jesus não é um acontecimento único na vida. É preciso fazer isto muitas vezes e de muitas maneiras diferentes."[21] Quando caminhamos do reino do medo para o Reino do Amor, o Espírito nos liberta de nossas compulsões e nos fertiliza.

> O gozo completo é a recompensa de uma vida de intimidade e fecundidade na casa de Deus (...) Somos invadidos pela alegria de Jesus, que nos leva a celebrar a vida. Intimidade, fecundidade e gozo são os frutos de uma vida movida pelo amor de Deus, e não pelo medo."[22]

A graça de Deus manifesta-se fora de nossos arraiais religiosos. Por isso, somos desafiados por alguém como Herbert de Souza, o Betinho, que teve a coragem de encarar a própria finitude. Ao lidar com sua crise pessoal, ele pôde ser luz para lidar com a crise de nossa sociedade. Sua fragilidade se tornou um símbolo de esperança e mobilizou milhares de pessoas, que reagiram ao desânimo provocado pelo escândalo da corrupção institucionalizada e encontraram uma consciência nova de cidadania, resgatando a dignidade do ser humano através da solidariedade com aqueles que sofrem.

Viver plenamente nossa humanidade é aceitar que "as pessoas que nos amam também nos desapontam, momentos de grande satisfação também revelam necessidades não satisfeitas, estar em casa mostra também nossa falta de um lar".[23] Essas tensões despertam em nós a saudade do Paraíso e nos levam a aguardar a volta de Cristo. Maranata!

Notas

[1] Keating, Thomas. *Mente aberta, coração aberto: a dimensão contemplativa do Evangelho*. São Paulo: Loyola, 2005.

[2] Carvalho, Esly Regina. *Saúde emocional e vida cristã; curando as feridas do coração*. Viçosa: Ultimato, 2002, p. 11, 13.

[3] Seamands, David. *O poder curador da graça*. São Paulo: Vida, 1990, p. 158.

[4] Silva, Osmar Ludovico da. "Introdução à espiritualidade cristã: uma teologia do afeto", in *A igreja evangélica na virada do milênio*. Brasília: Comunicarte, 1995, p. 157.

[5] Yancey, Philip. *Decepcionado com Deus*. São Paulo: Mundo Cristão, 1997, p. 45.

[6] Nouwen, Henri. *Renovando todas as coisas*. São Paulo: Cultrix, 1981, p. 52.

[7] Id. *Signes de vie* [*Sinais da vida*]. Bellarmin, 1997.

[8] Id. *A espiritualidade do deserto e o ministério contemporâneo, o caminho do coração*. São Paulo: Loyola, 2000, p. 23-24.

[9] Id. *Crescer: os três movimentos da vida espiritual*. Lisboa: Paulinas, 2001, p. 39.

[10] Id. *Mosaicos do presente*. São Paulo: Paulinas, 1998, p. 122.

[11] Lufty, Lya. *O rio do meio*. São Paulo: Record, 2003.

[12] Estados Unidos, 1998, direção de Tom Shadyac

[13] Yancey, Philip. *Maravilhosa graça*. São Paulo: Vida, 1999, p. 104.

[14] Nouwen, Henri. *O sofrimento que cura*. São Paulo: Paulinas, 2001, p. 68.

[15] Amorese, Rubem. *A batalha da cruz*. Brasília: Comunicarte, 1993, p. 9.

[16] Nouwen, Henri. *O caminho da esperança*. São Paulo: Paulinas, 1998, p. 19,20.

[17] *Id.*, p. 24, 26,7.

[18] Id. *A volta do filho pródigo*. São Paulo: Paulinas, 2003, p. 47.

[19] Id. *Crescer: os três movimentos da vida espiritual*. Lisboa: Paulinas, 2001, p. 169.

[20] Bloom, Antony. *L'école de la prière* [*A escola da oração*]. Paris: Du Seuil, 1972.

[21] Nouwen, Henri. *O caminho do amanhecer*. São Paulo: Paulinas, 1999, p. 61.

[22] Id. *Signes de vie*.

[23] Id. *Podeis beber o cálice?* São Paulo: Loyola, 2002, p. 75.

VI

A ESPIRITUALIDADE E A VIDA DEVOCIONAL

Espiritualidade: tão complicado, tão simples

Elben Lenz Cesar

Escritor e diretor da revista *Ultimato*, é pastor emérito da Igreja Presbiteriana de Viçosa e presidente honorário do Centro Evangélico de Missões. Foi vice-presidente da Third World Mission Association (TWMA).

Em cada lugar que você for, cada cultura que encontrar, todas as disciplinas que estudar, sempre encontrará uma forma diferente de explicar a espiritualidade. A própria palavra "espiritualidade" tem diversos conceitos na história, na religião, na filosofia, na teologia, no judaísmo, no budismo, no cristianismo, no misticismo, no esoterismo, na auto-ajuda, na pós-modernidade. Há definições acadêmicas, populares, ritualísticas — até mesmo definições mesquinhas.

Em tese, espiritualidade deve ser o oposto de materialismo, em que tudo é matéria ou produto de matéria. É a descoberta e o desenvolvimento da intuição e do clamor religioso presentes no coração humano — o tal "ponto Deus", que os neurobiólogos teriam localizado na região dos lobos temporais em nosso cérebro. O "ponto Deus" é também chamado "quociente espiritual" (QEs) ou "inteligência espiritual", que interage com a "inteligência intelectual" (o famoso QI) e a "inteligência emocional" (QE).

Recentemente, essa potencialidade humana vem sendo admitida, reconhecida e estudada dentro e fora dos âmbitos religiosos, entre os quais o cristão.

Antes, apenas a filosofia e a teologia se ocupavam dela. Hoje, a espiritualidade tem um alcance muito maior. A neurobiologia, a medicina, a psicologia, a sociologia, a economia e outras áreas do conhecimento humano passaram a valorizar e dedicar energia ao estudo e à pesquisa sobre o tema. A conclusão a que se quer chegar é que "a espiritualidade pertence ao homem, e não é monopólio das religiões; antes, as religiões constituem uma das formas de expressão desse 'ponto Deus'."[1]

Deixemos de lado as complicações filosóficas, teológicas e científicas. Podemos dizer, de forma bastante objetiva, que a espiritualidade cristã consiste simplesmente num relacionamento sério, coerente, profundo, progressivo e permanente da criatura com o Criador, por meio da graça manifestada na pessoa de Jesus Cristo "durante os seus dias de vida na terra" (Hb 5:7; NVI) e da ação conscientizadora e fortalecedora do Espírito Santo nos dias atuais.

O contrário ético de espiritualidade é a carnalidade. Na espiritualidade, o ser humano dá de beber ao Espírito Santo que nele habita. Na carnalidade, dá de beber a seu potencial pecaminoso, que também mora nele (Rm 8:5). Enquanto oposta ao materialismo e à carnalidade, a espiritualidade é algo provisório, uma vereda, uma caminhada desde o Éden (Gn 2:15) até a Nova Jerusalém (Ap 21:1-27). É um crescente contínuo, "como a luz da aurora, que brilha cada vez mais até a plena claridade do dia" (Pv 4:18; NVI). Do lado de cá está a plenitude da pecaminosidade humana; do lado de lá, a plenitude da salvação divina.

A espiritualidade, como algo que precisa ser resguardado e ampliado, deixa de existir frente à plenitude da salvação, frente à apoteose que está para vir. A espiritualidade atual pressupõe um esforço, que se tornará desnecessário depois da "glória que em nós será revelada" (Rm 8:18). Agora ela não está sozinha, mas depois da "consumação do século" (Mt 28:20), depois do advento do Senhor "com poder e muita glória" (Mt 24:30, a espiritualidade dominará sozinha, sem tropeço nem intervalo algum, porque "o próprio Deus estará com eles *[os sobreviventes, os remidos, os salvos]* e será o seu Deus" (Ap 21:3; NVI). E isso será para todo o sempre, por eras que tombam sobre eras, numa sucessão interminável.

Diante desse conceito bíblico, a espiritualidade não é absolutamente tão mesquinha quanto hoje se prega. Não são os interesses pessoais relacionados com saúde, prosperidade, segurança e gozo que estão primordialmente por trás da verdadeira espiritualidade. Tampouco é unicamente o medo da morte, do juízo e do inferno. O temor do Senhor, isto é, a noção da santidade e da majestade absolutas de Deus e o respeito a ele devido, este sim, é uma das molas propulsoras da espiritualidade.

Acima de tudo, o que gera a espiritualidade mais genuína, mais bela, mais santa, mais profunda, mais realizadora e mais agradável é o relacionamento da alma humana com Deus com base no amor recíproco. Na prática da espiritualidade cristã, o ser humano admite que Deus o ama e se esforça para amá-lo acima de todos e de tudo. Desse amor resulta a feliz comunhão entre Deus e o ser humano, próxima daquela que havia entre ambos antes da queda, assim como daquela que haverá depois da parúsia — a segunda vinda de Cristo.

A descoberta da espiritualidade no mundo pós-moderno tem sido aproveitada em muitos setores e disciplinas, como na medicina (para produzir cura, prevenir os riscos de doença, aumentar a longevidade) e na área empresarial (para produzir mais contentamento, mais entusiasmo, mais eficiência, mais rendimento e, naturalmente, mais lucros). Todavia, tudo isso deve ser considerado subproduto da espiritualidade. O produto mesmo é outro, muitas vezes não muito bem compreendido ou assimilado pela sociedade de hoje, orientada pelo tão almejado "sucesso".

Da separação à re-união

O anseio de comunhão mútua é nutrido por ambas as partes. Deus quer entrar em comunhão com o ser humano, e este quer experimentar a comunhão com Deus. O desejo divino não diminui nem aumenta — até porque já é alto demais, intenso demais, perseverante demais. O desejo do ser humano está escondido no fundo do coração, mas é inconstante quanto à intensidade, à busca e até mesmo quanto à pureza da motivação — às vezes, limitada meramente ao interesse mais mesquinho.

Desde quando a comunhão original entre o Criador e a criatura foi quebrada ou prejudicada com a primeira experiência pecaminosa, Deus começou a tomar providências para que ela fosse progressivamente restaurada. Na verdade, essas providências antecedem a queda, como se pode ver especialmente em Paulo: "Deus nos escolheu nele *antes da criação do mundo*, para sermos santos e irrepreensíveis em sua presença" (Ef 1:4; NVI; grifo do autor). Pedro também assevera que Jesus, como Redentor, "foi escolhido por Deus *antes da criação do mundo*", embora tenha sido "revelado nestes últimos tempos em benefício de vocês" (1Pe 1:20; NTLH; grifo do autor).

Ali mesmo, no jardim, Deus tomou a primeira providência para diminuir a desagradável distância entre ele e o homem, provocada pelo pecado. A queda gerou no homem e na mulher a horrível sensação de nudez diante de Deus. Ao ouvir não a voz, mas "os passos do Senhor", os culpados "esconderam-se da presença do SENHOR Deus entre as árvores do jardim" (Gn 3:8; NVI). Para resolver o problema, "o SENHOR fez roupas de pele e com elas vestiu Adão e sua mulher" (Gn 3:21; NVI). Além disso, Deus preanunciou o Evangelho, segundo o qual o descendente da mulher passaria pelo Gólgota, mas esmagaria a cabeça da serpente (Gn 3:15).

A partir do anúncio da libertação do jugo egípcio, a Bíblia começa a prometer o fim definitivo e glorioso do estado de separação entre o Criador e a criatura: "Eu os farei meu povo e serei o Deus de vocês" (Êx 6:7; NVI). Esta bendita esperança caminha por todo o Antigo Testamento. Encontra-se outra vez no Êxodo (29:45-46), em Levítico (26:12), em Jeremias (24:7; 31:33; 32:38), em Ezequiel (34:30-31; 36:28; 37:27) e em Zacarias (8:8).

Em Oséias está reservado um pequeno susto, quando o Senhor ordena ao profeta que chame seu terceiro filho de Lo-Ami, "pois vocês não são meu povo e eu não sou seu Deus" (Os 1:9; NVI). Teria Deus voltado atrás e sustado a velha esperança? Mas o Senhor não nos deixa com a respiração suspensa por muito tempo. Logo em seguida, ele confessa: "Tratarei com amor aquela que chamei Não-amada. Direi àquele chamado Não-meu-povo: Você é meu povo; e ele dirá: 'Tu és o meu Deus'" (Os 2:23; NVI).

Além de Paulo, na segunda epístola aos Coríntios (6:16), o autor da epístola aos Hebreus também transcreve a famosa esperança: "Serei o seu Deus, e eles serão o meu povo" (Hb 8:10; NVI).

Percebe-se claramente que essa promessa de proximidade do ser humano com Deus não se refere apenas a certos estágios na história do povo eleito, mas em especial à apoteose da salvação. Aquele processo iniciado no Éden, ou "antes da criação do mundo", chegará à plenitude, de acordo com o Apocalipse:

> Agora o tabernáculo de Deus está com os homens, com os quais ele viverá. Eles serão os seus povos; o próprio Deus estará com eles e será o seu Deus. Ele enxugará dos seus olhos toda lágrima. Não haverá mais morte, nem tristeza, nem choro, nem dor, pois a antiga ordem já passou.
>
> Apocalipse 21.3,4; NVI

Diminuindo a distância

Uma vez resolvido o problema do medo e da nudez dentro do tempo por meio da reconciliação, o pecador arrependido e reconciliado precisa, então, manter e ampliar sua comunhão com Deus. Assim como há vida social, vida artística e vida familiar, há também vida devocional. A expressão diz respeito à soma de todos os exercícios que produzem, sustentam e aperfeiçoam a perfeita comunhão entre aquele que crê e aquele em quem se crê. Esses exercícios beneficiam não os músculos, nem a beleza física ou o intelecto, mas o relacionamento do cristão com o Senhor. Eles diminuem cada vez mais a distância entre um e outro. São capazes de levar o cristão à sobrevivência, assim como à plenitude espiritual.

Embora devamos cultivar o temor do Senhor, o primeiro e maior mandamento não é "temam a Deus", mas "amem a Deus". O relacionamento mais elevado firma-se no amor. É possível *gostar* de Deus, sentir-se bem em sua presença. Precisamos dar vários pulos, e não apenas o primeiro (da posição de criatura para a posição de filho). O último salto antes da glória por vir, a ser revelada em nós, é o da posição de servo para a posição de amigo: "Já não os chamo servos, porque o servo não sabe o que o seu senhor faz. Em vez disso, eu os tenho chamado amigos, porque tudo o que ouvi de meu Pai eu lhes tornei conhecido" (Jo 15:15; NVI).

Com base numa passagem de Isaías (41:8), Tiago diz que Abraão "foi chamado amigo de Deus" (Tg 2:23). No entanto, esse passo adiante no relacionamento com o Senhor depende diretamente dos cuidados dedicados à vida devocional. Se esses cuidados forem levados a sério e houver legítima perseverança, o crescimento espiritual torna-se conseqüência natural.

Deus não é uma força, um "grande poder" (At 8:10), uma imagem caída do céu (At 19:35; NVI), uma peça artística talhada em cerâmica, madeira, bronze, prata ou ouro. Ele é uma pessoa. O homem também é muito mais que um amontoado de ossos, carne, nervos e pele, cheio de laboratórios de sofisticadas elaborações espalhados pelo corpo. Ele é a coroa da Criação. Foi criado para "glorificar a Deus e gozá-lo para sempre", como disseram os teólogos da Assembléia de Westminster. "Como a corça anseia por águas correntes" (Sl 42:1; NVI), assim o homem tem dentro de si um profundo desejo pela presença de Deus.

Logo, o homem só se encontra, se realiza e se completa de fato em Deus. Até os leigos reconhecem esta premissa: "Pois nele vivemos, nos movemos e existimos", pois "somos descendência dele" (At 17:28; NVI). Privar-se da comunhão com Deus é a loucura básica, mãe de todos os demais transtornos, cada um mais complexo que o outro. É preciso inaugurar a comunhão com Deus, dar uma forma adequada a ela e prosseguir adiante.

Aquele que uma vez se comprometeu com Deus deve mover-se até descobrir e explorar os veios cheios de água viva para se manter vivo e vigoroso, e para participar do desempenho da glória de Deus. Mais ainda: precisa estar sempre junto às águas para, depois, tornar-se rio de águas vivas e correr pelos desertos alheios. Precisa estar tão cheio que a graça transborde por todos os lados, para o bem dos que ainda não a alcançaram.

A Bíblia em horário nobre

Desde os tempos mais remotos, Deus fala com o ser humano, e este com Deus. O Senhor se revela ao ser humano, e este ao Senhor. Deus mostra sua glória, seu amor, seu poder, sua misericórdia, sua santidade, sua justiça. O ser humano mostra sua dor, seu sofrimento, sua inquietação, seus medos, suas dúvidas, sua carência, suas complexidades, seu pecado, sua arrogância.

Deus se revela no mais interior e no mais exterior. Fala dentro da alma e lá fora, no espaço sideral. Por sua beleza, sua variedade, sua imensidade, sua ordem, sua distância, "os céus declaram a glória de Deus e o firmamento proclama a obra das suas mãos" (Sl 19:1; NVI). É a revelação natural, pois "desde a criação do mundo os atributos invisíveis de Deus, seu eterno poder e sua natureza divina têm sido vistos claramente" (Rm 1:20; NVI).

O veículo pelo qual Deus se revela de modo extraordinário e suficiente é a Bíblia, muito apropriadamente chamada "Palavra de Deus". Não há nenhuma razão para duvidar das Escrituras Sagradas. Elas compõem a única regra escrita de fé e prática. A Bíblia é a guardiã da teologia e da ética. É a fonte primária do conhecimento, das normas, da fé, da esperança. Ela fala do princípio de tudo — "No princípio criou Deus os céus e a terra" (Gn 1:1). Ela fala do fim de tudo — "Os céus desaparecerão com um grande estrondo, os elementos serão desfeitos pelo calor, e a terra, e tudo o que nela há, será desnudada" (2Pe 3:10; NVI).

A Bíblia denuncia, explica e condena o pecado. Apresenta a única solução para o pecado e revela aquele que tira o pecado do mundo (Jo 1:29). Ela conta a história completa da salvação, sempre e eternamente amarrada a Jesus Cristo. As Escrituras não escondem nem a tragédia do pecado original nem a gloriosa apoteose final.

É na leitura da Palavra de Deus que o homem pode ouvir a voz do Senhor com segurança. Entretanto nem toda leitura bíblica é devocional. É preciso definir bem o propósito da leitura a que se propõe. Existe a leitura *acadêmica* (em busca de conhecimento), a leitura *homilética* (em busca de sermão), a leitura *apologética* (em busca de argumentos) e a leitura *supersticiosa* (em busca de *recadinhos* da parte de Deus).

Na leitura devocional, a prática da leitura da Bíblia é a arte de procurar o Senhor até achar, de perceber toda a riqueza que está por trás da mera letra, de ouvir a voz de Deus, de relacionar texto com texto, de sugar todo o leite contido na Palavra revelada e escrita, tanto nas passagens mais claras quanto nas aparentemente menos atraentes, mediante a leitura responsável e o auxílio do Espírito Santo.

Há três modalidades de leitura que dificilmente produzem bons resultados: a leitura *formal*, por força da tradição ou do hábito; a leitura *esporádica*, própria de ocasiões especiais; e a leitura *desordenada*, na qual o leitor encontra versículos soltos, sem contexto, ao abrir aleatoriamente a Bíblia. Na leitura proveitosa, a Palavra de Deus é *ingerida* ou *assimilada* pelo leitor e *digerida* ou *processada* pela graça de Deus.

Foi o que o Senhor ordenou ao profeta Ezequiel: "Filho do homem, coma este rolo que estou lhe dando e encha o seu estômago com ele" (Ez 3:3; NVI). A resposta de Jesus ao Diabo corrobora essa idéia: "Não só de pão viverá o homem, mas de toda palavra que procede da boca de Deus" (Mt 4:4; NVI). Uma vez ingerida, isto é, lida de forma responsável, a Palavra de Deus não voltará para ele vazia, "mas fará o que desejo e atingirá o propósito para o qual a enviei" (Is 55:11; NVI). Isto acontece graças ao valor intrínseco das Escrituras e à ação do Espírito.

Além de *ler* (tomar conhecimento do texto), é necessário *meditar* (ficar por dentro do texto), *consultar* passagens paralelas (relacionar texto com texto), *memorizar* ou inculcar (Dt 6.7) ou guardar "no fundo do coração" (Pv 4:21; NVI) a Palavra de Deus (meter na cabeça, guardar na despensa interior) e se *lembrar* do texto lido em ocasião oportuna (retirar da despensa interior o que foi armazenado e servir-se deste estoque à vontade, sem reservas).

A leitura devocional da Bíblia não proporciona apenas conhecimento. Ela gera progressivamente, de modo consciente ou não, riquezas espirituais de incontestável valor, como fé, convicção, pontos de apoio, esperança, segurança, formação e direção. Lida de maneira cuidadosa, a Palavra de Deus desce à memória e aos porões do subconsciente para formar uma bagagem inestimável. É daí que vem a mente bíblica, com a qual se pode ler com mais proveito e com menos desgaste emocional o desenrolar da história.

As Escrituras encerram a auto-revelação de Deus e expressam toda a vontade de Deus em matéria de fé e comportamento. Elas são uma espécie de *biografia* de Deus, e, como tal, dificultam as interpretações errôneas, imprecisas, distorcidas e incompletas do Criador. A Bíblia produz tanto a convicção do pecado quanto a convicção do perdão (nunca a sensação de inocência). Em resumo, ela é como "uma candeia que brilha em lugar escuro, até que o dia clareie e a estrela da alva nasça no coração de vocês" (2Pe 1:19; NVI).

Uma leitura proveitosa da Palavra de Deus exige horário nobre, a critério de cada leitor. Com muito acerto, é quase unânime a opinião de que o melhor momento para ler a Bíblia é no início do dia. Uma dessas vozes é John Stott: "O ideal seria que esta fosse a primeira coisa a ser feita pela manhã e a última à noite, algo que deveríamos manter como um compromisso sagrado com Deus".[2]

Somos costumeiramente estimulados a ler todo o conteúdo da Bíblia Sagrada dentro do espaço de um ano. O mais importante, porém, não é a quantidade de capítulos lidos, mas a qualidade da leitura. É bom consultar outras versões além daquela que se costuma ler para entender melhor a mensagem do texto e encontrar o mesmo recado em outras palavras. Para reforçar e aumentar o gosto pela leitura sistemática da Palavra de Deus, é bom tomar conhecimento do apreço a ela demonstrado pelo autor do salmo 119:

> Guardei no coração a tua palavra para não pecar contra ti (v. 11)
> Com os lábios repito todas as leis que promulgaste (v. 13)
> Meditarei nos teus preceitos (v. 15)
> Apego-me aos teus testemunhos, ó Senhor (v. 31)
> Como anseio pelos teus preceitos (v. 40)
> Tenho prazer nos teus mandamentos (v. 47)
> Na tua palavra coloquei a minha esperança (v. 74)
> Busco os teus preceitos (v. 94)
> Eu amo os teus mandamentos mais do que o ouro, mais do que o ouro puro (v. 127)
> Eu não me desvio dos teus estatutos (v. 157)
> Pratico os teus mandamentos (v. 166)

Oração para enriquecer a espiritualidade

Se Deus existe, se Deus é o criador e o sustentador de todas as coisas visíveis e invisíveis, se Deus tem autoridade sobre tudo e sobre todos, então a oração é inevitável. Essa espontaneidade e essa necessidade de orar aumenta quando o ser humano descobre que carrega dentro de si uma fagulha divina e sente algo parecido com uma certa saudade de Deus. Todavia, há mais uma coisa que intensifica a oração: é quando aquele que ora se dá conta de que Deus tem falado "muitas vezes e de várias maneiras" (Hb 1:1; NVI), seja por revelação natural ou por algum tipo de revelação especial. Falamos com Deus porque ele falou conosco primeiro, assim como "nós amamos porque ele nos amou primeiro" (1Jo 4:19; NVI).

A oração é uma explosão da alma. É por isso que ela existe praticamente em todas as religiões, até mesmo nas mais primitivas. É também por essa razão que é usada e ensinada nos exercícios de auto-ajuda e em livros seculares. Na concepção mais profunda, a oração é a capacidade que o cristão tem de entrar no Santo dos Santos e de se colocar ousadamente, em espírito e pela fé, na presença de Deus, falando-lhe com toda liberdade pela palavra audível ou silenciosa, valendo-se do sacrifício vicário de Jesus (Hb 4:14-16).

A oração é o instrumento pelo qual o fiel reconhece, ao mesmo tempo, duas verdades muito solenes: a humilhante estreiteza dos próprios recursos e a gloriosa largueza dos recursos do amor, da misericórdia e do poder de Deus. Finalmente (se é possível usar esta palavra), a oração é a outra via de comunhão com Deus: na primeira (a leitura cuidadosa da Palavra de Deus), o Senhor fala com o cristão; na segunda (a prática cuidadosa da oração), o cristão fala com Deus.

A maioria dos cristãos que ora só percebe os benefícios de ordem concreta da oração. De fato, Deus responde às orações não necessariamente como são feitas, mas a seu modo, a seu tempo e de acordo com sua soberania. Ele "é capaz de fazer infinitamente mais do que tudo o que pedimos ou pensamos, de acordo com o seu poder que atua em nós" (Ef 3:20).

Os outros benefícios são tão reais e valiosos como os primeiros. Dizem respeito à saúde emocional e ao crescimento espiritual.

Por meio da oração bem-feita é possível superar a ansiedade, o medo, a angústia, a tensão, o sentimento de culpa, certos tipos de depressão e outros estados de espírito desagradáveis. A oração gera a energia espiritual necessária para enfrentar as dificuldades, as situações complexas e a dor.

A oração é, também, um precioso instrumento para induzir ao exercício da piedade e da disciplina pessoal, ajustando o crente aos padrões de fé e comportamento. Ele é ouvido em suas orações na medida de sua permanência em Cristo e da permanência das palavras de Cristo nele (Jo 15:6). A situação não é tão cômoda quanto se pensa, pois "se alguém se recusa a ouvir a lei, até suas orações serão detestáveis" (Pv 28:9; NVI). O mau relacionamento entre marido e mulher pode atrapalhar as orações (1Pe 3:7).

Quando uma pessoa reconhece que não pode dispensar Deus e precisa ser ouvida por ele, ela prefere *arrumar-se* diante do Senhor a não ser ouvida em suas orações. O melhor exemplo desse benefício espiritual da oração é Jacó. Quando recorreu a Deus para livrá-lo das mãos de Esaú, que vinha ao seu encontro com quatrocentos homens armados, o Senhor lutou com Jacó até ele ter consciência do crime cometido contra o pai e o irmão gêmeo. Aquele patriarca só obteve vitória sobre Deus depois de o Senhor obter vitória sobre ele. A luta de Deus contra Jacó aconteceu do lado de cá da passagem de Jaboque, a sós, e durou a noite inteira (Gn 32:22-31).

Não é pecado pedir. Não é preciso trocar a súplica pela adoração, como já se sugeriu. A oração é muito mais que enumerar pedidos. Na Bíblia há orações de adoração, de ações de graça, de extravasamento, de confissão, de intercessão, de lamúrias e de súplicas. Na *adoração*, o cristão exalta o caráter de Deus, admira-o pela beleza da Criação e se delicia com o próprio Deus. Nas *ações de graça*, ele agradece as manifestações públicas e particulares da misericórdia, do amor e do poder de Deus em sua vida, em sua família e em sua comunidade.

No *extravasamento*, o cristão derrama a alma diante de Deus, externa suas inseguranças e seus medos abertamente, sem esconder coisa alguma, com o propósito de descansar no Senhor. Na *confissão*, abre-se e conta a Deus quanto é corrompido por dentro. Aponta suas mazelas e fraquezas, admitindo sempre a própria culpa, sem dividi-la com quem quer que seja, e pede a misericórdia divina.

Na *intercessão*, o cristão ora a propósito das necessidades, dos sofrimentos e problemas alheios e massacrando o individualismo e o egoísmo e exercitando a fraternidade e o altruísmo. Nas *lamúrias*, declara sua profunda tristeza com acontecimentos e procedimentos infelizes e freqüentemente irreversíveis (até a volta de Jesus), com a queda do ser humano, o pecado latente, a corrupção generalizada, a rejeição de Cristo, as estruturas injustas, os escândalos, as guerras etc. Assim como Jeremias lamentou a queda de Jerusalém, Raquel lamentou a morte de seus filhos, Jesus lamentou a recusa de Jerusalém em discerni-lo como o Filho de Deus e Paulo lamentou a ignorância judaica da justiça que vem de Deus.

Na *súplica*, o cristão apresenta suas necessidades pessoais, familiares e comunitárias, costumeiras ou esporádicas, e clama pela intervenção amorosa e sábia de Deus.

É preciso descobrir a beleza da oração preventiva, da oração vigilante e da oração intensiva.

Na oração *preventiva*, o cristão ora antes da tempestade, antes da tentação, antes da crise. Ora a tempo, e não tarde demais. O melhor exemplo da oração preventiva acha-se na oração dominical: "Não nos deixes cair em tentação, mas livra-nos do mal" (Mt 6:13; NVI). Jesus orou preventivamente por Pedro: "Simão, Simão, Satanás pediu vocês para peneirá-los como trigo. Mas eu orei por você, para que a sua fé não desfaleça" (Lc 22:31-32; NVI).

Na oração *vigilante*, o cristão associa a oração à vigilância, de acordo com o conselho de Jesus: "Vigiem e orem para que não caiam em tentação *[pois]* o espírito está pronto, mas a carne é fraca" (Mt 26:41; NVI).

Na oração *intensiva*, o cristão ora mais vezes, com mais tempo e mais propriedade. Este tipo de oração é oportuna para uma situação muito complexa e difícil. Até Jesus precisou dela: "Estando angustiado, ele orou ainda mais intensamente" (Lc 22:44; NVI).

As Escrituras condenam a associação da oração com as vãs repetições e com o egoísmo e o consumismo. É Jesus quem aborda a primeira: "Quando orarem, não fiquem sempre repetindo a mesma coisa, como fazem os pagãos" (Mt 6:7; NVI). À luz da parábola da viúva persistente (Lc 18:1-8) e da insistência das orações contidas nos salmos, percebe-se que Jesus está recriminando apenas a verborragia das orações pagãs e a idéia errada de que Deus se impressiona com o volume de oração. É Tiago quem aborda a segunda: "Quando *[vocês]* pedem, não recebem, pois pedem por motivos errados, para gastar em seus prazeres" (Tg 4:3; NVI). É muito mais apropriado orar em favor das riquezas do Reino de Deus que orar por bens materiais supérfluos e de conotação egocêntrica.

Naturalmente, deve-se repudiar também o vínculo da oração com a inércia. O cristão precisa agir como Neemias, que combinava oração com ação (Ne 2:4; 4:9). Precisa ouvir o ensino do reformador Lutero e do contrareformador Loyola, unânimes a esse respeito. O primeiro dizia: "Precisamos orar como se todo trabalho fosse inútil e trabalhar como se todo orar fosse em vão." O segundo afirmou: "Devemos orar como se tudo dependesse de Deus e trabalhar como se tudo dependesse de nós."

A espiritualidade humana precisa de vida devocional séria para não se perder, para não enveredar por caminhos que não levam a lugar algum, para não se secularizar. Antes de ser objeto de pesquisas científicas, a espiritualidade é a presença de Deus no ser humano, induzindo-o a adorá-lo em espírito e em verdade (Jo 4:24). É preciso tomar todo o cuidado para não transformar a espiritualidade cristã em ciência e mercado. Basta o crime já cometido de fazer da casa de oração um covil de ladrões, conforme denúncia de Jesus (Mt 21:13)!

Notas

[1] BOFF Leonardo. "'Ponto Deus' no cérebro", in *Jornal do Brasil*, Rio de Janeiro, 5 de dezembro de 2003, p. A-13.

[2] STOTT, John. *Firmados na fé*. Curitiba: Encontro, 2004, p. 169.

VII

A ESPIRITUALIDADE E A ÉTICA CRISTÃ

A ÉTICA QUE BROTA DO AMOR

Rubem Amorese

Escritor, formou-se em Comunicação Social pela Universidade do Estado do Rio de Janeiro e graduou-se mestre pela Universidade de Brasília. Tem pós-graduação em Informática. Foi professor na Faculdade Teológica Batista de Brasília e presidente do diretório regional da Sociedade Bíblica do Brasil. É consultor legislativo no Senado Federal, presbítero na Igreja Presbiteriana do Planalto e presidente da Missão Social Evangélica — Comunicarte.

É comum nos preocuparmos com o crescimento de nossos filhos. Em particular, com sua maturidade espiritual e ética. Aqueles que não têm filhos, oram pelos jovens da igreja. Ou então pelos novatos, chamados "neófitos". A propósito, hoje em dia há muitos filhos orando, da mesma forma, por seus pais, e dizendo: "Ó, Senhor, quando é que meu pai *[ou 'minha mãe']* vai tomar juízo?" Faz sentido. Com a facilidade no processo de separações, pais e mães se vêem, de uma hora para outra, livres, leves e soltos no mundo, prontos para uma nova experiência: a de um tipo de liberdade que não existia em sua juventude. A partir daí, passam a se comportar como adolescentes.

Assim, sinto-me tentado a propor que os tratemos todos por "filhos". Afinal, tenham vinte ou cinqüenta anos de idade, sua caminhada para a maturidade obedece aos mesmos princípios. Também faria esta proposta porque nos interessa refletir sobre a relação filho-pai de uma forma que abranja todas as idades.

As inquietações dos *pais* são sempre as mesmas: quando poderei largar meu *filho* no mundo e descansar, sabendo que ele está preparado para tomar as próprias decisões? Quando saberei que sua formação moral está completa e que ele, além de ser capaz de discernir o certo do errado, já tem a estrutura psicológica, espiritual e ética que lhe permite escolher o certo e renunciar às tentações do engano?

Essas perguntas angustiantes surgem quando os filhos começam a ter os próprios programas, as próprias amizades e já não querem ser tutelados. É hora de tomar as próprias decisões, muitas das quais lhes podem trazer conseqüências para o resto da vida. Estarão prontos para isso?

Nesse momento, nosso pensamento se interioriza, e nos perguntamos: estamos nós, seus pais, prontos para tomar as decisões que esperamos deles? Ou estamos jogando sobre seus ombros um fardo que nós mesmos não podemos carregar? É quando começamos a puxar pela memória para lembrar quando foi que nos vimos maduros para enfrentar a vida sozinhos. Neste momento descobrimos, muitas vezes aterrorizados, que não sabemos responder com segurança a essas questões. Nesse caso, talvez as reflexões deste texto possam nos ser úteis. Basta assumirmos o papel de filhos, sabendo que sempre teremos um Pai desejoso de nos ver espiritualmente amadurecidos.

Na prática, as inseguranças dos pais são tantas que não querem que seus filhos decidam nada sozinhos. Sob a desculpa de não ser pais ausentes, invadem a vida deles para participar, ajudar, tutelar, vigiar, aconselhar, comandar. Então, percebemos que esses verbos todos apontam para um grande medo: o de que os filhos cresçam apenas no corpo e no intelecto, mas que se tornem espiritual e eticamente raquíticos.

Freios do coração

Pretensão das pretensões seria tentar equacionar definitivamente essas questões e fornecer uma receita ou fórmula que resolvesse o problema. Mas talvez seja possível contribuir fazendo o mapeamento das nascentes da ética cristã. De onde ela vem? Como nascem os freios do coração? De onde vem a sabedoria que leva um jovem a não colar na prova, não experimentar o baseado, não ir para a cama com a namorada — coisas que quase todos os seus colegas fazem? De onde vem a força para dizer "não" num mundo de "sim, eu mereço"?

Vamos às Escrituras, e lá encontramos uma família composta por um pai e dois filhos. Uma profunda parábola de Jesus, versando sobre relacionamentos, matéria-prima de todo seu ensino. Talvez lá encontremos o material necessário para trazer luz ao tema.

Os dois irmãos

O exame do comportamento dos dois filhos da parábola do filho pródigo, contada por Jesus em Lucas 15, nos revela que eles se mostraram diferentes na forma de agir, mas tinham muito em comum em suas matrizes comportamentais, em suas motivações. Chegamos à convicção de que Jesus nos apresenta dois filhos pródigos: o que saiu de casa e o que ficou. Nos dois casos, percebe-se uma profunda e dolorida ruptura com o pai, cujas causas não são apresentadas na parábola — talvez compreensíveis apenas ao público original de Jesus —, a motivar atitudes bastante distintas.

No contexto, Jesus dá uma resposta tríplice a seus detratores (fariseus e escribas), que o censuram por receber pecadores e comer com eles. Defende uma atitude inesperada para seus interlocutores ao bater três vezes na tecla da *alegria da restauração* por meio das parábolas da ovelha, da dracma e dos filhos perdidos. Nos três casos, a moral da história é a mesma: "Venha se alegrar comigo, porque achei o que estava perdido."

Tal debate de idéias se inicia em torno do que é certo e errado no comportamento do Filho de Deus. Os fariseus não podiam admitir que Jesus comesse com pecadores, pois, para eles, sentar-se à mesa com aquele tipo de gente apontava para o grande banquete messiânico de Isaías, para o qual os impuros não seriam convidados. A seus olhos, partilhar a mesa com aquelas pessoas impuras também tornava Jesus impuro.

O Mestre reage e apresenta outro ângulo da questão: o sacrifício misericordioso de quem deseja salvar. E vai além: associa os insensíveis fariseus ao filho mais velho, aquele que esconde as mágoas e fica em casa. Possivelmente tão problemático quanto o mais moço. No entanto, muito mais difícil de restaurar, pois mantém sua ira sob a superfície de aparente obediência e submissão. É dessa posição mascarada que desanda a condenar o comportamento franco do irmão.

Essa parábola, envolvida em seu contexto, como tantas outras traz à luz um debate sobre o comportamento *esperado* para determinada situação; o "errado" é o comportamento não aprovado, não sancionado socialmente. Trata-se, portanto, de uma discussão sobre ética. Estaria Jesus sendo ético ao comer com a escória de sua sociedade? Jesus se defende, contando a parábola e apresentando outra questão: estaria o irmão mais velho adotando um comportamento ético?

Parece que o único ponto pacífico de toda essa disputa foi a avaliação negativa do filho que abandonou o pai e foi viver dissolutamente. E a parábola-resposta se torna mais agressiva ainda quando se nota que este filho é o único personagem que recebe uma festa em sua homenagem. Uma festa oferecida pelo Pai.

Para enriquecer o tema, Jesus mostra que sentimentos e experiências muito semelhantes produziram comportamentos tão diferentes entre os dois filhos daquele senhor. Queriam os fariseus que fossem avaliados apenas os comportamentos, e não as motivações. A esta altura, Jesus reage, mostrando que, com isso, eles procuravam justificar sua insensibilidade.

De fato, Jesus não perdia oportunidades de apresentar seu Pai como o Deus dos motivos, das causas, dos corações. Basta lembrar os momentos em que falava: "Ouvistes o que foi dito; eu, porém, vos digo." Em cada exemplo, ele queria dizer: "Meu Pai é um Deus ético, para quem o comportamento correto é tão importante quanto a fonte dessas águas."

Em alguns momentos, o coração será mais importante que as próprias ações. É o que se aprende com o personagem principal da parábola: o irmão mais velho. Sim, este filho, e não o moço voluntarioso e desastrado. O que fica em casa, um vulcão adormecido, um bolo queimado coberto de glacê, este é a figura do fariseu que murmurava. Jesus traz para a discussão sobre ética filial os elementos subjetivos que hão de causar profundas dificuldades aos legalistas fariseus.

Ética e *ethos*

Talvez seja óbvio assinalar que toda essa discussão sobre comportamento só tem sentido porque estamos em sociedade. Não tivessem os filhos pródigos um pai e um irmão, não fossem uma família, a discussão perderia seu sentido. Talvez pudéssemos, com muito interesse científico, estudar o comportamento de uma pessoa abandonada em uma ilha deserta. Por exemplo, ela poderia levar para aquela situação condicionantes do passado que a tornassem mais ou menos capaz de sobreviver. Poderíamos até examinar suas atitudes mentais, como perseverança, disciplina, autocontrole, orientação espacial e tantas outras habilidades que a tornassem mais ou menos capaz de enfrentar os desafios de uma situação tão extrema. No entanto, não estaríamos falando de *ética*.

É possível imaginar que certos comportamentos e atos desse náufrago imaginário pudessem ser classificados como certos ou errados. Comportamentos errados poderiam lhe valer a morte em uma situação radical, que não perdoa erros. Mas, ainda assim, não estaríamos falando de ética. O motivo é simples: a ética pressupõe o relacionamento com outras pessoas. Diz respeito a uma arte, uma habilidade: *a capacidade de viver bem com outras pessoas*.

Por serem livres, as pessoas comportam-se de forma voluntária e não programada, diferentemente dos animais, fazendo escolhas todo tempo. Por causa de uma grande deficiência instintiva, se comparados com os animais irracionais, seu comportamento é quase todo aprendido. Chama-se ao processo de habilitação para a vida entre os humanos "socialização". Com o tempo, o aprendizado por meio de repetições produz os hábitos adequados à sobrevivência, manutenção e, em particular, ao convívio social. Essa mesma sociedade julgará o comportamento do indivíduo, determinando se seus hábitos são bons ou maus. Ele aprenderá a duras penas sobre o que é aceito ou rejeitado.

Por esse mecanismo, a sociedade inculca nas pessoas um conjunto de costumes de bem-viver, de natureza não formal (entre os "costumes formais", citaríamos as leis e os contratos). Costumes, em latim, é *mores*. De *mores* vem *moralis* (moral). *Moralis* é a palavra que Cícero usou para traduzir a palavra grega *éthicós*. Ética e moral são gêmeas. A ética se preocupa com o aspecto moral do ato humano e de toda a atividade humana: o bem e o mal, o honesto e o desonesto, o justo e o injusto, o virtuoso e o vicioso.

As escolhas que as pessoas fazem diante das situações sociais da vida redundarão ou não em um bem-viver. Esse bem-viver refere-se, em particular, ao trato com as pessoas, pois é nessa dimensão relacional que a vida de alguém pode se transformar em céu ou inferno. As escolhas, que se refletem nos atos, têm como ingredientes importantes a liberdade, o conhecimento e a responsabilidade. Sem liberdade de escolha não se pode falar de ética.

A origem da palavra "ética", no entanto, tem mais uma variação. Ela deriva de dois termos gregos de significados e pronúncias muito semelhantes. *Éthos* significa hábito ou costume — como já vimos, apontando, normalmente, para o comportamento exterior. *Êthos*, por outro lado, significava o lugar ou pátria onde habitualmente se vivia. Pode ser entendida, nesta acepção, como o caráter habitual de ser ou a forma de pensar de uma pessoa. Assim, o ético poderia traduzir-se por modo ou forma de vida, no sentido mais profundo da palavra, compreendendo as *disposições* da pessoa na vida: seu caráter, suas atitudes, seus costumes e a moral.

Portanto, ainda que a ética se concentre, na primeira definição da palavra, na observação dos atos humanos exteriores, na segunda definição, *ethos* diz respeito a como compreender e organizar a conduta, tanto na vida privada quanto na pública. Neste nível de profundidade, já estamos falando de alma e de coração.

Usando uma linguagem moderna, diríamos que, ao apresentar suas parábolas, Jesus estava "problematizando" a abordagem simplista e superficial da ética farisaica: aquela que se limitava aos atos exteriores, abordagem esta conveniente a uma cultura legalista. Não importam os motivos, não importa o coração, não importam as circunstâncias; importa, sim, se fez ou não fez, se agiu certo ou errado. O que não se enquadra nesses moldes, diziam, é impureza.

Referenciais éticos

A partir deste ponto, uma dúvida começa a incomodar: como sabemos que tais comportamentos morais, por mais livres, informados, responsáveis e aprovados que sejam, são os melhores? Apenas porque nossa sociedade os aprova? Apenas porque os escribas e fariseus os ensinam? E se essa sociedade, eventualmente, nos propuser comportamentos que não percebe serem fonte de *mal-viver*? Quem julgará a validade ou a propriedade dos costumes que ela nos apresenta?

E quando a escolha ética recair sobre um dilema hierárquico de valores? Por exemplo, que dizer da prática de aborto para crianças sem cérebro e que ameaçam a vida da mãe? Uns dizem que a vida da criança está acima dessas decisões; outros, que não há vida possível para essa criança, e que há o dever moral de salvar a mãe, intervindo antes que seja tarde. E agora? Onde está a regra clara?

Que dizer dos costumes sociais ensinados pelas parábolas modernas, as novelas, a respeito do amor livre e da prática sexual sem restrições? Que dizer das campanhas governamentais de apoio e reconhecimento dos "direitos dos homossexuais" — campanhas essas que não somente protegem seus direitos civis, como também transformam seu comportamento público em modos aprovados e normais de ser e viver?

Que dizer, ainda, do uso de verbas públicas (dinheiro de todos os cidadãos) para distribuir milhões de camisinhas em festas populares como carnavais, micaretas, bailes *funk* e outras festas populares? Não está o Governo, ao representar o "pensamento da sociedade", legitimando a promiscuidade sexual? Será ético "ficar" com cinco pessoas em uma mesma festa? E ser for combinado entre cinco casais considerados "liberados" que farão a troca de cônjuges "numa boa", e todos aceitarem tal conduta? Neste caso, seria antiético? Imoral? Que fazer com essas sugestões de comportamento aprovado, difundidas através de todos os meios de comunicação? Simplesmente adotá-los por considerá-los éticos, modernos?

A resposta para todo esse questionamento é: precisamos julgar os costumes aprovados, como fazia Jesus em relação ao ensino rabínico. Este julgamento pode advir de fontes internas ou externas a essa mesma sociedade. Internamente, surgem os críticos, os transviados e os intelectuais, revoltando-se e denunciando as falhas. Um fenômeno emblemático foi a grande concentração de Woodstock, nos Estados Unidos, em 1969, onde a juventude "paz e amor" denunciava, com seu slogan "faça amor, não faça guerra", a hipocrisia da sociedade americana do pós-guerra. Com seu comportamento escandaloso, permeado de sexo e drogas, os *hippies* contestavam o sistema moral de seus pais. Denunciavam sua ética podre nos negócios, na vida social, na vida em família e no Governo.

O tempo mostrou, no entanto, que esses jovens não eram tão diferentes dos pais. A revolução sexual seguiu seu curso, com a invenção da pílula anticoncepcional e de outros meios contraceptivos. As mulheres assumiram novo papel na sociedade. Uma nova onda de liberdade dos costumes surgiu. Mas é aí que cabe a pergunta: hoje se vive melhor? Como avaliar os avanços ou retrocessos? Percebemos que as fontes internas nem sempre são suficientes. Surge a necessidade de padrões externos, menos manipuláveis. Referenciais externos.

Para nos ajudar com esse ângulo de visão, temos a filosofia e a religião, fontes mais ou menos perenes, que não mudam com as diferenças culturais, com os modismos sociais ou com interesses políticos. São princípios que se aplicam a qualquer relacionamento humano e oferecem, como resultado, a felicidade, o bem-viver. Vale salientar, inclusive, que essas fontes não precisam ser complicadas nem acadêmicas. Podem ser, também, populares.

Um exemplo de sabedoria popular do bem-viver são os provérbios. Eles encerram grande dose de religião e percepção filosófica. Quando ouvimos nossos pais dizerem que "o tolo come o que gosta, mas o sábio come o que precisa", aprendemos sobre sabedoria popular. Muitos desses provérbios trazem conteúdo ético. Por exemplo, quando o ditado popular afirma que "falar é ouro, calar é prata", está nos ensinando sobre relacionamento, sobre bem-viver. Outros, ainda, encerram ética concentrada: "Mais vale o crédito na praça do que o dinheiro na carteira"; ou: "A verdade amarga cura; a mentira doce mata."

Interessa-nos, entretanto, olhar para a religião cristã como grande referencial ético, manancial de princípios pelos quais julgaremos o ensinamento rabínico de nosso tempo e escolheremos, com segurança, o caminho para o bem-viver.

As razões para a ética

Quando pensamos na parábola dos filhos pródigos, com a qual Jesus defendeu a ética que sustentava seu comportamento messiânico, ficamos intrigados com o comportamento tão diferente dos irmãos. No entanto, percebemos que eles agiram a partir de uma matriz comum, revelando relações adoecidas com o pai.

Surge, neste momento, uma questão: o desejo de liberdade do irmão mais moço não estaria, de alguma forma, relacionado à obediência servil do mais velho? Afinal, trata-se de situação de ruptura que veio à tona de formas bem diferentes, mas resultantes de um mesmo problema relacional chamado "pecado". No silêncio solitário de sua vida, no adoecimento das relações, havia dois irmãos ressentidos com o pai e entre si. Um deles, de personalidade mais expansiva e voluntariosa, abre a ferida e vai-se embora. Foi chamado pela cristandade "filho pródigo", ou o filho gastador, perdulário. O outro, talvez menos corajoso, prefere ficar. Jesus, porém, tem o cuidado de mostrar que ele não é melhor que seu irmão. Ao saber da festa que é oferecida àquele que, derrotado, volta para casa, recusa-se a participar, censurando publicamente o comportamento misericordioso do pai.

Por ser o filho "bom", na avaliação externa da ética farisaica, não nos perguntamos as causas de seus problemas com o pai. Nem sequer nos damos conta de que o filho mais velho nutria ressentimentos e amarguras, até que ele mesmo o revela na magistral construção de Jesus. Sempre foi obediente, mas tinha problemas para gozar das liberdades de um filho; jamais matara um novilho para comer com seus amigos, disse, carregado de amargura e rancor. Imaginava, talvez invejosamente, os prazeres com que seu irmão dissipava os bens que sustentariam a velhice do Pai.

Quaisquer que fossem os motivos da obediência do filho mais velho, seu comportamento seria aprovado pelos fariseus. Jesus sabia disso. Poderia ser uma obediência covarde, de quem desejava, no secreto do coração, fazer o que o mais moço estava fazendo, mas sem coragem. Seu comportamento *aprovado* poderia estar calcado no medo de ser censurado pelo pai; no medo de errar; no medo de ser pego em falta; no medo da vergonha de ser desmascarado ao se comportar coerentemente com sua inveja, com sua mágoa.

O medo caracteriza uma das mais arraigadas e profundas *razões* da ética. No entanto, nem sempre torna as pessoas melhores, mais aptas para o bem-viver. Na verdade, suas dificuldades e pecados estão lá dentro, produzindo necessidades e desejos destrutivos. O comportamento ético, nesses casos é como o verniz sobre a madeira de cupim.

Poder ou amor

O medo é um dos subprodutos do poder. Os dois pólos entre os quais oscilam as razões (os motivos) da ética são o *poder* e o *amor*. Os dois se apresentam como fontes do comportamento dito "correto". Pelo poder, podemos *domesticar* os filhos ou os subordinados. Tendo o poder de punir, a sociedade direciona o comportamento de seus cidadãos, reprimindo o que entenda ser anti-social, anti-ético. Da mesma forma, eventualmente premia comportamentos considerados "aprovados". É assim que aprendemos, em nossos lares, na escola e na vida, a agir de forma a evitar as punições ou a merecer recompensas. Conquanto se possa — e deva — privilegiar os incentivos ao comportamento "aprovado", na prática, a principal ferramenta desse exercício de poder é o medo.

Vale notar, no entanto, que o uso do poder não garante mudanças nas *razões* da ética. Não muda o coração, mas somente o comportamento exterior. Para o fariseu, seria o suficiente. Talvez seja assim para muitos de nós, pais ou pastores preocupados com o desenvolvimento ético de nossos filhos. No entanto, essa abordagem tem tudo para criar uma geração de *filhos pródigos*. Gente que, assim que se torna dona do próprio nariz, cai no mundo. Ou então, faz pior: fica, mas seu coração é um vulcão em atividade. Só aparece a fumaça, e nunca se sabe quando entrará em erupção para destruir tudo que o cerca.

Ocorre que a ética que provém do poder gera um tipo de construção de vida em que o importante é não ser flagrado, não ser punido. O medo que gera o ato virtuoso é o da punição (que pode variar da censura verbal à pena de morte). Portanto, conseguindo evitar o "efeito das causas" (a manifestação exterior de um coração egocêntrico), fica tudo certo.

O resultado dessa postura varia muito. É tão variado quanto comum. O mentiroso se justifica mais que o normal. O ladrão doa dinheiro para creches e fundos beneficentes para ser aplaudido por seu desapego. O invejoso elogia exageradamente seus competidores, parecendo gostar deles. O violento brinca com crianças ou animais, de modo a não transparecer sua personalidade letal. O covarde conta histórias pitorescas de riscos e perigos, nas quais surge, modestamente, como personagem principal. O fraco vive colocando a culpa nos outros por seus erros ou falhas. E assim por diante.

Outra forma comum de abordar o problema do "efeito das causas" é pela via do amor. E aqui estamos falando do cristianismo em uma de suas características únicas, não encontradas em outras religiões. Em sua revelação, o cristianismo é berço de uma ética diferente. Uma ética com razões íntimas e genuínas. Isso porque seus caminhos de espiritualidade propõem razões internas para as renúncias doloridas — ainda que salutares — que as escolhas éticas envolvem.

Já não estamos falando de um poder externo e ameaçador, seja na forma de um Deus que tudo vê e pune o pecado, seja na forma da desaprovação da própria sociedade. A proposta cristã questiona a ética do poder e do medo, que traz, interiormente, o vício de tentar burlar a vigilância ou construir desculpas. Ética que, junto com a educação que proporciona, gera as distorções de caráter que sempre buscam mecanismos de poder que permitam a impunidade, ao invés de buscar retidão. Em muitos casos, inventam escapes por meio de desculpas, de alegação de minoridade, de deficiências físicas ou mentais. Esse tipo de personalidade resolve suas culpas com autoindulgências, autocomiseração, mágoas permissivas, uma espécie de *síndrome do coitadinho* e tantos outros artifícios quantos possa conceber o enganoso coração humano.

Jesus nos propõe um novo paradigma. Não elimina de todo a lógica do poder. Isso porque não elimina um Deus moral, um "Pai que está nos céus" e não pode ser manipulado (por nossos poderes), e também não descarta as conseqüências de nossos atos. Ao contrário, com as muitas menções a choro e ranger de dentes, à aprovação dos servos fiéis, à ceifa do que se plantou, fala-se do salário do pecado, pago inteiramente na cruz.

Sim, o cristianismo não subestima as questões éticas e suas conseqüências. No entanto, o eixo muda radicalmente. Nele é apontado um caminho "sobremodo excelente", um caminho do coração, um caminho da alma. Já não se enfatizam as punições, mas o chamado para a festa. Já não se fala de um Deus que "visita a maldade dos pais nos filhos", mas de um Pai que diz ao filho mais velho: "Participe, incorpore-se, alegre-se conosco nesta festa da restauração." Nessa dimensão relacional, o medo se transforma em temor. Um temor que dá origem à sabedoria.

A ÉTICA DO AMOR

O poder isola. Mesmo o poder político, essa competência para manipular (no bom e no mau sentidos) o comportamento das pessoas. Ainda quando exercido de forma legítima, por governantes democraticamente eleitos ou pela polícia, o poder separa seu detentor dos demais. Talvez seja por isso que se diz que momentos de decisão (exercício íntimo do poder) são momentos solitários. Ninguém pode tomar uma decisão por outra pessoa porque se trata de uma operação interna.

Estamos de volta à ética. Ninguém pode ser ético por outra pessoa, posto que a ética se opera intimamente, por meio de uma ação contínua de tomada de decisões. Decidir envolve renunciar. Não se pode escolher tudo, pois não seria escolha. A renúncia é inevitável. Ao chegar numa encruzilhada, não se pode resolver seguir pelos dois caminhos. A escolha de virar à direita implica renunciar ao caminho da esquerda. Assim, a ética cobra seu preço: o preço da renúncia e da solidão. Precisamos fazer a escolha íntima sozinhos.

Talvez a única forma de exercer solitariamente esse poder e obter, como compensação, a intimidade (o contrário de solidão) seja a decisão de amar. Nesse momento, ainda que permaneçamos momentaneamente isolados pelo caráter íntimo da escolha e magoados pela dor específica da renúncia, o resultado imediatamente subseqüente é a proximidade, a intimidade, ainda que de natureza não física, apenas espiritual.

Talvez seja por causa do alto preço que a ética cobra que decidamos trocar a dor da renúncia pelas dores das conseqüências de mais longo prazo da escolha insensata. Essas conseqüências serão o *mal-viver* em sociedade, o *anti-ethos*. Por exemplo, se decido que certo modo de agir me é lícito (todo mundo faz), mas não me convém, pago o preço imediato, tanto da solidão da decisão quanto da dor implícita na renúncia. Entretanto, se escolho que, embora inconveniente, desejo agir assim, o preço a pagar é inevitável, mas eventualmente só se apresentará como *conta a pagar*, de forma diluída e com mais prazo. É possível que eu nunca perceba que estou pagando, hoje, o preço de escolhas éticas passadas, pois fica tudo na fumaça da vida. Somente a sabedoria consegue ver essas coisas.

A ÉTICA DO SANTUÁRIO

De uma coisa não se pode escapar: as *contas* de nossas decisões serão cobradas pela própria vida. A renúncia, enquanto opção ética, normalmente é um preço muito mais baixo, mas à vista. A opção pelo prazer imediato é cobrada a prazo, mas com juros. Sábio é aquele que reúne as condições de pagar suas contas éticas à vista. E é aqui, diante dessa imensa montanha íntima a escalar, que somos socorridos pelo Espírito Santo. É aqui que Jesus nos convida a entrar em nosso quarto, para a adoração íntima, onde toda nossa vida se metaboliza e produz a energia necessária.

Agora, o centro da questão do poder manifesta-se como o poder que emana do próprio Deus. Entro em meu quarto e dedico-me a uma conversa íntima *a três*: Deus, minha alma e eu mesmo. Trago as escolhas íntimas e solitárias sobre as quais preciso decidir, após julgar o melhor caminho. Converso, também, sobre os preços a pagar e a dor das renúncias.

Nesse espaço de intimidade em que pais, mães, dirigentes, tutores ou qualquer outra autoridade é barrada na porta, direi a minha alma: "Por que estás abatida? Por que te turbas dentro em mim?" E tentarei ouvir suas razões e respostas. Direi, então, a ela: "Espera em Deus, pois ainda o louvarei", e lhe discorrerei sobre Deus, sua majestade, sua fidelidade, sua misericórdia e seu amor, em vista do problema a resolver. Voltando-me para Deus, apresento-lhe essa minha alma atribulada e toda a minha ansiedade, e lhe digo: "Senhor, não ando à procura de grandes coisas, nem de coisas maravilhosas demais para mim; pelo contrário, fiz calar e sossegar a minha alma; quero-a quieta como uma criança nos braços de sua mãe." E ouvirei do Senhor suas razões e respostas. Este é o berço, o nascedouro da ética cristã.

A verdadeira adoração se compõe de pelo menos três experiências básicas: a *expressão*, a *oferta* e a *transformação*. Embora ela possa acontecer liturgicamente, seu lugar por excelência é o ambiente mais reservado, o quarto, mesmo que este seja uma metáfora para o momento de intimidade e recolhimento contemplativos de Deus. "Entrar no quarto" é tudo com que sempre sonharam aqueles que oram pela maturidade ética de seus filhos. Vale uma explicação.

Assim como as decisões éticas são sempre solitárias e sacrificiais, posto que são íntimas, e ninguém pode tomá-las por outrem, assim também ninguém pode "entrar no quarto" por seu filho ou por seu pai. É um lugar para onde se vai com as próprias pernas, e de onde se sai com o próprio coração. É ali que se dão os encontros primários da vida. Não me refiro apenas à vida espiritual porque estou falando de toda a vida. É no quarto que o neófito encontrará "seu Pai que vê em secreto". É ali que ele aprenderá, finalmente, a se relacionar com Deus em uma dimensão não mediada por seus tutores. É ali que a criança deixa de ser criança (tenha a idade etária que tiver) e se transforma em cristão responsável. Ali, ele aprende a se relacionar com Deus o mais íntima e diretamente possível para um mortal: *eu-tu*. É a dimensão em que acontece o fenômeno *Abba Pai*: o filho do Altíssimo, por meio do seu Espírito Santo, fazendo morada no coração humano, conforme sua promessa.

Diante de um Deus que tudo sabe, tudo vê, tudo pode, mas também que tudo espera, tudo sofre, tudo suporta; diante de um Pai que bate à porta e nunca arromba, misericordioso e desejoso de cultivar nova amizade; diante dele, a criança se faz maior e passa a discernir a própria vida e os caminhos a trilhar.

Mais que isso, é no quarto da adoração que as três experiências mencionadas fornecem ao cristão as forças para pagar o preço da solidão e da renúncia. No recôndito, ele *expressa* sua vida com a linguagem de que é capaz, trazendo-a toda à presença de seu Pai. É a "bendita hora de oração". Em seguida, a adoração genuína se encaminha, pelo poder do Espírito, para a experiência da *oferta*. Pelo mesmo poder se derrama em contrição, arrependimento e confissão, evoluindo para novos propósitos ou votos. É o "sacrifício vivo, santo e agradável a Deus", que o colocará em condições de experimentar a boa, agradável e perfeita vontade de Deus. Essas duas experiências produzem uma terceira, a da *transformação*, mediante a qual o cristão sairá de seu quarto pronto para viver a vida que o espera — da maneira o mais ética possível, pois essa é a vontade de Deus, e essa é a sua vontade, também.

Maturidade espiritual e ética

Como saber que nosso filho agora tomará decisões mais éticas que antes? Que mudanças nos permitem descansar para entregá-lo à vida, sabendo, inclusive, que sua experiência vital não será uma réplica de nossas virtudes e falhas? A resposta é que agora ele vive uma experiência pessoal e íntima de amor com Deus. Lançando fora o medo, já não será a partir da lógica do poder que ele organizará todo seu agir, mas por amor.

Eis o que faltava aos irmãos pródigos: amor. Seu comportamento era regido por condicionantes externas, como o medo. Forças que só atuavam sobre os atos exteriores, mas não sobre as fontes de sua ética. Pobres filhos pródigos! Vale chamar a atenção para o fato de que Jesus iguala esses dois irmãos. De forma diferente, eles expressam uma mesma compreensão de suas relações. E elas se resumiam às exterioridades do poder.

Esses pensamentos nos dão conta de que agora temos um critério para avaliar a maturidade espiritual, aplicável a qualquer pessoa (mas que só pode medir a nossa). Descubramos qual é o "motor" de nossa ética: o poder ou o amor. Pelo poder, seremos *fariseus*, preocupados com comportamentos socialmente aprovados. Pelo amor, seremos filhos, desejosos de fazer a vontade do Pai e, com isto, agradá-lo. A maturidade espiritual chega no momento em que a "criança" entra no quarto em secreto, e de lá sai habilitado a pagar, à vista, as faturas de suas escolhas íntimas e solitárias.

Eis aí um cristão pronto para crescer e dar muitos frutos. Agora, a caminho da "perfeita varonilidade", ele subirá os degraus da santificação, pontilhados de idas e vindas ao quarto secreto da adoração pessoal. Das poderosas experiências íntimas ali vividas, ele tirará forças para dizer, ele mesmo — já não mais por medo, nem por desejo de aprovação de seu pai ou sua mãe, mas por amor àquele a quem conta todos os segredos e oferta todas as devoções, em forma de sacrifício vivo, santo e agradável: "Todas as coisas me são lícitas, mas nem todas me convêm; todas as coisas me são lícitas, mas não me deixarei dominar por nenhuma delas" (1Co 6:12). Sim, ele terá aprendido a dizer "não" a si mesmo.

Terá forças para fazê-lo sempre que a situação o exigir? Sabemos que não. Muitas lágrimas ainda hão de ser derramadas naquele quarto. Mas serão benditas, porque serão lágrimas suas, e não de seus pais ou pastores. E serão vertidas no altar de Deus — onde melhor, no mundo?

Com alguma ousadia, é possível dizer que aquelas lágrimas constituem a nascente de um rio caudaloso: o rio do santuário. Quando o quarto se transforma em santuário, a vida que dele emana se transforma em sacerdócio, e a ministração, por mais singela que pareça, tem o selo da genuinidade. É desse quarto-santuário que fluem os rios do pastorado, do presbiterato, do diaconato, do ministério de louvor e adoração, entre tantos outros.

Ainda ousando, pode-se afirmar que não há ministério legítimo e genuíno que não venha dali. Qualquer ação ministerial que não se tenha originado no quarto é, no mínimo, deficiente, pois apenas nesse lugar de intimidade com Deus se apreendem e recebem as habilitações carismáticas para o serviço, para a abnegação, para o amor sacrificial, enfim, para o sacerdócio real do cristão.

A adoração genuína e secreta se revela, então, a experiência primária, geradora e dinamizadora de tudo isso. Conforma-nos à imagem do Filho, para que ele seja o Primogênito entre muitos irmãos. O quarto da adoração é o berço da ética cristã. Muito mais que fonte de bem-viver, é fonte de vida eterna. Bem-aventurados os que atinam com sua porta.

VIII

A ESPIRITUALIDADE E AS FINANÇAS

Moneycentrismo e o louvor ao Deus Dinheiro

Ednaldo Michellon

É doutor em Ciências Econômicas pela Universidade Estadual de Campinas (UNICAMP) e pela Universidade da Califórnia; mestre em Economia e pós-graduado em Desenvolvimento e Planejamento Agrícola pela Universidade Estadual de Maringá, onde atua como professor, e engenheiro agrônomo pela Universidade Federal de Mato Grosso. É presbítero, membro fundador e presidente do Conselho Missionário da 1ª Igreja Presbiteriana Independente em Maringá.

Neste exato momento, você está preocupado com sua vida financeira ou espiritual? A maioria das pessoas está dividida entre essas duas paixões. São tentadas a se inclinar aos ditames do dinheiro quando sabem que deveriam buscar mais a Deus. Como, então, a humanidade chegou a depender tão dramaticamente do dinheiro em nossos dias? A tarefa instigante e intrigante que de imediato se coloca é a de trilhar entre a ingenuidade de fazer algo sem o dinheiro e o cinismo de crer em sua neutralidade.

O dinheiro, que surgiu há apenas 2500 mil anos em forma de moeda metálica, e que depois virou papel-moeda e, mais recentemente, dinheiro eletrônico, a cada metamorfose foi submetendo mais e mais a natureza humana a sua lógica dominante. Assim, o ser humano também mudou seu enfoque sobre o centro do universo.

Antigamente, Deus era o centro de todas as coisas; depois, com o advento do humanismo, o ser humano passou a ser o foco de tudo; finalmente, na pós-modernidade, o dinheiro passou a ser a medida de todas as coisas. Ele está de tal forma imbricado na cobiça, inerente à natureza humana, que engendrou um sistema para lhe dar guarida: o capitalismo.

É conveniente uma breve explicação a respeito dos três paradigmas econômicos. Para entender esse processo e mostrar como o mercado foi cooptando os seres humanos e subjugando-os aos interesses do dinheiro, afastando-os de Deus. A economia, enquanto disciplina organizada, emerge com o mundo moderno, nos séculos XVII e XVIII. Ela faz parte da chamada "revolução filosófica", em que os ensinamentos tradicionais da cristandade, como o amor ao próximo, ainda que não totalmente repudiados, são encarados como inaplicáveis às atividades comerciais.[1]

Os defensores do paradigma do equilíbrio acreditam que os indivíduos, agindo por seus instintos egoístas de procurar o melhor ganho para si, promoveriam fatalmente o bem comum. Já está bastante provado que isto não ocorreu pelo desequilíbrio gritante entre os países e as pessoas, embora os profetas do neoliberalismo continuem desejando um mercado sem regulação, em que o dinheiro tem liberdade de fazer o que bem quiser. Por isso, o sistema *vencedor* está em ruínas, posto que baseado no egoísmo, potencializado pelo amor ao dinheiro, em vez do amor ao próximo.

O padrão bíblico segue na contramão do egoísmo que caracteriza esse modelo. "Lança o teu pão sobre as águas, porque depois de muitos dias o acharás. Reparte com sete, e ainda com oito, porque não sabes que mal sobrevirá à terra" (Ec 11:1-2). O princípio de repartir foi paulatinamente substituído pela idéia do acúmulo individual, acelerado em nossos dias com a fábrica do endividamento.

É preciso esclarecer que, anteriormente, a ética cristã impedia a existência de dívidas, com base no seguinte princípio: "A ninguém fiqueis devendo cousa alguma, exceto o amor com que vos ameis uns aos outros" (Rm 13:8). Entretanto, a partir do início de século XX já não era dívida e, sim, "crédito para o consumo" — ou seja, os mercadores de ilusões fizeram uma mágica para tirar o peso do pecado da dívida e transformá-la em virtude, pois quem não se orgulha de ter bom crédito na praça?

Esta é a forma mais terrível de dominação do dinheiro: a dívida. A busca para saldar as contas mantém o capitalismo em funcionamento, seja pelas formas mais espúrias de agiotagem, até aquelas mais sutis, seja pelas compras no cartão de crédito e similares. Esta foi a forma inventada para manter a pressão consumista ligada ao máximo. Na outra ponta, a indústria da propaganda garante que o negócio é comprar, mesmo não tendo dinheiro, pois o sistema não pode parar.

Ocorre que a vida espiritual é afetada nesta ciranda financeira, e o indivíduo vira refém do dinheiro possuído e do dinheiro desejado. Não pára de pensar em como arranjá-lo, e se submete a longas horas de trabalhos extenuantes, com sacrifícios pessoais, da família e dos amigos, o que o leva à solidão, transformando, assim, essas dívidas na pós-moderna forma de escravidão. A advertência é antiga: "Quem pede dinheiro emprestado é escravo de quem empresta" (Pv 22:7; BV). Porém agora é dívida em dinheiro, que se tornou um fim em si mesmo.

No segundo paradigma, o da dinâmica contraditória, percebe-se que a busca pela acumulação máxima de capital acaba gerando uma contradição disparatada em que o próprio dinheiro se torna o sujeito autônomo do processo, e o pretenso possuidor transforma-se em seu objeto, súdito ou, o que é pior, escravo. Comete-se, com isso o equívoco, não existente na formulação técnica, apontado pelo comunismo. Ignoram-se as contradições inerentes à natureza humana em qualquer regime, o que transforma a maioria das pessoas em recursos da economia, a serviço da minoria que está no poder. Nos meios filosóficos, científicos e religiosos, formam-se as vítimas de fato corriqueiro: de tão preocupados com a humanidade, esquecem os seres humanos.

Este erro aparece explicitamente na formulação segundo a qual "a religião é o ópio do povo", que desconsidera a tendência natural do ser humano de buscar algo que lhe dê segurança, reconhecimento e sentido. Nessa busca, novas formas de pensar e agir são engendradas. Entre outras razões analisadas,[2] o dinheiro vem ocupando esse espaço por colocar até a religião a seu serviço e por se apresentar como uma espécie de deus que tudo supre, levando a humanidade a uma alienação sem precedentes, dada toda sorte de artificialidades que se têm produzido na esteira da indústria da fama.

O terceiro paradigma, o da instabilidade, mostra que as pessoas estão sempre apostando em qual será a melhor aplicação do dinheiro, gerando instabilidades ante as incertezas dos negócios no futuro. Todos estão a serviço do capitalismo, e assim todos querem o máximo de ganho e de lucro, pois o que domina é a infernal lógica do dinheiro, seja na esfera privada, seja na área pública. Trata-se de uma terrível contradição, pois quem adere às implacáveis leis do dinheiro-mercado submete-se a toda sorte de instabilidades.

Talvez o primeiro a enxergar o paradigma da instabilidade tenha sido Paulo:

> Exorta aos ricos do presente século que não sejam orgulhosos, nem depositem sua esperança na instabilidade da riqueza, mas em Deus, que tudo nos proporciona ricamente para nosso aprazimento; que pratiquem o bem, sejam ricos de boas obras, generosos em dar e prontos a repartir; que acumulem para si mesmos tesouros, sólido fundamento para o futuro, a fim de se apoderarem da verdadeira vida.
>
> 1Timóteo 6:17-19

Essa advertência precisa ser contextualizada para entendermos aonde estamos chegando. Afinal, quem não quer ficar rico em nossos dias? Sempre queremos ganhar um pouquinho a mais, e *o trabalho também se torna um fim em si mesmo*. Nesse sentido, se o texto de 1Timóteo 6:9 fosse reescrito na pós-modernidade, ficaria assim: "*Querendo todos ficar ricos,* caíram em tentação, em armadilhas e em muitos desejos descontrolados e nocivos, *que levaram os seres humanos a mergulhar na ruína e na destruição*."

Parece claro que há muitos séculos a humanidade vem correndo atrás do dinheiro, apesar de ele não garantir estabilidade duradoura, mas instabilidade permanente desde antes daqueles tempos em que Paulo combatia o bom combate. Aliás, é ele o autor da célebre frase: "Porque o amor do dinheiro é raiz de todos os males; e alguns, nessa cobiça, se desviaram da fé e a si mesmos se atormentaram com muitas dores" (1Tm 6:10).

Hoje, parece que não são apenas alguns que se desviaram da fé e das virtudes colocadas pelos valores morais da sociedade de tradição judaico/cristã, mas multidões, abarcando também os das demais religiões e seitas ao redor do mundo. São bilhões de pessoas atormentadas com muitas dores. O amor ao próximo é substituído pelo amor ao dinheiro do próximo, pois quanto mais dinheiro se tem, mais se é *amado* nesta sociedade *monetária*.

Portanto, dadas essas limitações colocadas pela natureza humana, percebe-se que ela se assemelha à natureza do dinheiro, embora haja momentos em que se identificam plenamente nesse desfile fantasmagórico de imagens, fica fácil revelar quem está comandando quem, ou quem é o mocinho e quem é o bandido. Numa situação desse tipo, é possível entender por que o mundo está se transformando à imagem e à semelhança do dinheiro. Ele é a forma mais visível e mais desejada de capital, agora volátil, invisível e impessoal, que reduziu o ser humano a um robô a seu serviço.

Mais do que nunca é preciso denunciar o erro crasso que se comete com relação ao mito da neutralidade do dinheiro, pois tanto pelo prisma da economia política quanto pela perspectiva da economia de Deus, o dinheiro não é neutro. Pela abordagem divina, o dinheiro é Mamom, um falso deus, uma potestade, conforme o próprio Jesus Cristo mostrou: "Ninguém pode servir a dois senhores; porque ou há de aborrecer-se de um, e amar ao outro; ou se devotará a um e desprezará ao outro. Não podeis servir a Deus e ao dinheiro" (Mt 6:24). Para a economia política, ele é um fim em si mesmo, e não um meio de troca, já que as formas antigas de trocar mercadorias por mercadorias não mais existem.

Daí toda a confusão criada pelo neoliberalismo, que deixou a humanidade num beco sem saída: ou se acata esse princípio ou se faz propaganda ideológica sobre a neutralidade do dinheiro. Junto com esta confusão aparecem outros mitos, como o da neutralidade da ciência, das religiões, das instituições e, para encurtar a conversa, o mito da neutralidade da natureza humana, quando estão todos sob a dominação do dinheiro, que não é neutro.

Olhando o texto acima, parece que se pode concordar com Jeremias, quando afirma: "Enganoso é o coração, mais do que todas as coisas, e desesperadamente corrupto; quem o conhecerá?" (Jr 17:9). A corrupção generalizada não é a causa básica da maioria das mazelas que se abate sobre os seres humanos?

Blaise Pascal deu tom poético a esta sentença, ao dizer: "O coração tem razões que a própria razão desconhece." E aprofundou a discussão ao afirmar:

> Que quimera é então o homem? Que novidade, que monstro, que caos, que motivo de contradição, que prodígio! Juiz de todas as coisas, imbecil

> verme da terra, depositário da verdade, cloaca de incerteza e erro; glória e escória do universo. Quem desfará essa confusão?[3]

De fato, esse desconhecido coração humano está espiritualizando o dinheiro que, por sua vez, está se desmaterializando. Ao mesmo tempo, ele materializa a natureza humana, que está sendo gradativamente desespiritualizada.

Esse afastamento de Deus, conhecido como secularização, não ocorreu do dia para a noite. Ele é fruto, grosso modo, da Renascença, da Reforma e do Iluminismo; do primado da ciência como explicação para todas as coisas; do socialismo e do capitalismo, que permitiram a crítica aos sistemas anteriores de dominação, mas que levaram o homem a proclamar-se o centro de todas as coisas; e, na atualidade, chegou-se ao dinheiro como a medida de todas as coisas, pela posição hegemônica que ocupa no coração e na mente.

Nesse contexto, as pessoas estão mais preocupadas com o progresso material do que espiritual, e para isso dedicam uma verdadeira vida devocional ao dinheiro, às formas de como ganhar e acumular riquezas materiais e posses. Esta dedicação, em qualidade e quantidade de tempo, com todas as forças e motivações centralizadas na moeda, contamina a vida social, pois *a única comunidade que o dinheiro permite é a comunidade do dinheiro*.

Assim, o sistema capitalista, com sua capacidade de reprocessar tudo a seu favor, conseguiu penetrar com profundidade em todas as esferas da vida, enraizando-se até os porões mais escondidos do ser humano, transformando-o em um ser materialista por definição, o que promoveu sua desespiritualização. Neste sentido, pensar numa reação contrária ao sistema que cultua a sacrossanta iniciativa privada como se ela tivesse o remédio para todos os males da Terra é tanto um problema quanto um desafio, pois o capitalismo ao mesmo tempo santifica e seculariza o dinheiro, pela obra daqueles que suportam o regime.

Interiormente, o ser humano tem a cobiça e externamente, o capitalismo, que é quase seu sinônimo, uma espécie de somatório de cobiças individuais. Quer matar uma comunidade? Coloque dinheiro nela para educá-la a seu modo! Por exemplo, ao invés de amor, atenção, dedicação e carinho, dê presentes a seus filhos. Pague toda sorte de sessões de terapias para resolver os dramas deles. Não é isso o que a civilização material tem feito ao depositar confiança nas soluções propostas pelo dinheiro? Detalhe: as sessões não são gratuitas, são realizadas a peso de ouro, para se tentar resolver os dramas de relacionamentos voláteis, invisíveis e impessoais, típicos de um *rebanho eletrônico*, seja produzido pela televisão seja pela internet.

Igualmente, fala-se muito mais em fim do mundo que no fim do capitalismo. A naturalização do sistema chegou a tal ponto que o liberalismo o apresenta como um sistema eterno, escamoteando suas contradições e emperrando a construção mais solidária e democrática da organização social. Nesse sentido, a morte do capitalismo é sempre adiada, talvez até o dia do juízo final, pois esse conluio de burguesias internacional e nacional será capaz de dar suporte à besta, se for preciso, para manter o domínio mundial nas mãos — na verdade, ele já o faz com os atos bestiais do dinheiro.

A mutação desejada seria colocar no sangue o DNA da solidariedade e da compreensão humana, que tornaria as pessoas mais sensíveis e comprometidas com as necessidades do próximo. Mas como isso pode ser possível num momento em que a humanidade está impregnada de DNH (Dinheiro + Natureza Humana)?

A transformação inclui necessariamente um processo de mudança de valores, de conversão do ser humano. Quem se converte coloca o dinheiro em seu devido lugar, pois invariavelmente quanto mais se cresce sob a ótica material, mais se diminui do ponto de vista espiritual. "O homem natural não aceita as coisas do Espírito de Deus porque lhe são loucura, e não pode entendê-las, porque elas se discernem espiritualmente" (1Cor 2:14).

Este processo está consubstanciado no resumo de nossa caminhada histórica: criação-queda-redenção. Isto é, de acordo com as Escrituras, o homem e a mulher foram criados à imagem e à semelhança de Deus, para o louvor de sua glória. A natureza humana, no entanto, foi corrompida com a queda no Éden, quando Adão e Eva pretenderam ser iguais a Deus, conhecendo o bem e o mal, e autônomos, para se autogovernar e atrair a glória para si. Todavia, a natureza humana corrompida foi redimida pela morte e ressurreição de Jesus Cristo, que inaugurou uma nova forma de relacionamento entre a criatura e o Criador, libertando-a das vaidades a que fora submetida e reconciliando-se com todas as coisas.

Desse modo, a transformação do ser humano poderia produzir um mundo com estes valores: "Amor, paz, alegria, paciência, amabilidade, bondade, fidelidade, mansidão e domínio próprio" (Gl 5:22-23; NVI). Seria a implantação da economia de Deus, ao invés da monetária. É o estilo de vida simples contra o veneno do consumismo.

Com isso, mais uma contradição se nos apresenta: se o dinheiro constitui um obstáculo instransponível, será necessária sua morte espiritual, o que só é possível com a conversão do ser humano. O amor ao dinheiro é, cada vez mais, a raiz de todos os males porque "os que estudam o fenômeno da generalização das práticas ilícitas e ilegais não têm nenhuma dúvida em apontar como causa mais importante a infiltração corrosiva da lógica do dinheiro em todas as esferas da vida social".[4]

O dinheiro alterou até o ritmo determinado por Deus para sua Criação: tendo trabalhado por seis dias, descansou um, e o dinheiro não dá descanso para ninguém. Há apenas alguns anos, as pessoas poderiam ganhar o pão trabalhando, grosso modo, oito horas por dia. No entanto, com o advento das modernas tecnologias de comunicação, esse tempo social lento foi para o espaço. A liquidação da fatura veio com a globalização financeira, que interligou o planeta em um só cassino de apostas. Hoje, os especuladores mundiais têm à disposição 86,4 mil segundos diários para agir. Seus representantes estão de tal forma espalhados por vários países que, ao abrir uma bolsa de apostas em um local, em outro ela acabou de ser fechada, e assim sucessivamente.

Na sociedade materialista, mais que nunca tempo é dinheiro — literalmente. O movimento lento da Terra ao redor do Sol agora está potencializado na velocidade de milésimos de segundos, que é o tempo do dinheiro transferir-se de uma praça para outra.

O DEUS DINHEIRO

Todo esse processo mais parece a secularização dos atributos de Deus, em proporção direta com a sacralização do mundano. O dinheiro tornou-se onipresente: está em toda parte, simultaneamente. Pode-se movimentá-lo pela internet, pelos cartões de crédito, pelo telefone, enfim, dia e noite,

noite e dia, na velocidade de frações de segundo. Pelo que ele permite aos que possuem e aos que o desejam, o dinheiro promete ser onipotente.

Finalmente, o dinheiro tornou-se onisciente, pois são tantos os servos, cada vez mais manipulados pelas cabeças mais inteligentes na ótica do sistema, que o domínio foi estabelecido a partir da sociedade do conhecimento como um saber absoluto, em que o mercador-dinheiro é o feiticeiro que sabe de todas as coisas. Em sua imanência à natureza humana, *conhece* os desejos e incita a toda sorte de competições.

Nessa concepção, mais uma área em que o dinheiro compete com Deus está em seu poder aparente de remissão dos pecados. Quando a pessoa acumula muito capital, seus pecados — inclusive, e sobretudo, a forma como adquiriu sua fortuna — são esquecidos, e ela passa a gozar de prestígio e a ser bajulada por todos os segmentos da sociedade. Esta fábrica de remissão é uma afronta aos princípios de Deus.

O megaespeculador mundial George Soros definiu a que ponto o feitiço da moeda chegou: "A administração do dinheiro exige uma dedicação obsessiva à causa de ganhar dinheiro, requerendo a subordinação de todas as demais considerações [...] Os melhores cérebros do mundo foram atraídos para os mercados financeiros." Ele reitera o alerta: "Uma coisa é certa: os mercados financeiros são intrinsecamente instáveis. Necessitam de supervisão e regulamentação." A partir dessas constatações, Soros propõe como solução que essa tarefa "deve ser o objetivo explícito da política pública".[5]

Como fazer isso, considerando que os agentes estão contaminados pelo dinheiro? Resta apenas dizer: só na plenitude do Espírito Santo é possível desarmar esse sistema que está levando ao limite a corrosão da natureza humana. Para o cientista Milton Santos, "a tirania do dinheiro e a tirania da informação são os pilares da produção da história atual do capitalismo globalizado. *Sem o controle dos espíritos seria impossível a regulação pelas finanças*".[6] São as pedras clamando!

Não por acaso, já no século XVI Martinho Lutero observava astutamente que "três conversões são necessárias: a conversão do coração, a da mente e a do bolso".[7] Parece que a última está cada vez mais difícil, por tratar-se de assunto proibido pelas regras do mercado. Sabendo desta artimanha, numa época pré-capitalista, "Jesus falou acerca do dinheiro com maior freqüência do que sobre qualquer outro assunto, com exceção do Reino de Deus".[8] Se o seu ancestral, José, foi vendido por 25 siclos de prata, há mais de 3500 anos, Jesus foi traído por trinta moedas, também de prata, há aproximadamente dois mil anos. Quanto se paga por um ser humano nos dias atuais?

Assim, surge a marca de sangue do dinheiro: arrependido de seu ato de traição, Judas joga as moedas no santuário, e os principais sacerdotes decidem que não se deve aceitá-las, porque é preço de sangue, e compram com elas o Campo do Oleiro para servir de cemitério de forasteiros, que passou a ser "chamado até o dia de hoje de Campo de Sangue".[9] Daí reafirmar-se a sentença: "Sem derramamento de sangue não há perdão" (Hb 9:22; NVI). Em busca da aparente remissão pela via do dinheiro, porém, muitos derramam o sangue alheio para ganhar a salvação prometida pelo mercado, seja pela morte direta, seja pela exploração do outro.

A VIA ESPIRITUAL

Em meio a esses embates messiânicos, tem-se multiplicado o número dos que enxergam que a saída para uma vida sustentável passa pela mudança interior, conforme a Palavra: "*Andai no Espírito e jamais satisfareis à concupiscência da carne.* Porque a carne milita contra o Espírito, e o Espírito, contra a carne, porque são opostos entre si; para que não façais o que, porventura, seja do vosso querer" (Gl 5:16-17; grifo do autor).

Santo Agostinho já enxergava o caminho da vitória: "Porque nos criastes para Vós, e o nosso coração vive inquieto enquanto não repousa em Vós." Partindo do princípio de que "só é justa a sociedade que obedece a Deus" — pois "ele é o único incorruptível, já que, se o fosse, não seria Deus", e que "todos, absolutamente todos, querem ser felizes", condição que não tem sido garantida —, livrar-se do jugo do dinheiro é o desafio para aqueles que não se conformam com este mundo. Entretanto, como parece claro que a via material não conduz ao êxito, é preciso encarar seriamente a via espiritual, através da transformação da mente, e assim experimentar qual seja a boa, agradável e perfeita vontade de Deus.[10]

Após uma metamorfose desta magnitude, é possível repetir a célebre frase da antropologia agostiniana: "Dai-me o que me ordenais, e ordenai-me o que quiserdes".[11] O mercado tem ordenado o que quer. Porém, diferentemente de Deus, poucos têm acesso a todos os bens oferecidos, devido aos processos de concentração e centralização do capital. Daí a inquietação generalizada que se abate sobre as pessoas, resultado do desencantamento produzido pela secularização dos conteúdos da religião. O dinheiro não satisfaz os reais anseios humanos.

Com efeito, as discussões sobre a volta de Deus ganham mais e mais espaço, particularmente diante da demora no cumprimento das promessas de liberdade, igualdade e fraternidade pelos dois sistemas que foram fortalecidos no iluminismo: o capitalismo e o socialismo. Os dois, cada um a seu modo, baniram ou colocaram Deus em segundo plano, e a volta para Deus poderá recompor o sentido da vida, cada vez mais escasso nesta sociedade dominada pelo nervosismo próprio de uma filosofia especulativa de mercado.

Esse movimento não é novo, e não ocorreu somente no discurso de Habermas, no início de 2002. Há mais de dez anos, a revista *Time* noticiou: "Por meio de uma revolução silenciosa nos pensamentos e argumentos, que dificilmente alguém teria previsto há apenas duas décadas, Deus está ressurgindo. O mais intrigante é que está acontecendo (...) no restrito círculo intelectual dos filósofos".[12]

Com efeito, Pascal reafirmara que "a concupiscência e a força são as fontes de nossas ações: a concupiscência faz as voluntárias; a força, as involuntárias".[13] Percebe-se, por esses aspectos sociológicos, por que o dinheiro exerce tal domínio. Ele promove toda sorte de cobiça, ganância, ambição, lascívia, luxúria e ostentação dos bens materiais, involuntariamente; e, pela força do mercado, exerce o controle voluntário.

Esse aspecto também foi observado por Pascal: "Assim, sem a Escritura, que tem Jesus Cristo por objeto, nada conhecemos, e só vemos obscuridade e confusão na natureza de Deus e na própria natureza".[14] Ele reconciliou consigo todas as coisas (Cl 1:20). Mais tarde, Dostoievski sintetizou: "Se nunca um homem foi Deus, ou Deus foi homem, Jesus foi ambos." Logo, só Deus pode libertar o ser humano do amor ao dinheiro.

A partir desse princípio, tudo aquilo que estiver fora do Reino de Deus, isto é, estiver no reino das trevas, será encabeçado por Mamom, e não por Deus. Portanto, esta é uma esperança concreta para a redenção da cambaleante humanidade, contra toda sorte de desesperança que tem surgido na pós-modernidade, pois somente o Espírito de Deus é capaz de derrotar o espírito do dinheiro.

Nesse sentido, o adestramento que a dupla dinheiro-capitalismo vem fazendo sobre a natureza humana também a torna desnatural pela modificação cultural dos seres humanos, com o objetivo de torná-los à imagem e semelhança do dinheiro. Significa que o capitalismo é uma máquina de fazer pessoas iguais. E o desastre é que seu porta-voz, o dinheiro, potencializa a banda podre da natureza humana, tornando-a dominante sobre os valores éticos e morais que não sejam aqueles do interesse desse sistema.

Embora se conheçam os males do sistema, faz-se apologia dele, como se pode perceber na declaração de Bill Emmott, diretor de redação da revista *The Economist*, a publicação que mais influi na economia do planeta: "*Sempre suspeitaremos do capitalismo, por ser baseado em ganância, egoísmo e exploração*. Suas virtudes tornam o sistema dinâmico e dão vigor ao seu impulso criativo, mas aí mesmo reside a suspeita — e essa suspeita é saudável."[15]

Assim, em tempos de corrupção generalizada, de becos sem saídas, quanto mais o dinheiro se torna hegemônico, mais

> (...) os homens serão egoístas, avarentos, presunçosos, arrogantes, blasfemos, desobedientes aos pais, ingratos, ímpios, sem amor pela família, irreconciliáveis, caluniadores, sem domínio próprio, cruéis, inimigos do bem, traidores, precipitados, soberbos, mais amantes dos prazeres do que amigos de Deus.
>
> 2Timóteo 3:2-4; NVI

Por isso, é preciso domar o mercado e seu agente destruidor: o dinheiro. Parafraseando Jesus de Nazaré, é preciso proclamar bem alto que *o dinheiro foi feito para o homem, e não o homem para o dinheiro*. Pois o desprezo ingênuo ao dinheiro aliena o ser humano tanto quanto o abuso cínico dele. É a luta pelos valores da Cidade de Deus, de que fala Agostinho, contra os valores da Cidade dos Homens, organizada pelo dinheiro. Na primeira, Deus é o sentido de todas as coisas; na outra, o dinheiro ganhou essa posição. É a remissão de todas as coisas temporais. Na Cidade dos Homens, quem não tem dinheiro não é nada, não existe na ótica do mercado.

Depreende-se daí que há dois tipos de seres humanos: os que amam a Deus e submetem o dinheiro (os da Cidade de Deus) e os que amam o dinheiro até o ponto de desprezar a Deus (os da Cidade dos Homens). Entretanto, como o dinheiro não dá real sentido a todas as coisas, pois ele é tudo e nada ao mesmo tempo, haja disposição e esperança para reinventar formas de vida que superem esse paradigma dominante.

Em outras palavras, está em curso a luta para superar a economia mecânica do lucro pelo lucro pela economia solidária. Esta produzirá os frutos esperados numa democracia igualmente solidária, na qual o dinheiro é visto como ferramenta para chegar ao próximo menos favorecido e dar-lhe condições de vida digna, e não para explorá-lo ao limite. Embora se trate de gestos simples, baseados mais na gratuidade das ações que na recompensa financeira, podem transformar os seres humanos — tanto os que recebem quanto os que se doam em prol de causas nobres na direção do outro. A democracia solidária enfatiza a responsabilidade social, o compromisso ético e o diálogo. O princípio é que a partilha gera prosperidade para muitos.

O dinheiro foi construindo um mundo a sua imagem e semelhança, suprimindo os valores religiosos e morais. Em seu lugar, instala-se um vazio. Na esteira deste, ganha força a ética do desempenho, e, com ela, uma visão utilitarista do mundo, com o avanço da utilidade sobre o dever. Em seu limite, tal concepção decretou a "morte de Deus" para essa sociedade que tenta viver como se o dinheiro fosse um fim em si mesmo, que tem ampliado a solidão e o isolamento das pessoas.

Se "Deus está morto, tudo é permitido",[16] pois já não há critérios objetivos, com conteúdo moral forte, que façam a distinção entre o bem e o mal. Resta apenas o triunfo da moral da utilidade e o rastro de suas vítimas, sejam as do materialismo conquistado, por se tornarem escravos das posses, sejam as do materialismo desejado, por sofrerem e matarem, se preciso for, para atingir o padrão material do mundo idealizado pela propaganda.

Se nas sociedades rurais as relações eram pessoais, na industrial contemporânea são relações impessoais mediadas pelo capital financeiro, que busca a valorização máxima do dinheiro, e não dos seres humanos. Em outras palavras, as pessoas se reúnem não mais movidas pelo amor ao próximo, mas pelo interesse no dinheiro que o próximo possui, ou ostenta possuir, já que esse mundo está se transformando em pura fantasia e desfile de imagens fantasmáticas.

O grande cenário em que se transformaram os Estados Unidos está se espalhando pelo mundo. Neste sentido, a última solução que surge para regular a vida no planeta é a criação de um Governo Central, que terá controle sobre o dinheiro e o comércio, sobre o que vender e o que comprar, com o aval da religião hegemônica. Este centro político-comercial-religioso deverá sancionar tal modelo prostituído e corrupto, com suas desigualdades, até o dia da queda da grande Babilônia, conforme mostra apocalipse 18. Para Russel Shedd, "o maior golpe de Satanás é escravizar a própria alma humana à concupiscência, à cobiça e à gula por bens materiais". [17] Logo, é preciso passar da dependência do dinheiro para a dependência de Deus.

Com o objetivo de facilitar o entendimento, podemos radicalizar a questão e, assim, enxergar o modelo de comportamento da humanidade. Até por volta do século xv, Deus tinha autonomia sobre a vida das pessoas, já que elas buscavam a salvação divina. Era o teocentrismo. Depois, até 1989, passaram a confiar no ser humano como o detentor de solução para seus dramas, graças ao progresso da ciência em todas as áreas do conhecimento. Ou seja, os humanos se autodecretaram autônomos para conduzir a própria vida, colocando Deus de lado. O antropocentrismo dominou essa época.

Nos últimos anos, especialmente, a partir da falência das idéias socialistas, proclamou-se a vitória do capitalismo, e o dinheiro passou a ter autonomia em todas as praças, cunhando-se o termo *moneycentrismo* para representar essa era. Ou seja, na pós-modernidade, o dinheiro colocou de lado os seres humanos à medida que se tornou autônomo nas relações sociais de trocas. Nesta era contemporânea, pessoas não têm valor, já que são vistas como mercadorias que valem quanto têm.

No passado, no período do teocentrismo, houve abusos e mais abusos em nome de Deus. Na modernidade, na época do antropocentrismo, aprimorou-se o domínio do homem sobre o homem por meios ditos mais civilizatórios, mas continuou existindo a desigualdade, traduzida na expressão "o homem é o lobo do homem". Por último, na pós-modernidade, chegou-se ao *moneycentrismo*, a era em que o dinheiro tornou-se centro de todas as coisas, colocando em segundo plano tanto o ser humano quanto Deus, aprofundando a desigualdade entre ricos e pobres de forma jamais vista. É urgente libertar-se dessa prisão do dinheiro, que enjaulou os seres humanos na precariedade de sua condição sobre a face da Terra.

A dificuldade para alcançar vida espiritual isenta de mundanismo é grande, já que a própria Igreja tem sido impregnada dos mesmos conceitos que regem a sociedade orientada pelo capital. A teologia bíblica, aquela que vê o conjunto da Palavra de Deus, se credencia para ser teocêntrica, mas na avalanche de correntes antropocentristas surgiram grupos que colocam Deus em segundo plano, como a teologia da libertação, que prega a *alforria* sócio-econômica dos seres humanos, baseada mais no marxismo do que no poder de Deus.

Por último, chegou-se ao *moneycentrismo* também na esfera espiritual, com o surgimento da teologia da prosperidade e todas suas *crias*. Agora, são homens e mulheres determinando que Deus faça isto ou aquilo, numa explícita inclinação antropocêntrica, mas que não passa de uma escancarada forma de acumulação de dinheiro em nome da fé. Logo, seria mais adequado chamá-la "teologia *moneycentrista*". São nulidades duplamente afetadas: pelo desejo de ser igual a Deus, repetindo o feito do Éden de querer a autonomia do homem, esta moída pela autonomia do dinheiro.

No que diz respeito ao ente que comanda a vida das pessoas e promove as mudanças, parece que a história caminhou lado a lado entre os cristãos e não-cristãos: Deus → Homem → Dinheiro. É possível perceber, até pela forma como se fala com Deus, se uma oração é teocêntrica, antropocêntrica ou *moneycêntrica*. Basta analisar o centro da petição: adoração a Deus, exaltação pessoal ou busca de bênçãos materiais?

Na realidade, muitos estão em adultério com Deus, pois o buscam para conseguir dinheiro, para encontrar algum tipo de prazer nele, já que não conseguem encontrá-lo em Deus. O processo histórico, portanto, tende a ficar assim: Dinheiro → Deus → Mais Dinheiro. Ou seja, sob a égide do *moneycentrismo*, busca-se a Deus para conseguir mais dinheiro, e não para se aproximar do Criador.

Em suma: se no teocentrismo o ser humano foi criado à imagem e à semelhança de Deus, no antropocentrismo o ser humano criou Deus a sua imagem; e no *moneycentrismo*, o ser humano virou a imagem do dinheiro. Logo, passou-se da completa dependência de Deus para a dependência do dinheiro. É o espírito do dinheiro que está movendo a sociedade contemporânea. É a desvalorização do ser humano e a valorização do dinheiro. Logo, o *moneycentrismo* é a colocação do dinheiro como centro do universo, fazendo dele a medida de todas as coisas. É o dinheiro pelo dinheiro e para o dinheiro, e o ser humano a seu serviço — em nome de Deus. Não está escrito no dólar "*In God we trust*" ("Em Deus confiamos")?

Afetividade *versus* neutralidade afetiva

Vale repisar que neste mundo contemporâneo, cheio de profundas contradições, convivem as visões teocêntrica, antropocêntrica e *moneycêntrica*. Todavia, ante a perda de sentido e propósito na vida, provocada pelas duas últimas cosmovisões, só a volta a Deus, através de Jesus Cristo, pode dar sentido e propósito à existência. Esta, por sua vez, passa é claro pela reinauguração da ética cristocêntrica: "Amai-vos uns aos outros", a força mais revolucionária que já existiu na história humana, a regra número 1 para que haja relacionamentos sadios, solidariedade e democracia.

A Igreja primitiva não teve continuidade, mas reinaugurou o projeto de vida em comunidade: "Todos os que creram estavam juntos e tinham tudo em comum" (At 2:42-47). É interessante observar que não se tratava de modelo imposto, e eles *contavam com a simpatia do povo*. Portanto, embora não tenha prosseguido, aquele modelo de *socialismo primitivo* ronda a cabeça dos cristãos pela eternidade.

Os pequenos grupos de convivência tentam recuperar o sentido de comunidade que as forças do mercado debilitaram ou destruíram. É o princípio da afetividade contra a neutralidade afetiva; do particular contra o universal; das soluções simples contra as soluções tecnológicas para problemas comuns, e assim por diante.

Não é verdade que se busca mais a Deus e aos amigos quando se está sem dinheiro, em alguma crise ou quando uma doença? Pois, quanto mais a humanidade se volta para o dinheiro, mais triste se torna; e quanto mais ela se volta para Deus, mais alegre devido à renovação da esperança — produzida pela perseverança na militância engajada da transformação desta sociedade de negócios numa sociedade de relacionamentos.

É preciso reaprender que o ser humano é um ser social, e não um ser *capital*. Que desenvolvimento sustentável[18] se faz com pessoas, e não com dinheiro, pois ainda que ele acabe ante alguma crise monetária sem precedentes, o ser humano sobreviverá. No entanto, se os seres humanos acabarem, o sistema também desaparece.

Finalmente, deve-se alimentar a esperança de que, um dia, o dinheiro e seus possuidores já não terão o poder de oprimir tanto os seres humanos como tem ocorrido hoje. A sociedade se encontra dominada e universalizada por esse ídolo, fonte de toda sorte de mazelas sociais. "Ah! todos vós os que tendes sede, vinde às águas; e vós os que não tendes dinheiro, vinde, comprai, e comei; sim, vinde e comprai, *sem dinheiro e sem preço*, vinho e leite" (Is 55:1; grifo do autor).

É a esperança de que haverá "novos céus e nova terra, nos quais habita justiça" (2Pe 3:13) que deve nos animar. Crer é preciso, pois Deus está vivo; logo, tudo é possível.

Notas

[1] Bianchi, Ana Maria. *A pré-história da economia — De Maquiavel a Adam Smith*. São Paulo: Hucitec, 1988, p. 13.

[2] Estes assuntos estão aprofundados no livro *O dinheiro e a natureza humana* (Michellon, 2004).

[3] Pascal, Blaise. "Pensamentos", in coleção *Os pensadores*. São Paulo: Nova Cultural, 1999, p. 22,145.

[4] BELLUZZO, Luís Gonzaga. "Poder e dinheiro", in *Folha de S. Paulo*, edição de 24 de março de 2002, p. B2.

[5] SOROS, George. *A crise do capitalismo: as ameaças aos valores democráticos — As soluções para o capitalismo global*. Rio de Janeiro: Campus, 1998, p. 86,252,257,236.

[6] SANTOS, Milton. *Por uma outra globalização: do pensamento único à consciência universal*. Rio de Janeiro: Record, 2001, p. 35 (grifos do autor). Morto em 2001, aos 75 anos de idade.

[7] BAUMAN (1980:74), *in* FOSTER, Richard. *Dinheiro, sexo & poder*. São Paulo: Mundo Cristão, 1988, p. 17.

[8] FOSTER, Richard. *Id.*

[9] Mateus 27:1-10. Alusões ao campo do oleiro estão em Jeremias 18:1-4 e 19:1-3 (627-585 a.C.). Além disso, sobre o preço de um simples escravo, ver Êxodo 21:32 (1450-1410 a.C.) e Zacarias 11:12-13 (520-518 a.C). Bíblia Anotada.

[10] SANTO AGOSTINHO. "Vida e obra", in coleção *Os pensadores*. São Paulo: Nova Cultural, 1999, p. 37,93,176,281; Romanos 12:2 e Efésios 2:10.

[11] Esta frase aparece quatro vezes no capítulo 10 de Santo Agostinho, já citado.

[12] Citado por PALAU, Luís. *Deus é essencial — Encontrando força e paz no mundo de hoje*. Campinas: United Press, 2001, p. 100.

[13] PASCAL, Blaise. *Op. cit.*, p. 119.

[14] *Id.*, p. 194,201,143,169.

[15] EMMOTT, Bill. "Uma janela para o mundo", in *República*, ano 4, nº 39, edição de janeiro de 2000, p. 54 (grifo do autor).

[16] Frase do personagem Ivan de *Os irmãos Karamazov* (1879), de Fyodor Mikhailovich Dostoievski. É esse movimento de anulação dos valores a que Nietzsche chamou "morte de Deus". Com ele, o niilismo que, para Nietzsche, é o triunfo da moral da utilidade.

[17] *Bíblia Vida Nova*. São Paulo, 1998:305 NT.

[18] MICHELLON, Ednaldo. "A Bíblia e a ecologia", in *O Luzeiro*, ano 9, edição nº 2, 1990.

IX

A ESPIRITUALIDADE E A FAMÍLIA

Descobrindo a graça nos relacionamentos

Carlos Roberto Barcelos

Bacharel em Teologia pela Faculdade Teológica Batista de São Paulo, formou-se em Psicologia pela Universidade Santo Amaro, com especialização em Terapia Familiar Sistêmica pelo Instituto de Terapia Familiar de São Paulo. Foi diretor técnico do Vitória – Centro de Recuperação de Farmacodependências. É também pastor e presbítero da Igreja Batista do Morumbi.

A afirmação seguinte não é exatamente das mais originais, mas não lhe falta validade e propriedade: a família é o grupo social mais básico da espécie humana. As pessoas só existem por conta dela. Nenhum de nós nasceu sem um pai e uma mãe, independentemente do tipo de vínculo que possa ter sido estabelecido antes que tivéssemos sido gerados. Segundo a Bíblia, este foi um projeto divino, descrito em Gênesis 1:26-28 e 2:24.

Ao longo das Escrituras Sagradas, as relações humanas estão inseridas no contexto familiar, e a própria história da salvação introduz a idéia de família: Deus e Jesus Cristo têm uma relação de Pai e Filho, modelar para todos os relacionamentos humanamente equivalentes; a Igreja é entendida como a família de Deus; o casamento é metáfora do relacionamento de Deus com a Igreja; a promessa de vida eterna também contém o elemento familiar como referência das relações futuras. Por essas razões, o casamento e a família têm um lugar proeminente no contexto bíblico. Assim, onde o Evangelho é pregado, ensina-se o projeto divino para o relacionamento conjugal e familiar.

A história humana, do ponto de vista das Escrituras, é marcada pela queda, mediante a qual todo tipo de conflito surge em qualquer forma de relacionamento humano. Uma das conseqüências recaiu sobre o projeto familiar inicial, que sofreu limitações. Instalaram-se uma crise na instituição matrimonial e familiar e uma ruptura conceitual sobre os papéis masculino e feminino.

O livro de Gênesis descreve a crise inaugural entre o primeiro casal humano exatamente no evento da queda. A partir daí, criou-se uma situação de difícil compreensão. Afinal, como casais e famílias podem atacar-se mutuamente durante anos, sempre com as mesmas queixas e fórmulas, sem se dar conta da total inutilidade desse ato? Essas querelas giram quase sempre em torno de minúcias cotidianas.

Do ponto de vista psicológico, a queda provocou um processo neurotizante, pelo qual as questões emocionais não resolvidas pela impotência humana fazem surgir um contínuo apelo de correção, deixando as pessoas envolvidas em um beco emocional sem saída. Paulo, no sétimo capítulo de sua Carta aos Romanos, faz uma avaliação bem precisa dessa impossibilidade. A natureza humana, pecadora de origem, provoca uma rudeza nos relacionamentos interpessoais. Assim, as coisas pequenas pelas quais um casal ou uma família lutam não são bagatelas para os cônjuges e familiares, mas são, e têm por fundamento, uma questão de princípios.

Esses problemas são tão atormentadores, tão penosos e tão difíceis de serem solucionados porque se baseiam em processos emocionais inconscientes. A Bíblia refere-se a essas dificuldades: "O coração é mais enganoso que qualquer outra coisa e sua doença é incurável. Quem é capaz de compreendê-lo?".[1]

Esses processos emocionais adquirem grande importância quando duas pessoas estão na fase de escolha do cônjuge. Ambos esperam a restauração mútua das lesões e frustrações da primeira infância, anseiam libertar-se dos temores preexistentes e sanar mutuamente a culpa que prevalece de relacionamentos anteriores. As fantasias e imaginações nunca expressadas, que inquietam e unem ambos os cônjuges, posteriormente transmitidas aos filhos, constituem uma predisposição à formação de um inconsciente comum, ou seja, estruturas emocionais e de pensamento que costumam trazer muito sofrimento e infelicidade tanto para o casal quanto para a família toda.

Nos anos seguintes, o casal se dá conta de que o intento mútuo de restauração pessoal e do cônjuge não é eficaz. Isto realimenta as dificuldades e as frustrações do casal. Caem no fosso da desilusão e, cheios de raiva e ódio, acabam por culpar-se e aborrecer-se mutuamente. Estranham-se a ponto de viver uma vida de separação dentro de casa. É incrível como o jogo que os casais praticam, na tentativa de solucionar os conflitos tanto na eleição do parceiro quanto na continuação da vida, está baseado, inconscientemente, em um esforço legítimo de união dos membros. Enquanto o casal e a família não forem contemplados pela graça de Deus, a vida familiar se constituirá de crises cansativas e desgastantes, um esforço enorme e cheio de embaraços rumo a um ideal de felicidade aparentemente inalcançável.

A ANGÚSTIA NO MATRIMÔNIO E NA FAMÍLIA

Uma das grandes dificuldades relacionais no casamento é a falta de entendimento do mistério envolvido nesta relação tão específica. Uma releitura de Gênesis 2:24 ajuda a entender melhor a força deste conceito e a resolver muitas dificuldades nos relacionamentos. Nesse texto está esboçado o mistério que tem desafiado a compreensão de todos os estudiosos interessados nas relações conjugais e familiares: "Por essa razão, o homem deixará pai e mãe e se unirá à sua mulher, e eles se tornarão uma só carne."

O texto nos descreve uma conta estranha: o homem mais a mulher somam um! Que aritmética é esta, na qual um mais um resultam em um? E as duas unidades, onde ficaram? Elas desaparecem? Phillipe Caillé, um estudioso das relações familiares, nos ajuda a entender o mistério: um mais um dá três! Isto é resultado do homem mais a mulher que formam o casal. Assim, a conta é a seguinte: o homem (1) mais a mulher (1) e mais a relação de casal (1) resultam em 3.

Para uma relação conjugal ser funcional e conduzir a uma vida familiar também funcional, o homem e a mulher precisam continuar a ser indivíduos, ao mesmo tempo que são um só na relação conjugal. Os indivíduos que formam o casal devem estar claramente diferenciados um do outro.

Somente quando há tal diferenciação pode haver partilha e complementaridade. Cada um, como indivíduo, deve conduzir-se com responsabilidade própria, sem obstáculos em seu desenvolvimento pessoal, ao mesmo tempo em que ambos devem ser capazes de solucionar construtivamente seus conflitos de processos decisórios comuns e de distribuição eqüitativa de privilégios.

Nos últimos anos, experimentamos uma grande transformação nas normas sociais que, por muitos anos, determinavam o papel do homem e da mulher e do funcionamento da família. Isto não põe necessariamente em risco o casamento e a família, mas, com certeza, traz grande inquietação, tanto aos jovens quanto aos mais velhos. Uma liberdade não conhecida anteriormente exige readaptações nunca imaginadas. A liberdade sexual, o trabalho da mulher, o divórcio, as mudanças legais nos direitos da família levam cônjuges e familiares a decidir por si mesmos que tipo de relação estabelecerão.

A pressão social pelo respeito à liberdade individual tem levado as pessoas e os casais a crer que compromissos mútuos não têm mais lugar em relacionamentos interpessoais, assim como um não deveria exigir do outro nada que lhe tolhesse a liberdade. No entanto, se queremos que esta liberdade aparente se torne realidade, devemos aceitar como premissa uma educação séria e intensiva para a liberdade. Desde pequenos, precisamos desenvolver a competência necessária para poder decidir com responsabilidade como construiremos nosso relacionamento conjugal, nossas posturas sexuais, os objetivos pessoais e comuns que gostaríamos de alcançar, a distribuição dos papéis na relação e como manteremos nossas famílias.

Hoje, mais que em qualquer outra época, fica claro que um casal só permanece junto por escolha consciente exercida diariamente. Há uma percepção maior de que, a cada dia que acordamos, estamos decidindo continuar casados e trabalhar para a manutenção de nossa família. Só nos mantemos casados porque queremos ficar casados. E isto coloca sobre nós, que assim escolhemos, a responsabilidade de proteger nosso relacionamento.

Esta consciência nos desafia de uma forma que, até alguns anos atrás, nos era totalmente desconhecida. Novos tabus e arranjos deslocados estão surgindo, deixando cônjuges, famílias e conselheiros confusos diante das novidades. Há muitos perseguindo a relação ideal, em que se experimenta a amizade livre, ampla e duradoura entre companheiros emancipados. Ao mesmo tempo, deve oferecer aos interessados auto-realização ilimitada e ainda permanecer viva, motivada pelo amor desobrigado.

Logo, porém, percebem que esse ideal não passa disto mesmo: um ideal que não se concretiza na realidade do dia-a-dia. Então, buscam atender a suas carências por meio de uma independência forçada e experiências sexuais desenfreadas. Já que são "adultos maduros", têm medo e vergonha dos sentimentos de carinho, receando o riso dos amigos por considerá-los infantis, ingênuos e débeis. Os "emancipados" não tencionam dizer um ao outro que se querem, que dependem um do outro e que seria intensamente triste se o amor se perdesse. Parece haver um jogo inconsciente para demonstrar quem é o mais forte e vencer o parceiro, não se permitindo demonstrações de *fragilidades* pela expressão de sentimentos carinhosos.

O medo de compromisso impede muitos de entrar em relacionamentos conjugais. Hoje, o *ficar* e o *namorar* substituem o compromisso responsável, sendo logo interrompidos quando surgem sentimentos de amor, de necessidade de carinho e desejo de uma amizade duradoura. A perspectiva da união perene é vista como ameaça, como se ficassem à mercê do companheiro e seus sentimentos pudessem sofrer ataques de surpresa.

A angústia de não poder suportar uma rejeição frustrante os leva a antecipá-la, preferindo romper as relações antes de dar ao parceiro a oportunidade de deixá-lo na mão. No entanto, isso também gera uma grande frustração. A tendência para destruir todas as emoções e afetos conduz ao vazio interior, à resignação profunda e à falta de sentido na vida.

Neste momento, pode-se dizer que, se em anos passados o conflito conjugal estava baseado em uma forte exigência de absoluta sujeição, nos anos mais recentes domina o medo de uma união mais íntima. Assim, é preciso procurar uma fórmula intermediária entre tais extremos. Isto exigirá um esforço de negociação entre a necessidade de liberdade individual e o anseio de uma amizade estável e duradoura com um companheiro junto ao qual se passem as distintas fases da vida, construa-se um lugar em comum, crie-se uma família e chegue-se à velhice juntos, passando por uma vida comum frutífera.

Embora essa tensão dialética entre a necessidade de liberdade e de união constitua a riqueza, o dinamismo e a plenitude da vida conjugal, poderá ser também a fonte de tirania em tal relacionamento.

Deve existir um equilíbrio entre a garantia da autonomia e a disposição de se tornar parte integrante de um todo maior. Na adolescência, há um esforço muito grande para se chegar à autonomia. Se permanecer neste ponto, haverá muitas dificuldades relacionais. O bem-estar de uma pessoa só pode ser mantido quando ela se mostra disposta a transmitir o aprendido e o conquistado até então a outra pessoa com quem experimente os benefícios da complementaridade. O matrimônio e a família constituem o contexto ideal para tal experiência de partilha. A identidade do indivíduo é confirmada na relação com o outro.

Este também é o contexto em que problemas, obrigações e crises surgirão como grandes tempestades. Quem se casa e funda uma família será atingido violentamente pela vida. Expõe-se a dificuldades que exigirão forças no limite da resistência, e não terá outro remédio a não ser esforçar-se ao máximo, e mesmo assim não poderá evitar o risco do fracasso. Muitos percebem, ao longo do tempo, que cometeram erros que comprometeram irreparavelmente seus relacionamentos. Impressiona observar famílias inteiras experimentando um declive fatal, ou pais que fizeram grande esforço para criar os filhos sem conseguir atingir seus projetos tão carinhosamente desenvolvidos. Entretanto é precisamente através dessas tragédias que a vida pode ganhar, em termos de dimensão humana.

A família, projeto de Deus

Uma releitura cuidadosa de Gênesis conduz à convicção de que a família é o projeto de Deus para o homem e a mulher. É através do casal que a família se forma, criando a estrutura que, no âmbito do ideal, dará suporte aos filhos, garantindo a preservação da espécie. Além disso, é através tanto do casamento quanto da família que cada indivíduo que os integra pode desenvolver o ideal relacional designado por Deus para o ser humano.

Acreditamos que é exatamente por isso que a família sempre estará presente na vida humana. Ela passa por grandes modificações de configuração, enquanto a estrutura permanece inalterada. É possível que algumas configurações atuais não sejam as projetadas por Deus. No entanto, qualquer relacionamento humano precisa de uma estrutura, sem a qual o relacionamento não acontece.

O que pode acontecer em um casamento e uma família é a possibilidade de construir novas formas de vida familiar e configurar de modo diferente e melhor a distribuição de funções entre homem e mulher, ainda que não por meio de obrigações forçadas nem impostas, mas buscadas e submetidas à comprovação da realidade. É no exercício do relacionamento que encontramos a identidade pessoal, que sempre encontra um paralelo no relacionamento divino da Trindade.

O desenvolvimento humano se realiza em ciclos. Somos marcados pelas experiências dos primeiros anos de vida. Se tal desenvolvimento não é adequado, a neurose cumpre o papel de reatualização das experiências, oferecendo-nos uma oportunidade para repará-los.

Encontramos um paralelo perfeito na Bíblia, quando tomamos conhecimento de que o tempo divino é diferente do tempo humano. O nosso é histórico; o de Deus é eterno. Somos “datados”; Deus é atemporal. Nosso tempo é contado em dias; um dia e mil anos são a mesma coisa para Deus. Isso oferece uma oportunidade sem igual: diante de Deus, o que aconteceu em nosso passado está sempre presente. Nossos nós emocionais estão sempre diante de Deus, que vê o passado no presente, e diante de nós, em nossas neuroses. Podemos, então, interagir com Deus na recuperação de nossas questões emocionais não resolvidas.

O relacionamento conjugal e familiar nos oferece o contexto adequado para que nos aperfeiçoemos como pessoas. Se, por exemplo, uma pessoa tem sua auto-estima comprometida, é muito provável que isto surja como sintoma de dificuldades pessoais geradas na infância. Quando esta pessoa se casa, a deficiência na auto-estima resultará em conflitos emocionais, seja com o cônjuge seja com os filhos.

Para manter uma relação saudável, ela se verá na necessidade de tratar a auto-estima, revelada em comportamentos não aceitáveis pela família. Do ponto de vista da espiritualidade, aí se apresenta a oportunidade para a tristeza e o arrependimento.[2] As dificuldades relacionais de uma pessoa são as oportunidades de manifestação da graça de Deus.

Quando casados, fazemos uma escolha diária. Mesmo não nos dando conta, escolhemos todo dia continuar vivendo com o cônjuge e permanecer na família. Isto nos conduz à escolha da melhor resposta a nossa forma de ser e à da pessoa que é objeto de nossa amizade. A necessidade de decisão é o exercício pleno da imagem de Deus em nós.

Quando se trata da natureza humana, marcada pela queda no Éden, as relações interpessoais são, por definição, perturbadas, confusas e conflituosas. Os cônjuges e os membros da família vêem-se constantemente envolvidos em problemas que devem ser atendidos, se a decisão for efetivamente por uma relação duradoura.

Num relacionamento familiar saudável, há certa divisão de funções entre todos: ajudam-se mutuamente, completam-se e realizam-se, substituindo-se um ao outro em muitas tarefas. Cada um assume, segundo seus gostos e suas habilidades, alguns aspectos da vida em comum que lhes são mais fáceis, em relação a seu parceiro. Esta complementaridade que tira proveito das diferenças entre os cônjuges e familiares é uma metáfora de nossa união com Deus. O ideal de relacionamento com Deus é a complementaridade, onde o Todo-poderoso nos pede licença para interagir conosco, e nós, suas criaturas, lhe damos permissão para entrar em nossas vidas.

A complementaridade entre os indivíduos que escolhem viver juntos cria um *eu comum*, que não permite que a vida psíquica do particular seja independente da vida psíquica de seu companheiro. Da mesma forma, a complementaridade entre nós e Deus também não permite a separação. Jesus referiu-se a esta união extraordinária ao dizer que "eu e o Pai somos um" (Jo 10:30). Um pouco mais tarde, em sua oração sacerdotal, ele pede ao Pai: "Pai Santo, protege-os em teu nome, o nome que me deste, para que sejam um, assim como somos um".

A GRAÇA DE DEUS, POSSIBILIDADE DE UMA RELAÇÃO EQUILIBRADA

Uma vez que o casamento é a união de duas pessoas inerentemente "destituídas da glória de Deus",[3] a relação conjugal pode ser o contexto de conflitos graves entre os cônjuges, que acabam sendo transmitidos para o restante da família. Mas não se trata de um caso perdido. Pelo contrário, a graça é o recurso de socorro para a manutenção da solidez na estrutura desse relacionamento. Há três princípios fundamentais na aplicação da graça de Deus para o êxito de um casamento.

Em primeiro lugar está o princípio do desligamento emocional. Para um bom relacionamento conjugal, é importante para cada pessoa que forma o casal ter clara definição quanto ao que é seu e o que é do outro. Voltando à afirmação de João 10:30, Jesus deixa claro que ele é ele, e o Pai é o Pai: "Eu e o Pai...".

Grandes dificuldades emocionais acontecem quando um dos indivíduos da relação perde a identidade pessoal no outro. A Bíblia indica que o dom da graça é individual e que cada um recebe um novo nome, torna-se nova criatura. Nenhuma pessoa é igual a outra, e nisto está a preciosidade de cada vida. A redenção em Cristo resgata esta individualidade. Assim, a graça de Deus atua no oferecimento da individualidade de cada pessoa atingida por ela.

O segundo princípio é que, embora na relação conjugal possamos preencher algumas carências afetivas originadas na infância, não podemos sustentar uma dependência infantil em relação ao cônjuge. O sentimento de pertencimento, necessário desde cedo — e que, muitas vezes, não é atendido —, pode ser preenchido no casamento. Mas, ao mesmo tempo, os cônjuges devem ser adultos plenos, ou seja, precisam ter a capacidade de autossuprimento das necessidades emocionais.

A relação entre Jesus e o Pai foi assim. Dependia em tudo de Deus, mas tinha uma obra que só ele poderia realizar. Esta dinâmica paradoxal entre pertencimento e individuação tem seu ápice no Calvário, quando Jesus exclama: "Meu Deus, meu Deus, por que me abandonaste?".[4] Jesus clama a Deus, a quem pertence, mas lamenta profundamente ser abandonado, o sentimento típico de todo processo emocional de individuação.

O terceiro princípio refere-se ao equilíbrio resultante do sentimento de amor-próprio. A relação ideal é a que oferece aos parceiros um equilíbrio de igualdade de valor. A graça de Deus oferece tal equilíbrio:

> Todos vocês são filhos de Deus mediante a fé em Cristo Jesus, pois os que em Cristo foram batizados, de Cristo se revestiram. Não há judeu nem grego, escravo nem livre, homem nem mulher; pois todos são um em Cristo Jesus. E, se vocês são de Cristo, são descendência de Abraão e herdeiros segundo a promessa.[5]

O casal e a família são os contextos nos quais a graça de Deus pode ser experimentada em toda a plenitude. Os conflitos conjugais e familiares podem ser redefinidos como um pedido de todos para todos de atendimento de carências afetivas profundas. Como a carência básica é a da graça de Deus, a espiritualidade é que a atenderá.

A observância desses preceitos conduz a um relacionamento do qual pode emergir uma união satisfatória tanto para o casal quanto para a família. A maioria dos casais conhece intuitivamente esses princípios. Se não os observam, é menos por desconhecimento que pela crença de que precisam aplicá-los por si mesmos. Nada mais longe da verdade. E é por isso mesmo que a espiritualidade é fundamental para o bem-estar conjugal e familiar.

Notas

[1] Jr 17:9; NVI.

[2] "A tristeza segundo Deus não produz remorso [*ou sentimento de culpa*], mas um arrependimento que leva à salvação, e a tristeza segundo o mundo produz morte" (culpa e vergonha).

[3] Romanos 3:23; NVI. Outra tradução nos diz que carecemos da glória de Deus. Conflitos emocionais dentro do casamento são o resultado desta carência.

[4] Mt 27:46; NVI.

[5] Gl 3:26-29; NVI.

X

A ESPIRITUALIDADE E A EXPERIÊNCIA COTIDIANA

O ESTRESSE E A ESPIRITUALIDADE INTEGRAL

Ed René Kivitz

Teólogo, escritor e conferencista. Desde 1989, desenvolve seu ministério pastoral na Igreja Batista de Água Branca, em São Paulo. É fundador e diretor presidente da Galilea Consultoria e Treinamento, que promove palestras, seminários e projetos de espiritualidade no mundo corporativo. É autor de *Vivendo com propósitos*, publicado pela Editora Mundo Cristão.

Já passava da meia-noite quando o telefone de casa tocou. Do outro lado da linha, uma voz hesitante de mulher: "Pastor, por favor venha correndo. Meu marido está embriagado, e meu filho está com o Diabo no corpo. Eles estão se matando." Minhas tentativas de encontrar um companheiro, sempre recomendável para essas ocasiões pastorais, falharam, e de súbito me percebi sozinho, entrando num quarto mal iluminado com as paredes repletas de fotos de aviões de guerra e batalhas campais, tendo diante de mim um rapaz fardado, que empunhava uma faca enorme.

— Você é o pastor que veio me falar de Deus? — perguntou, em tom gutural.

— Sou — respondi.

— Então pode ir embora porque eu já conheço Deus — disse ele.

— Como é o nome dele? — perguntei, com uma ousadia que não imaginei que tivesse, e recebi como resposta um olhar cheio de ódio, que funcionava como alavanca para que aquele rapaz se precipitasse contra mim.

Você pode imaginar aquele rapaz em surto. Entretanto jamais conseguiria convencer aquela mãe, rodeada por duas criancinhas assustadas e um marido embriagado, amontoado sobre a cama sob efeito de sedativos, que não estava frente a frente com o demônio. Na verdade, seria difícil você mesmo se convencer do contrário, ao ouvir o urro do rapaz quando eu disse que o nome de Deus era Jesus.

Nem sempre as pessoas com quem converso estão em situações tão extremas, mas geralmente vivem sob uma pressão que se equivale, em temos de perplexidade e sofrimento. Nos últimos 18 anos, minha atividade como pastor em uma comunidade cristã me tem colocado constantemente ao lado de pessoas para quem a vida está sendo cruel. Na verdade, minha rotina pastoral não difere muito da rotina de vários escritórios de advogados, consultórios médicos e psiquiátricos e clínicas psicológicas. A diferença é que as pessoas que passam pela porta de minha sala não estão em busca de orientação jurídica nem de processos terapêuticos. Muitas delas, inclusive, já percorreram estes caminhos e experimentaram grande frustração e desesperança.

O que as pessoas buscam quando discam o número do meu telefone é simplesmente um encontro com Deus. Algumas delas acreditam firmemente que, quando cruzam a porta da minha sala, começam a pisar em solo sagrado.

Ainda guardo a imagem de dois jovens que me procuraram para repartir o peso de uma gravidez inesperada. Sentada à minha frente, a moça chorava sob um peso misto de culpa e vergonha, gerado tanto pela consideração da hipótese de um aborto quanto pelo seu histórico religioso, uma vez que sua formação evangélica lhe dera um padrão moral, ferido pela vivência extraconjugal. O que me surpreendeu, entretanto, foram as palavras do rapaz, que não concordava com as crenças da moça: "Eu não sei muito bem por que, mas tenho a sensação de que furei com o *cara lá em cima*. Sei que o telefone dele está na sua mesa, e gostaria que você falasse com ele em meu nome."

Sempre que me coloco diante de alguém em busca de cuidado pastoral, fecho os olhos em oração e respiro fundo. Na maioria das vezes, desconheço completamente a razão pela qual estou sendo procurado. Mas sei que aquele encontro não é o primeiro em busca de alívio ou solução. Além disso, a busca espiritual geralmente fica no dia seguinte do divórcio, da demissão, da morte, do estupro, do aborto, do diagnóstico indesejado, do filho drogado, da frustração religiosa e da angústia existencial.

Depois desses anos de intensa atividade pastoral, perdi a conta de quantas pessoas já reconstruíram a vida em razão de uma nova perspectiva que adquiriram. Uma vez que olham o mundo com as lentes espirituais, o universo se abre para opções que pareciam inacessíveis. Minha maior alegria é ver pessoas descobrirem o significado das palavras de Jó, personagem bíblico, a respeito de Deus: "Eu te conhecia só de ouvir, mas agora os meus olhos te vêem".[1]

Foi nos incontáveis encontros e diálogos pastorais que aprendi um pouco a respeito de estresse e espiritualidade. E por esta razão me aventuro a compartilhar com você um caminho que ajuda a lidar com as contradições da alma e conduz para fora do labirinto das emoções conflituosas.

O QUE É O ESTRESSE?

A palavra estresse foi emprestada da engenharia e define a pressão máxima (*stress*) que um organismo agüenta sem se deformar. A conotação atual, apesar de diversa e ainda sem uma definição aceita universalmente, diz que *estresse é o desequilíbrio do corpo/mente, resultante da tentativa de adaptação às pressões internas e externas*. Uma pessoa estressada tem suas dimensões orgânica e psíquica alteradas, fora dos padrões ideais de funcionamento. Um elástico muito esticado, prestes a arrebentar.

As pressões internas e externas que todos nós sofremos podem ser chamadas "fatores estressantes", que nada mais são do que informações que exigem uma resposta mental ou orgânica acima do normal ou durante um período longo demais. Por exemplo, quando uma bola é chutada com força, sofre momentânea deformação, mas logo volta ao normal. Entretanto, quando alguém senta sobre a bola e assim permanece muito tempo, ela tende a ficar oval. Este quadro mostra dois tipos de estresse. O primeiro é o estresse momentâneo, vital em muitos casos, pois nos coloca em estado de alerta e nos capacita para reagir às pressões e ameaças. O segundo é um estresse constante, que provoca abalos em nossa estrutura orgânica e mental.

Anatomia do estresse

Diante de uma ameaça, o cérebro entra em ação,[2] ordenando uma dose extra de adrenalina na corrente sangüínea, o que altera a química cerebral — especialmente dos neurotransmissores: dopamina, noradrenalina e serotonina — responsável pelo fluxo de informações que desencadeia as ordens que o cérebro dá ao restante do organismo. Com as informações distribuídas pelo corpo, aumentam as velocidades psicomotoras de pensamento e atenção, multiplicando as possibilidades e a força de resposta às ameaças percebidas. A rotina do organismo altera-se e prepara-se para agir imediatamente: o ritmo da respiração fica mais rápido, para manter a oxigenação do sangue; as artérias se contraem, para reduzir o suprimento de sangue nos órgãos vitais; os músculos ficam tensionados e recebem uma quantidade de sangue acima do normal; os batimentos cardíacos aceleram como forma de potencializar a irrigação sangüínea de órgãos vitais do organismo, entre eles o cérebro, os músculos e os pulmões; os rins passam a funcionar com mais intensidade, para eliminar a carga extra de toxinas.

Porta de entrada n° 1 para o estresse: metabolismo alterado

Enquanto o organismo está sob tensão, seus comandos de defesa permanecem ativados, alterando todo o metabolismo. A mudança no funcionamento do organismo provoca alterações intensas nas estruturas do cérebro.[3] Trata-se de um globo que pesa, em média, 1,36 kg e é composto por mais de 100 bilhões de células nervosas, que se comunicam entre si através dos neurotransmissores, entre eles a dopamina, a noradrenalina e a serotonina, esta chamada "molécula da felicidade" por ser responsável por fazer que o cérebro comande o organismo adequadamente. Cada célula nervosa pode se comunicar com até seis mil outras células, totalizando cerca de cem trilhões de conexões a cada instante. Cada pensamento, ação ou palavra deriva de trilhões e trilhões de conexões entre células nervosas. A disfunção na comunicação entre as células nervosas do cérebro afeta não apenas o organismo físico, como também o comportamento e a postura diante da vida.

Fui procurado, certa vez, por um homem na faixa dos trinta anos, acostumado a experiências não muito convencionais, como saltar de pára-quedas, por exemplo. Certa noite, deitou-se para dormir pensando no vôo com destino a Belo Horizonte agendado para o dia seguinte. A manhã, porém, chegou com um pânico imobilizador que o manteve na cama, transformando as responsabilidades rotineiras em monstruosas ameaças. A simples idéia de entrar em um avião trazia um pavor insuportável. Da noite para o dia, a ousadia que o impulsionava a saltar da porta do avião para o vazio tornara-se um pânico que o impedia de atravessar a porta do avião.

Geralmente, os que rodeiam a pessoa estrassada lhe dizem que deve "ter mais fé e confiança em Deus" ou aprender a "controlar melhor o temperamento". Em outras palavras, elas avaliam o comportamento do estressado como resultado de uma incapacidade psíquica e emocional, quando, na verdade, ele resulta de uma disfunção orgânica, isto é, uma alteração na química do cérebro. A resposta adequada na situação de alteração química e disfunção orgânica não é a fé, o autocontrole ou melhor gerenciamento da agenda, mas uma medicação adequada, capaz de reequilibrar a química do cérebro e devolver-lhe a capacidade psíquica e emocional.

Porta de entrada n° 2 para o estresse: a imaginação

Cada conexão entre as células nervosas realizada através dos neurotransmissores é arquivada pelo cérebro. As palavras, os sentimentos, as imagens e os pensamentos são resultados de padrões de organização das células nervosas. Algo como uma montagem de Lego, aquele brinquedo de peças de encaixe que as crianças usam para montar casinhas, carrinhos e tudo o que sua engenhosidade permite.

O dr. Herbert Benson, da Faculdade de Medicina de Harvard, afirma:

> Uma imagem é formada quando um determinado grupo de células é ativado. Para recordar aquela imagem, o cérebro reconstrói o grupo de células posto em atividade anteriormente. Padrões de ativação cerebral são armazenados e recordados: para reviver uma memória, o cérebro convoca os mesmos atores. Este padrão de atividade do cérebro, necessário

para evocar tal imagem, é, às vezes, chamado de neuroassinatura. Todos os acontecimentos e emoções de nossas vidas têm neuroassinaturas.[4]

O que o dr. Benson chama "neuroassinatura" chamaremos "*legos mentais*", em que cada pecinha do jogo corresponde a uma célula nervosa. Neste caso, imagine que você alimente constantemente o cérebro com informações negativas. Abre um arquivo e denomina-o "lixo psíquico". Em seguida, você evoca registros de mágoas, perdas, prejuízos causados ou sofridos, ameaças de sobrevivência, más notícias diárias e outras porcarias que deveriam ter sido equacionadas e jogadas fora. Você mantém uma gaveta cheia de *legos de monstros* dentro da mente. Isto tudo significa que seu cérebro está recebendo constantes comunicações de ameaças.

O cérebro não sabe distinguir entre uma ameaça real e outra imaginária. Quando a mente apresenta um *lego de monstro*, ele não sabe se aquele monstro é imaginação ou imagem captada da realidade. Por exemplo, ao sonhar que está sendo perseguido, as batidas do coração aceleram-se como se você estivesse realmente fugindo. Tão logo o cérebro captou a mensagem de ameaça, descarregou adrenalina na corrente sangüínea e preparou seu organismo para correr sem olhar para trás. O cérebro não sabia que se tratava de sonho, mandou o coração bombear mais rápido, e o coração obedeceu.

Atravessei uma noite escura junto com um amigo. Seu pai ficou hospitalizado durante alguns meses antes de falecer. As horas de expectativa nos corredores dos hospitais e ao lado do leito do pai adormecido, somadas à convivência com registros mentais e emocionais não equacionados e memórias vivenciais amorosas, foram suficientes para alterar o metabolismo do organismo, ainda que de forma imperceptível. Seu coração batia 130 vezes por minuto, o que o impedia de doar sangue para o pai. A pressão arterial elevada funcionava como inimiga da solidariedade mais desejada. O que há de espantoso nisso? O fato de que meu amigo repetia para as enfermeiras: "Mas estou calmo, estou calmo."

Este processo equivale a um conjunto de trilhões e trilhões de conexões danosas de células nervosas. Uma vez que o cérebro está repleto de informações negativas, os mecanismos de defesa vivem ativados e o organismo passa a funcionar sob pressão. Como o metabolismo alterado, ele vai aos poucos intensificando os abalos na estrutura química cerebral. Em pouco tempo, aquilo que era inicialmente uma postura mental inadequada, apenas um *lego imaginário*, torna-se também um desequilíbrio orgânico. A partir desse ponto, o organismo e a mente passam a se retroalimentar. Resultado: pane geral. O elástico que estava esticado — isto é, estressado — arrebenta em algum momento inesperado.

Podemos compreender que esses *legos mentais* não tratam apenas de estruturas de células nervosas, o que é orgânico, mas afetam radicalmente nossa estrutura de pensamento e posturas diante da vida, o que implica dizer que possuem uma dimensão psíquico-emocional. Veremos isso mais adiante.

Os sintomas do estresse

O estresse afeta radicalmente o corpo, a mente, as emoções e a vontade. Michael Antoni, psicólogo da Universidade de Miami, compilou uma lista de sintomas que nos ajuda a avaliar os estragos causados pelo estresse.[5]

No corpo, o estresse é percebido através de dores musculares de cabeça de de estômago, transpiração, sensação de desmaio iminente, de sufocamento, náusea, vômito, intestino solto, constipação, freqüência e urgência para urinar, perda de interesse no sexo, cansaço, calafrios ou tremores, perda ou ganho de peso, atenção exagerada aos batimentos cardíacos.

O estresse afeta também as emoções porque o estressado fica vulnerável ao pânico. Experimenta ansiedade profunda, depressão, angústia, irritabilidade, inquietação, incapacidade de relaxar e desejos intensos de fuga.

O estresse afeta a vontade porque este desequilíbrio emocional e orgânico leva o estressado a render-se às possíveis soluções convenientes e menos custosas, incluindo perda da capacidade de reagir contra os fatores de desequilíbrio. Há momentos em que a consciência aponta na direção A e nossa vontade, escravizada e dependente, mostra a direção B. Coisas como "Eu sei que não devo, mas é só mais um pedacinho"; ou: "Eu devia estar assistindo à apresentação de balé da minha filha." Os sintomas dessa perda de controle sobre si mesmo são: problemas para dormir, nervosismo, tremores infundados, choro descontrolado.

A mente também sofre com o estresse. A pessoa estressada vive ansiosa, com dificuldade de concentração, problemas com a memória e mergulhada em devaneios e abstrações.

Soluções paliativas

As propostas atuais para o combate ao estresse dizem algo como "aprenda a conviver com a pressão e tome providências para que seus efeitos sejam amenizados". Essas propostas são paliativas por duas razões. Primeiro porque tratam apenas da adaptação e/ou da gestão do estresse. Não afetam sua raiz: a mente, que comunica ameaças ao cérebro, que por sua vez ativa os mecanismos de defesa, alterando o metabolismo do corpo e mantendo-o alterado enquanto estiver recebendo comunicação de ameaças. Em segundo lugar, as propostas sugerem que a solução para o estresse encontra-se dentro do próprio complexo estressado: discipline sua vontade, cuide do corpo, controle a mente e equilibre as emoções — justamente as áreas afetadas pelo estresse.

O caminho alternativo deve atentar para essas duas dificuldades. De um lado, deve ser uma via que possibilite a administração dos *legos de monstros*, imaginários ou reais. Conforme disse Shakespeare: "as coisas raramente são boas ou más, nosso pensamento é que as faz assim". Neste caso, a situação interpretada como ameaça pode ser vista como oportunidade, como diziam os chineses, que usam o mesmo ideograma para ambas as possibilidades. A mesma coisa diz a sabedoria do Talmude, o livro da sabedoria judaico: "Não vemos as coisas como elas são, mas como nós somos."

Por outro lado, o caminho alternativo para a solução do estresse deve acessar recursos que estão além do complexo biopsíquico estressado. Deve buscar, em outra fonte não afetada pelo estresse, os recursos que não apenas neutralizam a sensação prolongada de ameaça, como também promovem o reequilíbrio do complexo já estressado.

A TRADIÇÃO MEDITATIVA

Sempre me incomodou a razão que levou Jesus a ensinar uma oração, em vez de apenas um jeito de orar. Tendo dito que a oração jamais deveria se transformar em mera repetição, aquela que recitou tornou-se exatamente um modelo reproduzido exaustivamente, até mesmo sem muita consciência do que está sendo dito.

Este fenômeno possui duas interpretações possíveis. A primeira, e mais simples, é que muitas pessoas realmente não entenderam o que Jesus pretendia. São pessoas que acreditam que a mera repetição é poderosa em si mesma, como se as palavras recitadas fossem mágicas, um tipo de mantra ou um "abre-te, Sésamo" para o mundo espiritual. Infelizmente, as coisas não funcionam assim, e muita gente permanece num primitivismo religioso, sem transcender na direção de Deus, apesar de repetir bastante a oração do "Pai Nosso".

Existe, porém, outra explicação possível para o fato de Jesus ter ensinado uma oração específica, com um conteúdo elementar, que pode e deve ser interpretado. Neste ponto, devemos inserir na prática da oração a tradição meditativa do Oriente, certamente muito conhecida por Jesus. A meditação é um estado profundo de introspecção, que possui basicamente três estágios: concentração, contemplação e meditação. A concentração é a etapa da coleta de dados, cuja palavra-chave é "atenção". A contemplação é a fase da harmonização dos dados, cuja palavra-chave é "análise". Quanto mais consciente de seus mapas mentais e mais harmonizado o conjunto de dados que uma pessoa tem, maior a probabilidade de saúde e a possibilidade de respostas equilibradas aos desafios que se enfrentam. Em outras palavras, para que uma pessoa possa viver em estado de equilíbrio bio-psíquico-emocional deve ser capaz de discernir, interpretar e administrar seus *legos mentais*.

Uma história que explica o que quero dizer. Certa fez, fiz uma visita pastoral a uma jovem senhora que acabara de chegar do consultório médico e tinha nas mãos os envelopes com os exames que aparentemente indicavam a progressão de um câncer. Seu discurso era circular e suas ações, automatizadas: repetia sem parar as palavras literais do médico, tirava os exames dos envelopes e tornava a guardá-los sem perceber seus movimentos. Sua postura mental concentrava-se na informação do câncer. Sua grande necessidade era assimilar a informação, harmonizando-a com suas convicções mais profundas e outras informações arquivadas na mente.

Aquela mulher possuía um *lego mental* que precisava ser identificado e desmontado para que perdesse seu poder estressante e destrutivo. Acredito que ela conseguiu. Exatamente agora, enquanto escrevo este texto, me alegro por ter fixado na memória a imagem de uma mulher bem diferente daquela que estava atemorizada e sentindo-se traída por Deus. A imagem que tenho diante de mim é de uma mulher valente, que decidiu viver. Seu corpo perdeu a batalha contra o câncer, mas seu coração foi vitorioso por escolher "morrer vivendo, em vez de viver morrendo".

Este processo de montagem e desmontagem de *legos mentais* evidentemente não é tão simples. Nem sempre estamos conscientes de sua existência. Isto quer dizer que, em algumas situações, não conseguimos identificar a razão e a origem de nossas ações e sensações. Os cientistas modernos, como Joseph LeDux, da Universidade de Nova York, dizem que possuímos duas memórias — uma racional, explícita, e outra emocional, implícita.[6] Isto significa que nosso cérebro registra inconscientemente experiências emocionais. Toda vez que uma situação é percebida como ameaçadora à luz daquela memória emocional, reagimos instintivamente. Isso explica por que não entendemos nosso medo de avião, o motivo de alguma pessoa nos irritar ou a razão de determinada postura do cônjuge nos incomodar tanto.

Além disso, não é sempre que conseguimos administrar nossos *legos mentais*. Até conseguimos identificá-los, mas somos incapazes de gerir seus efeitos. Não raro, sabemos por que estamos ansiosos, mas, ainda assim, nossa ansiedade continua latente. Conseguimos até mesmo identificar os sintomas de uma depressão iminente, mas não temos forças para lutar contra ela. Rolamos na cama, sentimos taquicardia, e não há nada que nos acalme, senão uma boa dose de "x". Este "x" varia de pessoa para pessoa, mas geralmente trata-se de remédio mesmo. Imagino que não precise valorizar a necessidade de uma medicação adequada, mas quero insistir no fato de que, assim como regulamos a química cerebral, devemos aprender a montar e desmontar os *legos mentais*.

Enfim, em algumas ocasiões, quanto mais nos dedicamos à reflexão e tentamos gerir os processos mentais, mais nos perdemos nos labirintos dos pensamentos e das emoções. Nesses momentos, devemos entrar num estágio mais profundo de introspecção. Os dois primeiros — concentração para identificar os dados e contemplação para harmonizá-los) — não foram suficientes. Chegou a hora do terceiro estágio da introspecção, chamado "meditação".

Dizem os mestres espirituais que "meditar é parar de pensar" ou permanecer em quietude, sem reagir aos pensamentos, deixando que eles passem. A meditação transcende a análise. Neste estágio de introspecção, a palavra-chave é "revelação". O silêncio da alma é o ambiente do *insight*. A rendição do homem exterior é o início do processo de conexão espiritual.

O processo de meditação se compara à observação de barcos que passam aos montes no leito do rio enquanto estamos sentados à margem. Aos poucos, os barcos vão rareando, cada vez passando mais esporadicamente, até que fica apenas o leito do rio. Cada barco é um pensamento, e quando aprendemos a criar um "estado alterado de consciência" favorável, deixamos os pensamentos fluírem até que nos abstraímos deles e podemos então perceber os detalhes do rio e de sua paisagem.

Nesse momento, nos abrimos para outras percepções sensoriais, como enxergar uma casinha na outra margem do rio ou ouvir o canto de um passarinho na árvore atrás de nós. Da mesma forma, quando aquietamos o turbilhão de pensamentos que nos povoam a mente, criamos espaço para alguma realidade ainda não percebida. A meditação abre a porta para realidades que transcendem a reflexão. Conforme observou Fritjof Capra:

> O conhecimento absoluto é uma experiência da realidade inteiramente não intelectual, uma experiência nascida de um estado de consciência não usual que pode ser denominado "meditação" ou estado místico. A existência deste estado não tem sido testemunhada apenas por numerosos místicos orientais e ocidentais, mas aparece igualmente na pesquisa psicológica.[7]

Capra compara o processo científico com esses três estágios da introspecção. O primeiro é a concentração para coleta de evidências. O segundo, a contemplação para a análise, que deve resultar na compreensão dos fenômenos observados, de modo a possibilitar uma formulação teórica. Acontece, porém, que estas formulações teóricas não resultam necessariamente da análise dos dados, mas surgem *espontaneamente*, quando o pesquisador está no banho ou passeando à beira-mar. O processo científico não é completo sem esses *insights* repentinos, que surgem de um estado de consciência não analítico, mas da totalidade do ser, que conversa consigo e com o mundo a sua volta numa dimensão supraconsciente.

Todas as tradições espirituais possuem seus instrumentos facilitadores da meditação, este estado alterado de consciência ou estágio profundo de introspecção. Os iogues possuem seus mantras; os judeus, as calabas; e os cristãos, as orações. Isso explica as razões de Jesus ensinar uma oração específica, que não deveria ser transformada em palavras mágicas repetidas constantemente, mas poderia oferecer a base para o assentamento da consciência.

Acredito que Jesus teve boas razões para incluir uma oração específica quando ensinou o processo ou jeito de orar. Mapas mentais, grandes *legos*, convicções profundas que se tornariam atitudes, posturas interiores e estados de consciência são expressões que se harmonizam com a meditação. Na oração do "Pai Nosso", Jesus oferece o universo dentro do qual podemos chegar ao estágio de orar "sem cessar",[8] pretendido pela meditação.

Orar sem cessar é manter a consciência fundamentada nesses grandes *legos* oferecidos por Jesus. Isso faz sentido quando o Filho de Deus diz que a oração é muito mais comunhão presencial que dialogal. Jesus compreendia a oração muito mais na perspectiva de estar com Deus que dizer algo a Deus. O "Pai Nosso" não pode ser apenas orientação para discursos verbais, mas deve ser assimilado como base dessa comunhão espiritual com Deus.

Mas por que esses *macrolegos* eram necessários? Jesus foi ao âmago de todo ser humano, afirmando respostas para seus conflitos mais essenciais. Mais do que harmonizar informações nos patamares mais profundos da consciência, precisamos da comunhão com Deus para que ele nos abençoe com seu amor cuidadoso. Conforme nos instruiu o apóstolo Paulo, a paz de Deus, que recebemos em oração, "excede todo o entendimento",[9] e esta paz é um estado de ser, de consciência, emocional ou espiritual — como você preferir, já que, na verdade, é tudo isso.

Essa paz não é experimentada quando nossos fatores estressantes circunstanciais e biopsíquicos são equacionados, mas oferece o alicerce para tratarmos destes fatores estressantes. Essa paz, que excede o entendimento, também não é experimentada quando desmontamos nossos pequenos *legos de monstrinhos* em situações cotidianas, mas quando desmontamos os grandes *legos* de conflitos espirituais, que afetam nossa essência última, e os substituímos por outras convicções, que não apenas neutralizam as antigas, mas também nos capacitam a viver: "Conhecereis a verdade, e a verdade vos libertará."[10]

Jesus se autodenomina "a verdade"[11] e ainda acrescenta: "a tua palavra *[de Deus]* é a verdade".[12] Para aqueles que desejam encontrar a verdade que fundamenta o relacionamento pessoal com Deus, Jesus ensinou, entre outras coisas, uma oração.

A ORAÇÃO DO "PAI NOSSO" E OS CONFLITOS HUMANOS ESSENCIAIS

Pai nosso, que estás nos céus, santificado seja o teu nome;
venha o teu reino; faça-se a tua vontade,
assim na terra como no céu;
o pão nosso de cada dia dá-nos hoje;
e perdoa-nos as nossas dívidas, assim como nós temos
perdoado aos nossos devedores;
e não nos deixes cair em tentação;
mas livra-nos do mal pois teu é o reino, o poder e a
glória para sempre.
Amém![13]

A oração do "Pai Nosso" é uma possível síntese do *insight* espiritual cristão, pois confronta o ser humano com a resposta a seus quatro conflitos essenciais: a busca de significado, as necessidades dos sentidos, o peso da culpa e a opressão do Maligno. Ao encontrar significado para sua aventura existencial, o ser humano se liberta dos conflitos elementares. Os essenciais constituem a moldura dentro da qual os conflitos circunstanciais acontecem. Quando a moldura é equilibrada, os conflitos menores são atenuados e até mesmo eliminados, mas quando ela é desequilibrada, tal desarranjo potencializa todo o resto.

Veja, por exemplo, aquele amigo seu que vive atrapalhado com as finanças. De vez em quando você o ouve dizer: "Uns cinco mil resolveriam meu problema". Na verdade, o problema a que ele se refere deve ser a dívida do cheque especial, mas o real problema não foi identificado. A pergunta certa não é "quanto você está devendo?", mas "por que você está devendo de novo? Por que você administra seu dinheiro desta maneira?"

Quanta gente você conhece que, mesmo endividada, dá uma festança no aniversário do filho? Este é um exemplo simples de moldura desequilibrada, potencializando um conflito circunstancial. Jesus, entretanto, trata de questões muito mais profundas quando comenta os conflitos essenciais de todo ser humano.

Conflito essencial n°1: a busca de significado

"Olhe ao redor. Estranho, né?" Este texto estava pichado no muro do cemitério do Araçá, em São Paulo. Entendi perfeitamente. Não me recordo o dia em que o mundo se tornou estranho para mim, mas o fato é que houve um dia quando não apenas o mundo mas eu mesmo me tornei estranho. Custou para que eu chegasse à conclusão de que errado estava o mundo, e não eu.

No fundo de minhas reflexões na juventude estava a desconfiança de que ou o mundo não era obra das mãos de Deus ou estava, por alguma razão e em certa dose, desfigurado. Aquela frase no muro do cemitério me tranqüilizou um pouco. Pelo menos eu não estava sozinho. Mais adiante, fui descobrindo a filosofia, as tradições espirituais e as inquietações da raça. Um dos meus mestres de teologia repetia sempre: "O que é não pode ser verdade." De fato, deveria haver outra explicação. E foi o cristianismo quem me ofereceu a melhor resposta.

Enquanto você não se abre de modo consciente para um relacionamento pessoal com Deus, o universo fica despido de significado. Deus não é apenas força, amor, luz e verdade. Deus é Espírito inteligente, uma pessoa com quem você pode se relacionar na dimensão do próprio espírito: "Deus é espírito; e importa que os seus adoradores o adorem em espírito e em verdade".[14] Palavras de Jesus.

Jesus de Nazaré foi a primeira pessoa que se dirigiu a Deus chamando-o "Pai". Na verdade, usou a expressão "*Abba*", que melhor seria traduzida por "paizinho" ou "papai". De fato, Jesus podia se dirigir a Deus desta maneira porque era o unigênito Filho de Deus. Jesus era o único *gerado* de Deus, diferente de todos os seres humanos que foram *criados* por Deus. Por esta razão, o encontro com Deus é mediado por Jesus. Somente ele, Jesus, podia dizer: "Eu e o Pai somos um".[15]

"*Abba*" é o balbuciar de uma criança que está aprendendo a falar. O que Jesus pretendia era estabelecer não apenas uma dimensão pessoal em nosso relacionamento com Deus, como também enquadrar essa relação num contexto de extrema afetividade e dependência, como deve ser todo relacionamento entre pais e filhos. Uma vez que "nascemos de novo", fazemos conexão com o mundo espiritual, isto é, nosso espírito recebe a vida do Espírito de Deus, o Espírito de Deus se liga ao nosso espírito e então podemos nos dirigir a ele como quem se encontra *dentro* de nós — "Não sabeis que o vosso corpo é santuário do Espírito Santo, que está em vós?".[16] Assim podemos nos dirigir a ele chamando-o "Pai".

Deus, porém, não é apenas imanente ("dentro de nós", "em nós"). É também transcendente. Podemos nos dirigir a ele como quem se encontra "nos céus". Deus não pode ser restrito aos limites do universo criado. A petição "santificado seja o teu nome" implica esta compreensão da singularidade de Deus, de modo que ele seja visto *separado*, isto é, distinto da realidade criada.

Este Deus, que está além do universo criado, é um Deus soberano: "Venha o teu Reino." Reino é poder, domínio e autoridade. A oração do "Pai Nosso" parte do pressuposto de que o universo possui dimensões em que Deus não reina de fato — caso contrário, não pediria que seu domínio se estabelecesse. Não apenas aquele que ora está em desarmonia, como também o universo. A harmonia plena somente é possível sob o domínio do Reino de Deus. A oração é o passo que indica que nossas possibilidades de controle se esgotaram. A intervenção de Deus é necessária e não pode servir a nossos caprichos, até porque quem ora sabe que suas possibilidades são limitadas. Por esta razão, Jesus ensina a orar "seja feita a tua vontade".

A harmonia do plano mental e material (Terra) depende da realização da vontade de Deus de forma coerente com o plano espiritual (céu), o que confirma e argumenta o fato de que as leis que regem o mundo são espirituais.

A busca de significado se explica pela latente inconformidade do homem consigo e com o universo que habita. Qualquer pessoa que se sinta à vontade no mundo, como ele atualmente se apresenta, está alienada da realidade. O cristianismo diz que nem o ser humano é o que pode ser, nem o mundo é o que será. Primeiro porque o ser humano está desfigurado pela escravidão ao ego, longe de expressar a imagem de Deus, segundo a qual foi criado. Segundo porque o próprio universo está em desarmonia e só voltará ao equilíbrio pleno quando vier o Reino de Deus e a vontade do Criador for realizada na Terra como é no céu.

> Eu penso que o que sofremos durante a nossa vida não pode ser comparado, de modo nenhum, com a glória que nos será revelada no futuro. O Universo todo espera com muita impaciência o momento em que Deus vai revelar o que os seus filhos realmente são. Pois o Universo se tornou inútil, não pela sua própria vontade, mas porque Deus quis que fosse assim. Porém existe esta esperança: um dia o próprio Universo ficará livre do poder destruidor que o mantém escravo e tomará parte na gloriosa liberdade dos filhos de Deus. Pois sabemos que até agora o Universo todo geme e sofre como uma mulher que está em trabalho de parto. E não somente o Universo, mas nós, que temos o Espírito Santo como o primeiro presente que recebemos de Deus, nós também gememos dentro de nós mesmos enquanto esperamos que Deus faça com que sejamos seus filhos e nos liberte completamente.[17]

Àqueles que convivem com a angústia existencial, lutando contra as evidências de que a vida neste plano do universo não faz sentido, o cristianismo manda dizer que a angústia é um sinal de sanidade. De fato, chegará o dia quando todo o universo estará em plena harmonia e equilíbrio. Chegará também o dia quando nós mesmos seremos completamente transformados. Por enquanto, devemos cooperar com a vontade de Deus, a fim de que seu Reino se manifeste no mundo, antecipando, com a maior intensidade possível, o que será a nova Terra.

A oração do "Pai Nosso" abre espaço para um homem desfigurado, vivendo num universo descompensado, sob os olhos amorosos de um Deus transcendente, que deseja realizar sua vontade como ela é feita no Céu e estabelecer seu Reino definitivamente, trazendo plena harmonia à Criação. Quando oramos não, só assumimos sua solidariedade com a Criação e sofremos com ela, mas também assumimos sua solidariedade com Deus e cooperamos com ele para a redenção das circunstâncias que ocupam sua oração imediata e a redenção do cosmo.

Conflito essencial n° 2: o apelo dos sentidos

O cristianismo diz que os apetites humanos encontram plena satisfação em Deus: "O pão nosso de cada dia dá-nos hoje." O pão é o símbolo da satisfação plena, isto é, tudo quanto o ser humano precisa para realizar-se integralmente. Todos sabemos que as necessidades humanas transcendem as realidades materiais: "Não só de pão viverá o homem".[18] Aliás, considerando a recomendação de Jesus para que seus discípulos não estivessem preocupados com o que beber ou comer,[19] seria estranho interpretar o "pão nosso" como súplica pela provisão meramente material.

Deus é a fonte da satisfação plena. Toda e qualquer alternativa de satisfação contrária às leis espirituais e em oposição à vontade e ao caráter de Deus são *bombas-relógios*. Aquilo que não vem do Senhor, pelos caminhos dele, não apenas não satisfaz, como também — e principalmente — funciona como um dreno na alma, que suga suas reservas mais preciosas, gerando frustração e culpa.

Quando oramos o "Pai Nosso", estamos dizendo que não desejamos nada senão o que procede de Deus, e nos recusamos a ter acesso a qualquer coisa que não tenha vindo de suas mãos. Mentir para possuir, trair para prosperar, fraudar para enriquecer, enganar para conquistar, atalhar para desfrutar e tantas outras combinações comuns à sociedade do *jeitinho* ficam de fora do estilo de vida de quem imergiu no mundo do "Pai Nosso".

Algo muito importante precisa ser compreendido sobre este "pão nosso de cada dia dá-nos hoje". Jesus muito provavelmente ensinou esta oração em aramaico, fazendo referência ao "pão de amanhã", uma alusão ao maná que Deus enviava para o povo de Israel enquanto peregrinava no deserto sob a liderança de Moisés. Os Dez Mandamentos incluíam a guarda do sábado, o sétimo dia, totalmente separado para descanso e adoração a Deus. O sábado possuía duas funções: ensinar o povo a depender absolutamente de Deus, em vez de nos próprios esforços, e criar a imagem de um tempo quando todo o universo seria plenamente satisfeito em Deus. O sábado era uma figura do Reino de Deus em plenitude, que o Novo Testamento chama "céu". O céu não é outra coisa senão perfeita harmonia entre Deus e sua Criação.

Durante a peregrinação com Moisés, Deus alimentava o povo com o maná, o pão de cada dia que, literalmente, caía do céu. Na sexta-feira, Deus mandava porção dobrada, pois o sábado era dia de descanso e adoração, de modo que ninguém poderia recolher o maná, isto é, ninguém podia trabalhar. Quando Jesus nos ensina a pedir o "pão de amanhã", está nos dizendo que estamos na *sexta-feira*, e que podemos hoje desfrutar algumas dimensões do *sábado* que está para chegar. O Reino de Deus será estabelecido em breve, mas já podemos comer seus primeiros frutos.

Jesus se apresentou também como o "pão da vida", e deixou claro que é o "pão do Céu", que Deus Pai tem para dar.[20] Neste caso, creio que "o pão de amanhã" é o próprio Cristo, ou a plenitude de Cristo em nós. Evidentemente, Jesus não ensina a abandonar o mundo dos sentidos, mas que satisfazer os apetites físicos não é suficiente para alcançar a satisfação plena. É o único meio de entender que "nem só de pão vive o homem". Isto é, "nem só", mas também. Ou melhor ainda, "também, mas nem só".

Dois trechos da Bíblia podem ser somados a este quebra-cabeça para completar o quadro. O primeiro é de São Paulo, apóstolo. Aquele mesmo texto em que diz que o universo todo está gemendo, aguardando a sua redenção plena, diz: "Também nós, que temos as primícias do Espírito".[21] O segundo é a narrativa que Lucas, evangelista, faz do momento quando Jesus ensina a oração. Lucas coloca o "Pai Nosso" ao lado de outro ensino de Jesus: a súplica para que o Pai nos dê o Espírito Santo.[22] A intenção de Lucas é enfatizar que a oração tem como finalidade última a plenitude espiritual.

Podemos, portanto, arriscar uma tradução alternativa para "o pão nosso de cada dia dá-nos hoje": "A plena comunhão espiritual com teu Filho Jesus, o Pão da Vida, mediada pela presença do Espírito Santo em nós, nos dá hoje. Sabemos que experimentaremos esta plena comunhão contigo quando o teu Reino estiver consumado amanhã. Mas pedimos que Cristo seja cada vez mais real para nós, e assim possamos experimentar hoje a plena satisfação que transcende este mundo dos sentidos".

Conflito essencial n° 3: o peso da culpa

Todos nós carregamos um peso de culpa. Sentimo-nos devedores a nós mesmos, sabendo que deveríamos tomar providências que insistimos em protelar. Carregamos culpa por ferir as pessoas que mais amamos — algumas vezes, voluntariamente; outras, nem tanto — quando as coisas nos fogem do controle. Assim acontece nas relações conjugais e nos horizontes mais próximos da família. Pais, cônjuges e filhos podem ocupar simultaneamente as listas de "mais amados" e "mais odiados".

Carregamos uma culpa em relação ao próximo, pela superficialidade de nossos compromissos de solidariedade com os que sofrem, ou até mesmo nossa responsabilidade enquanto cidadãos. Deixamo-nos levar pela onda segundo a qual "todo o mundo faz" e "ninguém faz", e lá pelas tantas, nos percebemos envolvidos num estilo de vida egocêntrico do qual nos envergonhamos.

Além desses poucos e contundentes exemplos, pesa sobre nossos ombros a sensação de que, mesmo sem saber — e desconfiados de que, na verdade, sabemos e não queremos admitir —, estamos ferindo um padrão cósmico, universal. Aqueles de nós cujas consciências estão sensíveis ainda conseguem dormir mal uma noite ou outra por reconhecer uma perfeição inacessível e tão ardentemente desejada.

O cristianismo diz que o peso da culpa só é abandonado quando o ser humano se relaciona com Deus além dos parâmetros da justiça retributiva: "Perdoa-nos as nossas dívidas." Enquanto não abandonamos os critérios do tipo "eu mereço, eu não mereço", nossa consciência mantém o saldo negativo. Cada vez que nos olharmos no espelho e fizermos isso honestamente, estaremos diante de um devedor.

Perguntaram a um homem do interior o que ele entendia por "consciência". Sua resposta foi genial: "Consciência é um cubo que temos na cabeça, dentro do qual gira uma esfera. Cada vez que a esfera bate na parede do cubo, a consciência dói. Algumas pessoas já deixaram a esfera bater tanto no cubo, sem fazer nada, que a parede do cubo foi quebrando aos poucos e a esfera ficou girando em falso." Estes que ele citou têm o que chamamos de consciência cauterizada.

Vale ressaltar que não estamos falando apenas de nossas dívidas circunstanciais. Referimo-nos a uma dívida existencial diante da grandeza e da perfeição de Deus. Falamos, portanto, de uma dívida impagável.

A introspecção que nos arremessa na direção do encontro com a pessoa interior revela as incoerências da pessoa exterior. Estes desencontros somente são equacionados no encontro com Deus. Enquanto as tradições meditativas falam de purificação, o Evangelho fala de perdão — talvez porque as tradições meditativas exagerem ao levar o ser humano a sério, e a Deus nem tanto. Imaginar que o ser humano possa se transformar a ponto de qualificar-se para comungar com Deus equivale a, pelo menos, uma de duas possibilidades: ou se considera o ser humano um deus amarrotado, carecendo de reforma e aperfeiçoamento, ou se tem um Deus pequeno demais, que sequer merece ser Deus, pois aquele a quem a pessoa pode se equivaler não é Deus — é homem, ou ídolo.

A solução de Deus para os culpados é o perdão. Se, por um lado, o perdão de Deus joga por terra toda pretensão humana de viver com base nos méritos, também desfere um golpe mortal no senso de rejeição que todos nós carregamos em razão de não atingirmos a perfeição.

O perdão é, portanto, a possibilidade de convivência quando uma das partes contrai uma dívida que não pode ser paga. Assim, todo devedor só encontra alívio e paz no perdão de Deus. A oração fundamenta a relação com Deus para além dos méritos e débitos. Além dos méritos, porque o padrão é inatingível. Além dos débitos, porque Deus, sabendo que o padrão é inatingível, provê o perdão.

Quem deseja se relacionar com Deus à luz da justiça retributiva fica falando sozinho. Assim comentou Jesus quando contou a parábola do fariseu e do publicano: "O fariseu, posto em pé, orava de si para si mesmo". De fato, nesta parábola, Jesus também ensinou a orar: "Ó Deus, sê propício a mim, pecador!".[23] Os pais do deserto a chamavam "Oração de Jesus", e a utilizavam como âncora para a meditação, desejando que ela se tornasse tão instintiva e espontânea quanto a respiração. Algo como uma atitude interior, que transcende a expressão verbal.

O perdão de Deus, por sua vez, ao libertar-nos do senso de dívida, também nos liberta da insistência em cobrar nossos devedores, e neste caso transferimos o perdão que recebemos para aqueles que nos devem. A condicional estabelecida por Jesus no "Pai Nosso" é: "Perdoa-nos as nossas dívidas, assim como nós temos perdoado aos nossos devedores." Esta petição possui uma explicação simples: quem acredita que deve e é capaz de pagar não aceita perdão, e por isso mesmo não perdoa, pois pensa que deve receber de seus devedores para poder pagar seus credores. O perdão de Deus nos liberta tanto de nossa culpa em relação a ele como nos ajuda a libertar os culpados em relação a nós.

Foi na cruz que Jesus expiou o pecado da raça. Esta verdade do cristianismo foi predita: "O castigo que nos traz a paz estava sobre ele", disse o profeta Isaías.[24] Foi também corroborada pela interpretação que o apóstolo Paulo fez da cruz de Cristo: "Deus estava em Cristo reconciliando consigo o mundo, não imputando aos homens as suas transgressões (...) Aquele que não conheceu pecado, ele o fez pecado por nós; para que, nele, fôssemos feitos justiça de Deus."[25] Quando vivemos no universo estabelecido pelo "Pai Nosso", pisamos em solo de sangue, o sangue de Jesus Cristo, que "nos purifica de todo pecado".[26]

Conflito essencial n° 4: a opressão do Maligno

Há um registro no inconsciente de todos nós de que o universo é povoado por espíritos maus. De fato, parece lógico que a crença em Deus implique também crer na ação dos adversários de Deus. Registre-se que o Diabo não é o oposto de Deus, como pretendem os que dizem ser o mal a ausência do bem. O Diabo é apenas o opositor de Deus. Isto porque o oposto de Deus seria outro deus, o que equivale ao dualismo, e não ao cristianismo.

As crianças sempre perguntam quem criou o Diabo. Meus filhos já perguntaram, e tive de explicar dizendo que Deus criou Lúcifer, "anjo de luz", e Lúcifer criou o Diabo. O Diabo é "Lúcifer rebelde". Ele existe porque Deus, em sua liberdade, optou por criar seres livres. Caio Fábio disse que "os demônios são seres que mudaram o centro do universo para si mesmos; demônios são narcisos incuráveis". O mundo, portanto, é povoado por seres que exercem as funções de antagonismo a Deus, o Criador, e se tornam promotores de desarmonia nos planos material, mental e espiritual. Jesus diz que a segurança do ser humano em relação ao mal e ao Maligno somente é possível a partir de uma ação espiritual superior: "Livra-nos do mal."

Num mundo povoado por demônios, o ser humano corre três riscos. O primeiro é o de ser vítima da desarmonia provocada por eles. Espero que ninguém considere que um terremoto que mata milhares de pessoas tenha sido planejado no céu, ou que as epidemias sejam obra do divino. É absurdo crer que Deus criou neuróticos de guerra que metralham criancinhas em lanchonetes, maníacos que matam mulheres em parques, além da bandidagem urbana e os sofisticados ladrões de colarinho branco. Deus não coloca bombas em aviões, nem dirige embriagado. Não constrói prédios com material de qualidade duvidosa, não desvia verbas públicas, nem especula na bolsa. Enfim, há no universo e na trama da vida humana um horizonte de realidade maligna que não procede de Deus e afeta a todos que têm carne e osso. Qualquer um que pondere sobre isso mais de 30 segundos acaba por temer que um dia essa lama toda se derrame sobre sua cabeça... caso ainda não tenha sido derramada.

Neste mesmo mundo povoado por demônios, corremos um segundo risco: ser engolidos por eles. Isto seria equivalente a "cair em tentação". O evento da tentação de Jesus pode ser analisado como uma luta entre o ser humano exterior e o interior diante do Tentador. As sugestões para a transformação de pedras em pães e a oferta de atalhos para as posses e o poder podem ser vistas como uma tentativa do Diabo para engolir Jesus. Uma vez que o Diabo é um "narciso incurável", que a tudo quer chamar "eu", sua atuação mais rotineira é tentar cooptar, inclusive, aquele que jamais esteve à venda.

Finalmente, há um terceiro risco. O de nos tornarmos iguais aos demônios que nos tentam. Quem cede à tentação e se deixa escravizar acaba sujeito aos propósitos dos espíritos — e por eles são manipulados — cujos caminhos seguem na direção contrária à de Deus. Quem é engolido pelo Maligno é assimilado por ele, e deixa a categoria de vítima para integrar as fileiras de súdito.

O Evangelho é a boa notícia de que Jesus veio "para destruir as obras do Diabo".[27] Mais do que isso, o Evangelho diz que a vitória de Jesus contra Satanás foi conquistada na cruz. De fato, foi ali, na cruz, que Jesus pagou nossa dívida diante de Deus, e se colocou como mediador entre nós e o Pai, como também derrotou Satanás e se colocou entre nós e o Maligno.[28]

Quando oramos no universo espiritual delimitado pelo "Pai Nosso", estamos plenamente seguros de que as trevas jamais triunfam sobre a luz. Ao orar, nos identificamos com o Espírito de Deus, em comunhão com nosso espírito, podemos vencer o Maligno e andar sem temor. Em comunhão com Deus, sabemos que poderemos ordenar "afasta-te de mim, Satanás", na certeza de que a voz de comando não é nossa, mas do Cristo, que foi morto, mas ressurgiu, e tem nas mãos as chaves da morte e do inferno.[29]

Crer e ter fé

Mais do que de auto-ajuda, você precisa de ajuda do alto. Você é um ser espiritual, e somente a comunhão entre o seu espírito e o Deus Espírito pode levá-lo além do complexo biopsíquico e suas tensões e de seu estresse. Arquimedes queria um ponto de apoio fora do universo. Disse que seria capaz de fazer uma alavanca e mover a terra de seu eixo. Jesus ofereceu este ponto: a fé faz mover as montanhas.[30] A fé é a alavanca da oração: "Sem fé é impossível agradar a Deus, porquanto é necessário que aquele que se aproxima de Deus creia que ele existe e que se torna galardoador dos que o buscam".[31]

O encontro com Deus é sempre um passo de fé. As expressões bíblicas "crer" e "ter fé" são distintas. A maioria das pessoas acha que elas se equivalem, mas na verdade falam de duas coisas diferentes. Crer é assumir como verdadeiro; ter fé é sintonizar interativamente. Crer equivale a assumir como verdadeiro que existem ondas magnéticas no ar; ter fé equivale a sintonizar as ondas para assistir à TV ou ouvir rádio. Quem sabe que existem ondas no ar, crê. Quem sintoniza, tem fé. É possível, portanto, crer sem ter fé. A fé que remove montanhas não é aquela que sabe que Deus existe, mas aquela que, além de saber que ele existe, entende que é galardoador, isto é, interage, comunga, participa, recompensa o fiel.

Isto faz perfeito sentido com a compreensão de que Deus é transcendente e imanente, e que "O próprio Espírito testifica com o nosso espírito",[32] conforme afirmou São Paulo, apóstolo. A fé transcende a manipulação de processos mentais que qualificam a química do cérebro, e catapulta o ser na direção de um relacionamento com Deus. Um relacionamento pleno de possibilidades, onde, no "quarto fechado da oração", a ansiedade e o estresse são substituídos por "paz (...) que excede todo o entendimento".[33]

Notas

[1] Jó 42:5

[2] CUKIERT, Arthur, e BERNIK, Márcio. In *Veja*, edição nº 1556, julho de 1998.

[3] BENSON, Herbert. *Medicina espiritual*. São Paulo, Campus, 1998, cap. 4.

[4] Idem, p. 65.

[5] GOLDEMAN, Daniel. *Equilíbrio mente/corpo*. Rio de Janeiro, Campus, 1997, p.19.

[6] LEDUX, Joseph. *O cérebro emocional*. Rio de Janeiro, Objetiva, 1998.

[7] CAPRA, Fritjof. *O tao da Física*. São Paulo, Cultrix, 1984, p. 31.

[8] 1Ts 5:17.

[9] Fp 4:6,7.

[10] Jo 8:32.

[11] Jo 14:6.

[12] Jo 17:17.

[13] Mt 6:9-13.

[14] Jo 4:23,24.

[15] Jo 10:30.

[16] 1Co 6:19.

[17] Rm 8:18-23; NTLH.

[18] Mt 4:4.

[19] Mt 6:25-34.

[20] Jo 6:31-35.

[21] Rm 8:18-23.

[22] Lc 11:1-13.

[23] Lc 18:9-14.

[24] Is 53:5.

[25] 2Co 5:19,21.

[26] 1Jo 1:7.

[27] 1Jo 3:8.

[28] Cl 2:13-15.

[29] Ap 1:18.

[30] Mt 17:20.

[31] Hb 11:6.

[32] Rm 8:16.

[33] Fp 4:6,7.

XI

A ESPIRITUALIDADE E O FEMININO

Abençoada Maria

Taís Machado

Psicóloga, já atuou como consultora de empresas, em clínica e lecionou em vários seminários teológicos. Desde 1996, é assessora com dedicação exclusiva na missão urbana Aliança Bíblica Universitária do Brasil. Mais recentemente, dedicou-se a escrever.

É difícil imaginar, hoje em dia, algum tipo de discussão que prescinda de uma abordagem pelo viés feminino. Política, economia, ciência, sociedade, arte — não há disciplina ou área do conhecimento humano em que seja atribuído desprezo à figura da mulher. E não poderia ser diferente quando se fala em teologia, mais especificamente em espiritualidade. Dos registros escriturísticos à própria participação feminina na organização das comunidades cristãs, a questão do gênero está presente.

Para uma abordagem efetiva sobre a relação entre a espiritualidade e a mulher, porém, algumas perguntas iniciais se fazem necessárias. Afinal, a qual mulher estamos nos referindo? À mulher no contexto do Antigo ou do Novo Testamento? À mulher da Antigüidade, dos tempos modernos ou da sociedade pós-moderna? À mulher de qual contexto cultural? Que queremos dizer com espiritualidade? Há diferença entre a espiritualidade do homem e a da mulher?

A espiritualidade, por si, é um assunto complexo. A discussão é ampla e ganha força polêmica quando, por exemplo, ouvimos o filósofo francês

Luc Ferry chamar a Europa de laboratório de um mundo que busca suas referências além da religião. Ele ainda acrescenta que "o que mais caracteriza a época contemporânea, pelo menos nas democracias ocidentais, é a convicção, alegre ou nostálgica, conforme o caso, de que o êxito ou o fracasso de uma vida não poderia mais ser avaliado com base numa transcendência".[1]

Aos olhos de muitos estudiosos, portanto, Deus não é e não deve mais ser considerado referência para uma avaliação pessoal — se vivemos bem ou não, se nossas vidas podem encontrar satisfação e paz, e assim por diante. Então, qual seria o ponto para nortear a ética, os valores, os ideais? Que acontece se Deus for excluído da pauta? O livro de Eclesiastes antecipa tal crise ao afirmar: "A melhor coisa que alguém pode fazer é comer e beber e se divertir com o dinheiro que ganhou. No entanto, compreendi que mesmo essas coisas vêm de Deus. Sem Deus, como teríamos o que comer ou com que nos divertir?" (Ec 2:24-25; NTLH).

Ilusões, bobagens, vaidades parecem dominar o pensamento humano atualmente. Ao mesmo tempo em que há uma certa abertura para experiências novas, através das quais a espiritualidade pode ser desenvolvida e vivenciada de maneiras diversas e criativas, sendo aceitas praticamente todas as possibilidades, há também uma resistência e uma negação fortes em relação a outras. Vemos, como à época do apóstolo Paulo, que "o deus deste século cegou o entendimento dos incrédulos" (2Co 4:4), que não conseguem perceber a resplandecente luz do Evangelho da glória de Cristo, imagem de Deus.

Isso significa que fomos iluminados pelo genuíno Evangelho, através da ação do Espírito do próprio Deus em nós. Sabemos e cremos que, olhando para Jesus, que nos mostra quem Deus é, podemos descobrir a verdadeira espiritualidade — ou nos vermos como seres espirituais que, conforme sugere Ariovaldo Ramos, é a maneira de resgatar nossa humanidade. Afinal, o pecado nos arrancou boa parte da humanidade e dignidade, que só em Cristo pode ser refeita.

Cabe recorrer aqui às palavras do memorável pensador cristão Francis Schaeffer, que ao comentar sobre a verdadeira espiritualidade diz:

> A vida espiritual autêntica, a verdadeira vida cristã, não significa apenas que nascemos de novo. Deve iniciar-se aí, mas significa muito mais. Nem significa apenas que vamos para o Céu. Significa muito mais (...) A vida espiritual autêntica (...) é algo positivo. Não é só estar mortos para certas coisas, mas também que devemos amar a Deus, viver para ele e manter comunhão com ele neste presente momento da história. E devemos amar os nossos semelhantes, viver como seres humanos para os seres humanos e manter comunicação com eles em nível verdadeiramente pessoal (...) A última verdade em nossos pensamentos e em nossas vidas não pode ser outra que não Deus. O recurso último, o derradeiro ponto de nosso pensamento, não consta apenas de coisas sobre Deus; consiste em relação pessoal com o Criador. A mesma coisa há de ser verdadeira no que diz respeito à forma como pensamos nos seres humanos. O último recurso não pode ser nada menos do que a relação pessoal e individual, em amor e em comunicação. O mandamento é para amar a Deus, e não somente pensar nele ou fazer coisas para ele.[2]

De modo geral, hoje há muita confusão, ignorância e superficialidade a respeito de nossa espiritualidade. Ainda que não se trate de prerrogativa exclusiva desta geração, o conceito de Evangelho integral[3] corre o risco de se perder em meio a um processo doentio de crescimento numérico a todo custo. As loucuras que se pode fazer usando o nome de Deus assustam. A história, inclusive a recente, está repleta de maus exemplos. Como, neste contexto, inserir uma reflexão sobre a mulher e a espiritualidade?

Aprecio o exercício de olhar para o texto bíblico e observar os princípios que permanecem para além de qualquer contexto. Gosto de fazer pontes com nossos dias, a fim de que o ensinamento bíblico fique cada vez mais claro para os que vivem este tempo que chamamos "hoje".

Parece não haver indicações bíblicas de uma espiritualidade exclusiva para a mulher, ou um modo adequado de a mulher experimentá-la, diferentemente do homem. Contudo, vale a pena lançar um olhar sobre a vida espiritual de uma mulher, na tentativa de identificar nela uma referência de espiritualidade feminina: Maria, a mãe de Jesus, a partir da narrativa do doutor (apóstolo) Lucas sobre a situação e reação dessa personagem diante de uma ocasião muito especial, no primeiro capítulo do Evangelho que registrou (Lc 1:46-55).

Maria e a surpresa

Maria é uma jovem noiva, virgem, que vive na periferia de uma cidade pequena, a Galiléia, que por sua vez já era considerada inculta pelos judeus sofisticados da Judéia. Seu cotidiano é completamente transtornado pela aparição de um anjo. Se isto não bastasse, seu comunicado é ainda mais perturbador.

Inicialmente, uma saudação simpática, mas estranha. Por que um anjo viria até ela insistir na alegria, dizer-lhe que ela era agraciada, favorecida, abençoada? Por que lembrá-la da presença do Senhor? Ela não consegue aceitar o convite-afirmação do anjo porque não entende o que está acontecendo. Uma certa desconfiança paira no ar. Suspeitas, surpresas, impressões, desarranjos, inquietações, tudo em questão de segundos. Arrancada inesperadamente de sua rotina, ela se põe a pensar no significado de tudo aquilo.

É interessante observar que o evangelista não apenas salienta como Maria ficou mobilizada, admirada, intrigada ou preocupada, mas também que se deteve para pensar no inusitado da situação, questionando-se para tentar entender o que estava acontecendo.

Este é um aspecto particularmente importante, pois confronta a linha de pensamento de uma cultura machista, segundo a qual "mulher não pensa" ou "é só emoção". Há os que tentam atenuar o efeito do ranço cultural, dizendo tratar-se de um jeito "diferente" — em outras palavras, "inferior" — de a mulher pensar.

Lucas não diz que Maria começou a gritar, a se descabelar, a pedir socorro. Conta que ela ficou perturbada, de fato, e rapidamente se pôs a tentar decifrar o enigma. Esta característica de uma reflexão profunda, aliás, é acentuada por Lucas, mais adiante, quando narra a visita dos pastores e a admiração de todos ao ouvi-los. O evangelista faz questão de registrar a reação diferenciada de Maria: "guardava todas estas palavras, meditando-as no coração" (Lc 2:19; ARA), ou, como encontramos em outras traduções:

"ela retinha os acontecimentos, procurando-lhes um sentido" (TEB); "guardava todas as coisas no coração e pensava muito nelas" (NTLH); "conservava os fatos e meditava sobre eles em seu coração" (Edição Pastoral); e a *Bíblia de Jerusalém*, que destaca que ela o fazia "cuidadosamente".

Tudo isso leva a crer que Maria pode e deve ser um modelo de espiritualidade a ser seguido por homens e mulheres. Ao considerar a rotina estressante de quem, como eu, vive em São Paulo ou em outra grande metrópole, percebe-se quão fácil é esquecer isso tudo e simplesmente continuar a vida, esperando que Deus continue falando e explicando tudo — uma maneira cômoda e conveniente de transformar a revelação divina em atividade de uma só via. Embora seja natural que o Criador possa falar e continue a fazê-lo quando acha necessário, isso não pode justificar a negligência ao exercício da atenção e da reflexão mais profunda, retendo por mais tempo aquilo que Deus oferece e revela, e permitindo que seus ensinos criem raízes.

O questionamento pode ser uma atitude positiva, para descobrir nossa reação e relação com Deus (como veremos mais adiante, no cântico que Maria entoa com júbilo) e com o próximo.

Uma pressa contínua e crescente não nos permite desfrutar e aprofundar o que de Deus recebemos, particularmente em nossos dias, em que é enorme a tentação de consumir sermões, livros, palestras e músicas, geralmente com pouco discernimento sobre aquilo que se assimila — quando alguma coisa é assimilada, naturalmente. Muitos que saem de grandes encontros de adoração e oração em que vivenciam momentos de êxtase correm o risco de se deixar tomar por outras tantas sensações fugazes, que nem na memória produzem marcas perenes.

Richard Foster, em seu livro *Celebração da disciplina*, afirma que "a superficialidade é a maldição de nosso tempo".[4] Desconfio que uma boa perspectiva de mudança poderia surgir do cultivo de uma espiritualidade cuja reflexão fosse mais séria e profunda — não necessariamente austera ou legalista, mas repleta de perguntas geradas de algo recebido do Senhor e guardado no coração. É possível que muita coisa ficasse clara na Igreja Evangélica brasileira, no que se refere à espiritualidade cristã, e alguns absurdos fossem rapidamente descartados e desconsiderados, ao invés de estimulados.

Maria e os esclarecimentos

Apesar de refletir sobre tudo o que seus olhos viam e seus ouvidos ouviam, o medo de Maria é evidente, ou mesmo natural. Então o anjo trata de acalmá-la: "Não tenha medo, Maria e então passa a detalhar o que estava prestes a acontecer, ou seja, uma gravidez inédita e única na história da humanidade. Havia mais. Aquela jovem seria portadora do Messias prometido, sobre o qual tantos profetas falaram ao longo da história de Israel; aquele que seria a esperança do povo. Após séculos de espera de toda uma raça, um anjo está diante da humilde Maria para anunciar que o nascimento do Filho do Altíssimo, aquele que reinará para sempre sobre seu povo e cujo reinado jamais terá fim, está chegando, e ela será o instrumento desse milagre.

Por mais que nos esforcemos para imaginar a situação e a grandiosidade dessa notícia, jamais chegaremos perto. O impacto deve ter sido enorme em Maria. Batimentos cardíacos acelerados, extremidades geladas, suor repentino, palidez, uma confusão de pensamentos cruzando-se no mesmo instante, lembranças, implicações, esperanças, crenças, planos e muito mais. Lucas registra apenas uma frase de Maria: "Como acontecerá isso, se sou virgem?"

Maria pensa em sua relação conjugal, sua sexualidade, seu organismo e em sua situação. Preocupa-se com tudo isso. Seria "coisa de mulher"? Um homem reagiria de forma diferente? O texto destaca apenas que ela faz questão de esclarecer que nunca se deitara com homem algum. Como se daria? E o medo de cair na boca do povo? Por que a necessidade de mencionar sua pureza? Não podemos saber exatamente as motivações de tal pergunta, mas podemos ver que Deus não se importa em esclarecer algumas coisas. Na verdade, ele fala de uma parenta de Maria, criando um contexto mais familiar, mais próximo, e conclui: "Nada é impossível para Deus".

Numa espiritualidade sadia, as perguntas e os questionamentos surgem de forma quase natural, como resultado da limitação humana de penetrar os desígnios divinos. Relatos bíblicos como o do episódio envolvendo Maria revelam que Deus não se ofende nem se escandaliza com as perguntas. Antes, pacientemente, esclarece, oferece dicas ou pistas, fala de suas antecipações e movimentos, envia pessoas, anjos, enfim, lembra quem ele é e do que é capaz.

Precisamos disso em nosso dia-a-dia. Lembro-me de frei Betto dizer que ficamos com a cabeça cheia de discursos sobre Deus, e que sabemos falar de Deus e sobre Deus, até mesmo falar com Deus. Entretanto, somos analfabetos quando se trata de *deixar Deus falar em nós*.

Nos dias de Maria, o Senhor falou através do anjo, reforçou sua mensagem através de Isabel, confirmou-a através de João Batista e de suas manifestações desde o ventre materno, e reafirmou-a de várias outras maneiras, pela instrumentalidade de muitas pessoas — ora discretamente, sem muitos saberem; ora mais disfarçadamente aos olhos, no oculto, no secreto. Deus, porém, sempre fala. Ele toma iniciativas como o fez desde o princípio. Em toda nossa história, Deus sempre veio ao nosso encontro, buscou comunicar-se conosco, tomou providências, agiu poderosamente, fez muitos milagres, tudo para que entendêssemos um pouco de seu interessado amor por nós.

Como nos lembra o autor de Hebreus (1:1,2), Deus sempre foi criativo e insistente, e hoje é ainda mais claro, mais explícito. Hoje Deus nos fala em Jesus, naquele que nasceu de Maria. Isso aconteceu porque houve uma reação obediente, um espírito pronto, uma alma disposta, um corpo aberto à Palavra de Deus, um ser desejoso em servir.

Maria e alguns encontros

Maria teve um encontro com um anjo. No entanto, mais do que se encontrar com um anjo, ela se encontrou ainda mais com Deus. Descobriu novos propósitos para sua vida, uma nova maneira de servir, uma relação nova com parentes e muito mais. É esta a mulher que responde ao anjo: "Sou serva do Senhor, que aconteça comigo conforme a tua palavra".

Uma espiritualidade sadia resgata em nós uma identidade perdida. Maria esboça sua reação a partir da consciência e da segurança de quem era e a quem servia. Verdade seja dito, isso não é natural em nós — não após a queda do ser humano, quando tudo se tornou confuso, inclusive nossa identidade. Pelo exemplo de Maria, no entando, podemos nos animar e perceber que, quando nossa identidade é encontrada em Deus, tudo mais pode acontecer.

Por mais estranho que pareça aos olhos da sociedade, às linhas psicanalíticas, às conclusões da psicologia, da sociologia e de tantas outras disciplinas, é possível perceber que, quando se sabe quem é, é mais fácil descobrir aonde se vai — não necessariamente no sentido imediato e concreto, mas no que se refere à certeza de que, como minha vida e minha identidade estão ligadas ao senhorio de Deus, então sei aonde isso vai dar: no melhor para mim.

Há que se considerar que, em nosso contexto, o individualismo é acentuadamente mais forte que nos dias de Maria e em seu ambiente cultural. Imagino que, ao receber a notícia do anjo, ela não estivesse pensando apenas se aquilo seria bom para ela, ou o que ela poderia ganhar com tudo aquilo. À luz dos relatos bíblicos, este não parece ter sido seu critério, nem sua linha de raciocínio, até porque a situação seria muito constrangedora. O que viria pela frente era, no mínimo, aterrorizante, falando de forma bem prática. Afinal, como ela daria aquela notícia asua família? Como reagiria seu noivo, as demais pessoas ao seu redor? A partir daquela visita angelical, Maria estava numa enrascada, em sérias dificuldades.

Atualmente, no exercício de nossa espiritualidade, não nos damos conta do crescente processo de desumanização. A alienação alcança proporções inéditas, e o individualismo se torna banal, um comportamento considerado quase natural. Os cânticos cristãos contemporâneos mostram claramente esta realidade, com letras que ressaltam as bênçãos individuais, a valorização do "eu" em detrimento da comunidade. O raciocínio é muito próximo ao da famosa *Lei de Gerson*: "Se o que é bênção pra mim pode prejudicar o outro, só lamento". Ou: "Se eu puder lucrar com a situação, os outros que se garantam".

O *ministério* é individual, com lideranças procurando afirmar suas "visões" ou "revelações" extraordinárias. São, na prática, formas (travestidas de religiosas) de construir e assegurar o controle e os interesses próprios.

Que tremendo contraste com a resposta de Maria: "Eu sou uma serva de Deus, cumpra em mim conforme a tua palavra".

Isso me faz recordar as palavras do livro do reverendo Ricardo Barbosa, cuja leitura se faz necessária para os interessados em aprofundar a questão da espiritualidade:

> Negar a comunhão, optar pelo individualismo, é negar a natureza essencial de Deus e nossa vocação cristã [...] Sendo a natureza de Deus pessoal e relacional, o princípio da amizade abre novas fronteiras para um encontro mais pessoal, afetivo e relacional com Deus. Geralmente, as pessoas que encontram dificuldades em estabelecer vínculos afetivos e pessoais com amigos tendem a transformar sua relação com Deus em algo tão impessoal quanto suas relações humanas. A forma como tratamos os outros é a forma como tratamos a Deus. Se manipulamos os outros e nossas relações são, basicamente, de natureza política, esta torna-se a forma como nos relacionamos com Deus.
>
> Se aprendemos a utilizar pessoas e coisas, teremos uma relação também utilitária com Deus. A verdadeira espiritualidade é algo que transcende a nós mesmos, é interpessoal, é relacional. A amizade e os relacionamentos que construímos são caminhos que nos conduzem a Deus [...] A imagem de Deus não é refletida no isolamento humano, mas na comunhão. Na Bíblia, nosso amor para com Deus é estabelecido a partir do amor que temos para com o próximo. Se não amamos o próximo, não podemos afirmar que amamos a Deus (1Jo 4:20). Não há como estabelecer qualquer relação com Deus desvinculada das relações humanas.[5]

Através do texto do Evangelho de Lucas, cada vez mais é reforçada a idéia de que uma boa espiritualidade inicia-se num encontro com Deus e com sua Palavra. Segue-se um encontro consigo, fazendo rever nossa identidade, e que desemboca em novos encontros com o próximo.

Passados alguns dias de muitas inquietações e pensamento acelerado, Maria vai apressadamente ao encontro de Isabel. A primeira impressão é a de que, depois daquela grandiosa notícia do anjo, ela precisava de algum tempo para colocar a cabeça no lugar e os pés no chão — ou, como se diz, "assentar a poeira". Porém, ao fazê-lo, relembrando seu encontro com o anjo, cada palavra que ele disse, pensando e repensado o que estava vivendo, deu-se conta de que havia uma dica preciosa em como viver os próximos dias. Afinal, fora o próprio anjo que dissera a Maria que Isabel, até então estéril, estava grávida. É como se, enfim, ela tivesse conseguido matar a charada. Então, corre para lá.

Trata-se de um encontro abençoado desde o início. Deus já o havia preparado. O texto nos conta que, ao ouvir a voz de Maria, Isabel sentiu o bebê se mover no ventre. Então foi cheia do Espírito Santo e proferiu palavras abençoadoras, reconfortantes, consoladoras para aquela jovenzinha.

Quanto capricho de Deus fazer Isabel encher-se de seu Espírito! O Pentecoste ainda estava longe, mas Isabel experimentou o que era estar cheia do Espírito de Deus para abençoar a serva do Senhor. Isto, sim, produz uma espiritualidade sadia: encontros entre pessoas, ocasiões que podem provocar a plenitude do Espírito. Tais encontros podem abençoar, acalmar, fortalecer o outro em suas lutas, angústias, dúvidas ou alegrias. Numa verdadeira espiritualidade, o outro recebe comigo. Há espaço para dividir. Há o ato de sair em direção ao outro, locomover-se em busca do outro e um profundo senso de partilhar.

É prudente desconfiar de uma espiritualidade que se isola — lamentavelmente, algo muito freqüente em nosso tempo. Ao deparar com esse trecho bíblico de Maria e Isabel, Douglas Connelly afirma: "Às vezes eu pensava que, quanto mais me aproximava do Senhor, menos precisava das pessoas à minha volta. O exato oposto é verdade. Quanto mais perto andamos do Senhor, mais precisamos do apoio de outros".[6]

É verdade. Precisamos dos outros — e mais, precisamos criar espaços em nós para ir ao encontro e receber o outro. Henri Nouwen, referência na área da espiritualidade, classifica esse encontro como "necessário" e um dos três movimentos da vida espiritual, que denomina "da hostilidade à hospitalidade". Usando suas belas e certeiras palavras:

> Nossa sociedade parece cada vez mais cheia de pessoas temerosas, defensivas e agressivas, agarrando-se ansiosamente às suas propriedades, inclinadas a olhar ao redor com suspeitas, sempre à espera de que um inimigo de repente apareça e cause algum dano. Mesmo assim, essa é nossa voca-

> ção: converter o hostis em hospes, o inimigo em convidado, e criar o espaço livre e sem medo, no qual a irmandade pode formar-se e ser experimentada em sua plenitude [...] A hospitalidade é oferecer amizade sem amarrar o hóspede e liberdade sem abandoná-lo [...] Hospitalidade não é mudar as pessoas, mas oferecer a elas um espaço no qual a mudança pode acontecer.[7]

Vemos parte disso no encontro de Maria com Isabel. Depois de três meses, Maria estava pronta para voltar para casa. A expressão da espiritualidade se deu, como se dá ainda hoje, nos encontros. A comunidade fatalmente será sua testemunha, e poderá ver e ouvir a respeito do que descobrimos de Deus para que seja abençoada e levada a uma adoração mais profunda.

Maria e o cântico

Ao ser abençoada por Isabel e encontrar uma santa hospedagem, Maria vibra e começa a compor aquele que ainda hoje é um dos cânticos mais bonitos na história cristã. A poesia e a teologia se entrelaçam de modo maravilhoso. A profundidade é impressionante, uma vez que expressada por uma mulher... e jovem... e de Nazaré! Ela não havia cursado uma escola de profetas, nem uma faculdade de teologia. No entanto, se os seminaristas de hoje tivessem a mesma profundidade teológica de Maria, desconfio que a qualidade do ensino em nossos púlpitos seria outra.

Ela começa declarando a grandeza do Senhor e sua alegria nele. Mas quem é esse que ela engrandece e adora. Quem é esse Deus? Na concepção expressa de Maria, trata-se de um Deus que é seu Senhor e Salvador, poderoso, santo e misericordioso. Sim, sua percepção é correta e rica em teologia de primeira linha, assemelhando-se à dos grandes homens de Deus na história de seu povo. É expressada em poesia, em canto, conseqüência da alegria de crer e de ter um Deus assim. É a convicção em verso, o coração em festa, a mente deliciando-se em melodia, o espírito exercitando a fé que vai além da realidade virtual, uma fé que é histórica e concreta. E em nossa espiritualidade, como vemos a Deus?

Maria, utilizando-se da espontaneidade poética que surge em meio à adoração, reforça sua identidade diante de Deus e revela como vê a si mesma: serva (no grego, *doule*, escrava). Olha para si a partir do propósito divino, e percebe-se contemplada, privilegiada, pois sabe de sua condição. Por poder contribuir e participar na concretização da História, na plenitude dos tempos, se sente bem-aventurada. E em nossa espiritualidade, como nos vemos?

Jesus ensina o paradoxo e insiste nele: quem quiser salvar sua vida, vai perdê-la (Lc 9:24), ensinamento complexo para seus discípulos. Porém, parece que já vemos indícios disso na vida de Maria, antecipando a lição que temos de aprender.

Nossa grande desconfiança e dificuldade sobre esse ensinamento manifesta-se no momento em que vamos colocá-lo em prática. Ouvimos o que Jesus disse, e até ensinamos a respeito, mas, no dia-a-dia, encontramos dentro de nós o medo da entrega, a resistência à auto-renúncia, o pavor da autonegação. Nossa identidade sente-se ameaçada, e assim rapidamente levantamos as defesas, procuramos justificativas, racionalizações, tentando segurar aquilo que achamos que somos. O resultado é um estrago enorme.

Maria nos ajuda a perceber que, quando me vejo como serva-escrava, quando renuncio a meus planos e desejos, quando me entrego para que Deus cumpra em mim seu querer, quando minha identidade passa a estar nele, nessa minha relação com ele, então, na verdade, não me perco: me encontro. Quanto mais me nego, mais em Deus me descubro, me torno mais eu, a tensão vai diminuindo à medida que a segurança da minha identidade nele se fortalece.

A serva nos diz também um pouco a respeito da ação de Deus na história. O que me faz pensar que a boa espiritualidade pode me fazer aprender da história de Deus, estimulando-nos a estudá-la. Oro para que, como conseqüência, eu me encontre cada vez mais interessada, curiosa e dedicada ao estudo da história e do Deus da história.

Neste sentido, Maria pode ser fonte de inspiração. Ela afirma, acertada e convictamente, que Deus age com poder, ampara seu povo e cumpre suas promessas. Este Deus é atuante em nossa história. Ele intervém em todos aqueles que guardam e alimentam a soberba no mais íntimo de seu coração, derrubando a arrogância dos poderosos, destronando aqueles que se sentem confortáveis em seus reinados. Ele despede os ricos de mãos vazias, mas enche de coisas boas os famintos, assim como exalta os humildes. Maria consegue, sucintamente, lembrar da misericórdia de Deus, que se estende de geração em geração, e das grandiosas realizações dele no decorrer da história desde Abraão, como manifestação concreta de tal amor.

Refletir sobre o conteúdo que Maria expressa nas circunstâncias em que se encontra leva a muita reflexão, à lembrança de fatos e à constatação de que, na caminhada com Deus, fazemos descobertas contínuas a respeito de quem ele verdadeiramente é.

O filósofo Montaigne já dizia que crer em Deus é primeiramente saber que não se conhece Deus. Isto seria verdade se Deus não tivesse encarnado. Mas o Pai enviou o Filho. Maria aceitou contribuir. É assim ao longo da história: somos sempre privilegiados em participar dos propósitos divinos. Agora temos a Cristo, referência de todo nosso viver, e o Espírito da verdade, que nos guia em toda verdade (Jo 16:13).

Apesar disso tudo, como conseguimos viver uma espiritualidade que mais adoece que produz sanidade? Por que os hospitais psiquiátricos estão repletos de religiosos — em sua maioria, evangélicos? Por que, mesmo sabendo que Deus dispersa os soberbos, ainda alimentamos em nossa espiritualidade uma arrogância assustadora, que provoca cada vez mais divisões no Corpo de Cristo? Por que, mesmo sabendo que Deus despede vazios os ricos, ainda buscamos a prosperidade terrena como sinal enganoso de espiritualidade sadia? Ainda que, como Maria, saibamos que Deus derruba os poderosos de seus tronos, por que ainda buscamos com avidez os tronos desta Terra? Será que, como disse Jesus, referindo-se aos samaritanos, também adoramos o que não conhecemos? Se Cristo não é a base da espiritualidade, então tudo está perdido.

Espiritualidade *no* feminino

Apesar de tantas dificuldades e barreiras culturais, a mulher sempre teve seu espaço privilegiado, à luz das Escrituras Sagradas. Na Bíblia, encontramos mulheres que foram fundamentais para a realização e para o cumprimento das promessas do Pai. A partir de Jesus, com seus ensinamentos e relacionamentos com elas, com o estabelecimento da nova aliança, a mulher é finalmente resgatada em sua dignidade ferida pela queda.

Neste processo de restauração plena, lento a nossos olhos, os cristãos têm aprendido a ouvir e a respeitar as mulheres, e a aprender com elas. Cresce a abertura para uma espiritualidade *no* feminino (diferente de uma *espiritualidade feminina*, que acredito não haver), isto é, que pode se expressar nas diferenças características do humano, no âmbito do gênero.

Onde a discriminação diminui, esta expressão de espiritualidade ganha espaço. O pecado ainda provoca tragédias, violências, repressões e uma série de atitudes que já deveriam ter sido transformadas pela encarnação do Evangelho. No entanto, acho que nenhuma outra geração pôde desfrutar privilégios e progressos como os que hoje encontramos.

O psiquiatra cristão Paul Tournier, famoso por seus livros e por sua visão profética, falando a respeito das mulheres, diz que aprendeu a "compreendê-las um pouco melhor, particularmente no que diz respeito a essa busca da presença de Deus — busca que, mais que qualquer outra, faz de nós pessoas".[8] É justamente esse o resultado da busca e do conseqüente encontro com Deus: resgata nossa humanidade, nos regenera, nos dá a possibilidade de voltar a ser imagem e semelhança daquele que nos criou.

O exercício da espiritualidade deve nos levar sempre a ver com maior clareza quem Deus é, quem nós somos, homem e mulher, e quem é o nosso próximo, alvo do amor de Deus.

O filósofo francês André Comte-Sponville, um dos melhores pensadores contemporâneos, é um ateu convicto e assumido. Porém, durante uma entrevista, quando lhe pediram para escolher um símbolo, ele escolheu a cruz, e esclareceu: "Um homem morreu numa cruz em nome do amor. Ora, o amor é o único valor que vale, ou pelo menos aquele que mais vale; é o único que dá sentido e coerência a todos os nossos valores. A cruz simboliza o amor, mas não o amor onipotente: o amor sofredor, o amor frágil, o amor mortal".[9]

Nossa espiritualidade será muito mais saudável se, concretamente, esse amor demonstrado na cruz, que a tantos impressiona, vier a ser expressado em nossas relações, sem diferenças de gênero, reforçando, assim, a unidade em Cristo (Gl 3:28).

Empresto as palavras do renomado teólogo e carinhoso pastor René Padilla para finalizar este ensaio:

> A mulher necessita ser liberada da opressão que tem assumido o machismo. Isso é certo. Mas também é certo que necessita ser liberada de seu próprio machismo internalizado ou de seu feminismo reacionário: ser libertada para assumir o lugar que lhe corresponde como co-herdeira do Reino. Na realidade e verdade, a necessidade é que tanto a mulher quanto o homem sejam libertados de toda forma de egoísmo, a fim de estabelecer uma nova relação com seu próximo (homem ou mulher) e desfrutar a "vida em abundância" pela qual Jesus Cristo morreu e ressuscitou. Nem o machismo nem o feminismo são realidades últimas: a única realidade última é o propósito de Deus de fazer novas todas as coisas por meio de seu Filho Jesus Cristo. E nessa realidade, que se manifesta antecipadamente na família e na igreja que vivem segundo os valores do Reino, radica nossa esperança.[10]

Notas

[1] Ferry, Luc. *O que é uma vida bem-sucedida?* Rio de Janeiro: DIFEL, 2004, p.17.

[2] Schaeffer, Francis. *Verdadeira espiritualidade*. São Paulo: Fiel, 1989 (3ª edição), p. 25.

[3] Para maiores esclarecimentos, recomendo a seguinte leitura: D'Araújo Filho, Caio Fábio. *Um projeto de espiritualidade integral*. Brasília: Sião, 1988.

[4] Foster, Richard. *Celebração da disciplina*. São Paulo: Vida, 1988, p. 9.

[5] Sousa, Ricardo Barbosa de. *Caminhos do coração*. Curitiba: Encontrão, 1996.

[6] Connelly, Douglas. *Maria: Um modelo bíblico de espiritualidade*. Viçosa: Ultimato; São Paulo: Editorial Press, 2002, p. 27.

[7] Nouwen, Henri. *Crescer: Os três movimentos da vida espiritual*. São Paulo: Paulinas, 2000, p. 63, 69.

[8] Tournier, Paul. *A missão da mulher*. São Paulo: Vértice, 1988, p. 115.

[9] Comte-Sponville, André. *O alegre desespero*. São Paulo: Unesp; Belém: Universidade Estadual do Pará, 2002, p. 58.

[10] Padilla, René. *Discipulado y Misión — Compromiso con el Reino de Dios*. Ediciones Kairós, 1997.

XII

A ESPIRITUALIDADE E A JUVENTUDE

Juventude evangélica: Religiosa no discurso, mas incrédula na prática

Marcelo Gualberto

Graduou-se em Teologia, licenciou-se em Letras e pós-graduou-se em Recursos Humanos. Trabalha com jovens e adolescentes há mais de 25 anos. Atua como diretor nacional da Mocidade para Cristo do Brasil e como coordenador nacional do movimento Desperta Débora. É pastor da Congregação Presbiteriana Central em Belo Horizonte, conferencista e escritor.

Não se assuste com o paradoxo desta afirmação, mas a geração jovem do século XXI tem na espiritualidade sua grande virtude e seu maior fracasso. Compreender e discernir esta contradição é uma tarefa que requer grande esforço, dada a complexidade dos fatores históricos, sociológicos e religiosos envolvidos no processo que culminou na formação de uma juventude evangélica brasileira da maneira como a conhecemos hoje.

Se, por um lado, é uma geração de grande abertura para o transcendente e o espiritual, por outro o discurso não é confirmado pela prática, e o que se constata é um enorme distanciamento de Deus.

Isto, porém, não representa um destino inexorável ou uma sentença. É possível — necessário, até — sugerir à juventude cristã atual alternativas para uma espiritualidade profunda e autêntica. Serão esses os caminhos que levarão o jovem cristão a uma espiritualidade saudável, bem diferente do senso quase neurotizante de religiosidade que hoje domina as igrejas. Uma espiritualidade que promova cura interior, edificação e equilíbrio.

Para identificar tais alternativas, é necessário tirá-las como lições a partir de um olhar sobre a história da espiritualidade cristã evangélica brasileira, suas matrizes e suas influências. Desconsiderar o passado é cometer suicídio no presente. Como tem sido a caminhada da juventude cristã brasileira nas últimas décadas? Por que chegamos aonde chegamos? Por que a espiritualidade da juventude hoje é sua mais eloqüente defesa e, simultaneamente, seu maior algoz?

De olho na história

A juventude evangélica das décadas de 1960 e 1970 foi sacudida com o surgimento no Brasil de organizações como Mocidade Para Cristo (MPC), Palavra da Vida, Jovens da Verdade, Vencedores por Cristo, Aliança Bíblica Universitária (ABU), Jovens em Cristo, Grupo Logos, Jovens com uma Missão (JOCUM), entre outros. Com uma proposta inovadora e atraente na relação entre a mensagem (imutável e santa) e o método (veículo mutável e flexível), elas conseguiram mostrar aos jovens e adolescentes daquela época uma espiritualidade equilibrada, contextualizada e bíblica.

O fato de ter realizado um trabalho importante não significa que a tarefa tenha sido fácil para aqueles grupos e organizações. O jovem cristão vivia sob grandes pressões e conflitos. De um lado, o movimento *hippie* e a Jovem Guarda, mesmo em seu ocaso, convidavam para um estilo de vida "paz e amor", caracterizado por sexo, drogas e muito *rock'n'roll*. De outro, uma Igreja Evangélica via de regra fechada, engessada, na qual, em alguns casos, nem mesmo o uso do violão era permitido nas reuniões de mocidade.

As igrejas históricas sentiam-se ameaçadas pelo movimento chamado "renovação espiritual", que dividiu inúmeras igrejas em todo o Brasil. Enquanto isso, consolidava-se a estrutura das igrejas nascidas das cisões, influenciadas pelas pentecostais históricas, e por isso com forte ênfase na questão dos usos e costumes. Na maioria delas, quase tudo era considerado pecado, até mesmo a prática de esportes.

No contrafluxo desta tendência, vários jovens descobriam outra via para o desenvolvimento e a expressão de sua espiritualidade. Muitos deles participavam de temporadas nos acampamentos Palavra da Vida, MPC,

Jovens em Cristo e Jovens da Verdade, onde tinham liberdade para cantar, rir, brincar, ter comunhão com rapazes e moças de outras igrejas e experimentar um estudo bíblico contextualizado e adequado a sua geração.

Entre outras organizações, os congressos da Aliança Bíblica Universitária e da Mocidade para Cristo — com destaque para o "Geração 79", considerado um dos mais marcantes desta fase de transição da juventude evangélica —, propunham nova abordagem para a espiritualidade, desafiando os jovens à unidade e ao compromisso. Esta forma inovadora de expressar a fé encontrou solo fértil entre as chamadas "mocidades" das igrejas, e foi consolidada através de clubes bíblicos, discipulados e treinamentos.

Apesar do *fardo* imposto pela ala mais conservadora da igreja — segundo a qual a distinção do cristão estava mais naquilo que ele *não* fazia —, essas organizações contribuíram para a chegada de uma espiritualidade libertadora, com conteúdo valorizado sobre a forma, anunciando que Deus era alguém próximo e acessível.

A arte também ganhou espaço, tornando-se mais um recurso a favor da evangelização. Grupos musicais como Elo, Logos e Vencedores por Cristo edificaram a vida de milhares de jovens brasileiros com música de qualidade, tanto nas composições e arranjos mais modernos e sofisticados quanto no resgate de ritmos e tradições nacionais. Pela primeira vez, a música popular brasileira era valorizada na liturgia.

Em certo sentido, as relações da Igreja Evangélica, como um todo, e da juventude, em particular, com a expressão da espiritualidade refletiam um pouco do ambiente de conflito entre a arbitrariedade e a rebeldia no país daquela época. Durante a maior parte das décadas de 1960 e 1970, o Brasil viveu sob a ditadura militar. Boa parte da Igreja, ao invés de se levantar profeticamente contra o regime de exceção, reproduziu o modelo.

Muitos anos depois, ainda se encontram, aqui e ali, alguns *coronéis* eclesiásticos e famílias *donas* de igrejas, dirigidas por líderes que mandam e desmandam, tiram e colocam pastores quando bem entendem e dominam a juventude sob a batuta do medo.

A resistência a este modelo quase feudal foi oferecida, principalmente, por aquelas organizações que ensinaram à geração jovem dos chamados "anos de chumbo" que o fardo de Jesus é leve e suave. Finalmente, era possível aplaudir ao Senhor sem ser classificado como "irreverente". Já não era pecado balançar o corpo com ritmos brasileiros, ao contrário, um samba poderia muito bem embalar uma letra inspirada, para a glória de Deus.

A hora devocional ou o momento a sós com Deus tornou-se um hábito ensinado repetidamente em todos os encontros, acampamentos e congressos. Práticas como a memorização de versículos e os memoráveis concursos bíblicos enchiam a mente e o coração daqueles jovens, dando-lhes uma nova perspectiva a respeito da luta contra o pecado: "Escondi a tua palavra no meu coração, para eu não pecar contra ti" (Sl 119:11; ARC). O impacto foi tão grande que, como resultado, a geração jovem dos anos 1960 e 1970 forma parte considerável da liderança atual da Igreja brasileira.

A década de 1980 foi um divisor de águas. O pêndulo foi de um extremo a outro. O processo de encerramento do período militar, iniciado com a distensão política e a anistia, no fim da década de 1970, e concluído em 1985, coincidiu com o surgimento do chamado "movimento *gospel*". O terreno já estava preparado. Janires e o grupo Rebanhão, com sua música de vanguarda, sinalizavam um novo tempo para a juventude cristã.

A Nova República virou sinônimo de liberdade, e até as igrejas foram contagiadas por esse clima. No entanto, a avaliação sobre como a juventude evangélica foi influenciada por esse ambiente mais democrático não é necessariamente a mais positiva. Fomos de um extremo para outro, e o movimento *gospel* teve sua cota de responsabilidade em outro tipo de fenômeno: a deturpação da espiritualidade libertadora, da transformada em instrumento de alienação.

Os jovens evangélicos de hoje nasceram e cresceram sob um tipo de *ditadura musical* não institucional que praticamente excluiu da agenda e da liturgia a Palavra, estabelecendo infindáveis "períodos de louvor" — não raro, liderados por pessoas absolutamente despreparadas ou não vocacionadas. O microfone passou das mãos dos pregadores para as mãos dos músicos e cantores. Estes, por sua vez, incentivaram a juventude a "mandar beijinhos pra Jesus", "orar de madrugada porque a fila é menor", "sentar no colo do Pai e puxar sua barba", "sentir o calor de Deus", "perseguir os inimigos", "vestir a camisa do Senhor", "ter um romance com Deus", "correr na casa do Pai" e desenvolver uma espiritualidade utilitarista, pela qual o servo passa a ser o senhor que determina e "toma posse" da bênção, que considera uma obrigação divina.

Em geral, o movimento *gospel* apresentava à juventude um Jesus fácil de ser seguido e que, por isso mesmo, também era fácil de ser abandonado. Em resumo: uma espiritualidade que barateava a graça divina e que, em nome da bondade e misericórdia de Deus, dava margem a um certo flerte com o pecado.

A ala da Igreja que não se enquadrou no novo modelo, bem como as organizações que antes se destacavam pelo pioneirismo, custaram a perceber o que acontecia à sua volta. Num primeiro momento, praticamente tudo foi assimilado com pouca resistência porque, afinal de contas, parecia que o sonho tinha se transformado em realidade.

Seria injustiça negar alguns avanços do período, como a introdução de novas liturgias menos convencionais, surgimento de músicos e compositores nacionais de talento e a formação de uma geração de pregadores que lançavam um novo tipo de olhar sobre a fé, diferente daquele que os missionários estrangeiros, principalmente americanos e ingleses, apresentaram durante cerca de um século aos crentes brasileiros.

A juventude, enfim, conquistou um espaço maior nas agendas eclesiásticas e vários grupos de jovens e adolescentes excluídos foram, de alguma forma, alcançados. Porém, este mesmo movimento produziu efeitos nocivos, ou mesmo aberrações.

Espiritualidade alienadora e utilitarista

Comecei afirmando que a geração jovem do século XXI teve na espiritualidade sua grande virtude e seu maior fracasso. Sem dúvida, é fato que esta geração é muito mais aberta e dinâmica no trato das questões espirituais que as antecessoras. Aliás, o novo milênio é marcadamente um tempo em que a humanidade tem fome espiritual. Diferentemente de décadas passadas, já não é moda dizer-se "ateu". Poucos são os que assim procedem.

No caso específico da Igreja Evangélica, o crescimento avassalador do movimento *gospel* veio como um vento forte sobre o braseiro preparado pelas tendências do novo milênio. Nunca se falou e se cantou tanto a respeito de Jesus, do Céu, da volta de Cristo, das bênçãos e promessas. Nunca se gravou tantos CDs com músicas, mensagens e cantatas de inspiração espiritual. Nunca as igrejas tiveram tanto espaço na mídia. Nunca congressos, retiros e acampamentos estiveram tão cheios de jovens. Nunca a juventude consumiu tanto material evangélico. Nunca foi tão fácil pregar a jovens e adolescentes. Há uma abertura sem precedentes para o que se fala, se escreve ou se conta em nome de Deus. Daí a afirmação de que esta geração que tem na espiritualidade sua maior virtude.

Em contrapartida, nunca se barateou tanto o Evangelho em nome do *sucesso*, da casa cheia, dos *shows* e das reuniões superlotadas como símbolo de triunfo. A maioria desta geração segue a Jesus de longe; conhece alguma coisa a respeito de Deus, que está com o coração aberto para o espiritual, mas não conhece a Deus pessoalmente como Senhor e Salvador. A relação estabelecida com Deus é principalmente utilitarista: salvação, sim, mas Salvador, não. Por isso, faz sentido dizer que se trata de uma geração que também tem na espiritualidade um fator de fracasso.

Essa espiritualidade alienadora e utilitarista leva o jovem a correr de um lado para o outro, como criança agitada, à procura das bênçãos. A "guerra espiritual", travada contra o mal e os demônios, não acontece na faculdade, em casa ou no trabalho, mas em reuniões com alto grau de emoção, nas quais se joga uma espécie de *videogame espiritual*, com direito a inúmeras "amarras", perseguições, decretos", quedas, gemidos, sapateios, gritos etc. Certa ocasião, uma "líder de louvor" incentivou cerca de 800 adolescentes a "falar em línguas". Para tanto, bastava repetir com rapidez a palavra "aleluia" até "embolar a língua".

Diante de tudo isso, o questionamento natural é: que jovem surgiu na Igreja Evangélica como fruto desse tipo de espiritualidade?

Juventude religiosa no discurso, mas incrédula na prática

Nunca as igrejas estiveram tão cheias de jovens. As pesquisas mostram que 80% das decisões por Cristo — que não significam necessariamente conversões — ocorrem na faixa etária entre os 13 e 25 anos. Ou seja, a Igreja

Evangélica é jovem. Todavia, esta decisão em geral não afeta o cotidiano das pessoas. O discurso não combina com a prática. A Igreja cresce e o Brasil não melhora. Isso sem contar com o crescente número de jovens que, após experiências frustrantes em várias igrejas, afastam-se de todas.

Juventude conectada, mas imatura

Com o surgimento da geração *gospel* e do culto-*show*, com fortíssima ênfase na celebração, não há mais espaço e nem interesse no estudo sistemático da Palavra e no crescimento espiritual. O sensível desinteresse de adolescentes e jovens na escola bíblica dominical (abolida em muitas igrejas) evidencia este fenômeno. Embora seja uma juventude conectada e bem-informada, já que o mundo está à distância de uma tecla, também se trata, sob a ótica espiritual, de uma geração sem conhecimento bíblico, imatura e vulnerável a qualquer "novo vento de doutrina". E doutrina nova é o que não falta.

Juventude sarada e talentosa, mas cansada e indisponível

Mesmo sendo uma geração-saúde, que adora corpos bem cuidados, malhados, bronzeados e elegantes, a juventude exibe um cansaço crônico. Talvez pelos inúmeros compromissos (aulas de idiomas, academia etc.), essa correria e esse cansaço estimulam o jovem a optar por um Evangelho *light*, sem maiores responsabilidades e compromissos, a não ser com ele mesmo e suas conveniências. Aliás, é sintomático perceber que, na avaliação de muitos jovens, o culto geralmente é "uma bênção" quando se sentem muito bem e o louvor musical é embalado pelas canções de que mais gostam. O centro do culto passou a ser a pessoa, e não Deus. Poucos são os que se envolvem efetivamente, com determinação e garra, no serviço a Deus.

Obviamente, esse perfil é traçado com base em minha experiência de mais de trinta anos no ministério com jovens e na observação de um grupo que hoje constitui, potencialmente, a maioria da juventude evangélica brasileira. Nossa proposta é mais que tentar buscar respostas para a complexidade do presente. É principalmente resgatar, propor e incentivar uma práxis que leve os jovens a um relacionamento genuíno com o Criador, expressando sua espiritualidade de forma engajada, contemporânea e autêntica. Por isso trataremos a seguir de alternativas para uma espiritualidade equilibrada e saudável, que também pode ser compreendida como o retorno do pêndulo ao ponto de equilíbrio.

(Re) Evangelização dos evangélicos

Percebo claramente que a Igreja Evangélica tornou-se um tremendo campo missionário. A liderança deve voltar a pregar o simples e genuíno Evangelho e a convidar os jovens a se submeter ao senhorio de Cristo. Jovens e adolescentes ditos "evangélicos" precisam ser (re)evangelizados. Muitos ainda não entenderam que estar perto não é suficiente, e que é necessário passar pela "porta", que é Jesus (Jo 10:9). Para quem está de fora, seja a 10 cm seja a 10 mil quilômetros de distância, a condição é a mesma: perdição eterna. "Nem todo o que me diz: Senhor, Senhor! entrará no reino dos céus" (Mt 7:21). Esta situação de "muito próximo" das coisas de Deus é perigoso. As pessoas enganam a si mesmas e aos outros, vivendo uma religiosidade sem uma genuína conversão.

Desenvolvimento de disciplinas espirituais

Disciplinas espirituais são exercícios para o crescimento da espiritualidade e representam para nosso espírito o que o oxigênio representa para nosso organismo, ou seja, a vida espiritual não pode prescindir delas. Em *Celebração da disciplina,* Richard Foster diz que "a superficialidade é a maldição de nosso tempo. A doutrina da satisfação instantânea é, antes de tudo, um problema espiritual. A necessidade urgente hoje não é de um maior número de pessoas inteligentes ou dotadas, mas de pessoas profundas".[1]

A palavra "disciplina" não costuma ser bem-vista entre adolescentes e jovens. Falar de disciplina espiritual para uma geração *fast food* não é fácil. Eles preferem os *enlatados*, o prato pronto. Tudo tem de ser rápido, leve e colorido. Por isso mesmo, os exercícios a seguir estão fora de moda e precisam ser retomados, ensinados e praticados pelos jovens:

Solitude

Aprender a ficar quieto, calado e sozinho por um tempo na presença de Deus para ouvi-lo melhor. A idéia da hora devocional, do momento a sós com Deus, da hora tranqüila, silenciosa ou equivalente, tão vivenciada na década de 1970, perdeu-se com a chegada dos *shows*, da celebração, dos megacultos nos megatemplos, das gravações de CDs ao vivo, das salas de bate-papo etc.

Cabe aqui uma volta no tempo. O programa do congresso "Geração 79", com quase cinco mil participantes, contemplava o momento a sós com Deus em horário específico. O dia começava com uma reunião geral, seguida da divisão em subgrupos de 500, 50 e 10. Todos incluíam momentos de solitude. O tema geral, apresentado e *mastigado* várias vezes nos grupos, encontrava ressonância no momento a sós com o Pai.

O jovem atual vive rodeado de muitas vozes mas, só é possível reconhecer a voz do Senhor à medida que se desenvolve a prática da solitude. É fato que as decisões mais importantes da vida são tomadas até os 25 anos. É justamente nessa fase que o jovem mais precisa ouvir a voz de Deus para decidir corretamente. Dallas Willard diz que "uma vez que a solitude tenha feito o seu trabalho, a chave do progresso é o estudo e a meditação".[2]

Estudo e meditação

Trata-se da reflexão sobre o que se estuda na Bíblia e de sua aplicação na vida prática. Foster diz que "na sociedade contemporânea, nosso Adversário se especializa em três coisas: ruído, pressa e multidões".[3] O jovem moderno sofre com tudo isso, pois sua vida se caracteriza pela pressa gerada por inúmeros compromissos. Esta pressa o leva a sacrificar o *importante* no altar do *urgente*.

Oração

Dar menos informações a Deus, como se ele não soubesse de tudo (oração do repórter) e se dispor mais na presença de Deus (oração do servo: "Eis-me aqui, envia-me!") "Oração e ação tornam-se inseparáveis"[4] quando se aprende a orar como servo, ou seja, sem tentar impressionar a Deus com a obra ou com a tarefa inacabada, mas colocando-se à disposição para servir, como resposta à própria oração.

Adoração

Desenvolver um estilo de vida que glorifique a Deus: "Quer comais, quer bebais ou façais outra coisa qualquer, fazei tudo para a glória de Deus" (1Co 10:31). Adoração é muito mais que um período de cânticos; é uma vida que agrada ao Pai e que motiva os que nos rodeiam a louvá-lo.

Jejum

Abrir mão da comida material para buscar o alimento espiritual.

Simplicidade

Aprender a caminhar com menos recursos e alegrar-se com o necessário para viver. A idéia central da simplicidade é buscar primeiro o Reino de Deus e sua justiça, na certeza de que o necessário virá a seu tempo.

Serviço

Desenvolver uma atitude de servo e se envolver de forma compromissada na obra de Deus. Como Richard Foster diz: "nada como o serviço para disciplinar os desejos desordenados da carne, e nada como servir no anonimato para transformar os desejos da carne".[5]

Memorização

Guardar na mente e no coração a Palavra de Deus para vencer o pecado.

Confissão

É aprender a *respiração espiritual*, na qual confissão = expiração e perdão = inspiração. É reconhecer a dependência de Deus em todas as áreas da vida e a importância do sangue derramado na cruz para a purificação dos pecados. "A confissão põe fim ao fingimento".[6]

Uma espiritualidade equilibrada

À luz de Atos 2:42-47, que relata o equilíbrio na Igreja original, podemos extrair princípios fundamentais para a vida cristã autêntica. Meu desejo e a minha oração é que a juventude brasileira possa ter esta experiência.

- **1°. Saber x Realizar:** uma espiritualidade que persevera na sã doutrina e manifesta grande poder. "E perseveraram na doutrina dos apóstolos (...) e muitos sinais e prodígios eram feitos."
- **2°. Templo x Casa:** uma espiritualidade que valoriza o culto comunitário e desenvolve grande comunhão *de casa em casa*. "Perseveraram unânimes no templo e partiam o pão de casa em casa."
- **3°. Oração x Crescimento:** uma espiritualidade que revela total dependência e por isso alcança grandes resultados. "E perseveravam (...) nas orações (...) Enquanto isso, acrescentava-lhes o Senhor, dia a dia, os que iam sendo salvos."
- **4°. Singeleza x Satisfação:** uma espiritualidade que descobre o valor das coisas simples e experimenta grande alegria. "E tomavam as suas refeições com alegria e singeleza de coração."
- **5°. Dar x Receber:** uma espiritualidade que abre mão do "ter", que valoriza o "ser" e vive feliz com o necessário. "Todos os que creram estavam juntos e tinham tudo em comum. Vendiam as suas propriedades e bens, distribuindo o produto entre todos, à medida que alguém tinha necessidade."
- **6°. Comunhão x Missão:** uma espiritualidade que ama os "de dentro" e tem grande simpatia com os "de fora". "E perseveravam (...) na comunhão (...) e contavam com a simpatia de todo o povo."

Grito de alerta

Faz parte da minha paixão, de meu chamado e de minha visão o crescimento espiritual dos jovens e dos adolescentes brasileiros. Por isso, meu coração ainda está cheio de ânimo, sonhos e visões. Gostaria de ver uma juventude equilibrada e envolvida com a obra de Deus, fazendo diferença em casa, no trabalho, na igreja e na escola. A geração das décadas de 1960 e 1970, que assumiu seu papel e ainda lidera boa parte da Igreja Evangélica brasileira, passará o bastão em breve, mas para quem? Certamente, não será para a "geração *gospel*", a não ser que voltemos à prática das primeiras obras. "A juventude está naquele centro onde nasce o novo."[7] O novo na verdade é velho. Sem abrir mão das conquistas das últimas décadas, é necessário reavaliar o presente e, corajosamente, equilibrar o pêndulo.

Àqueles que lideram jovens e adolescentes, de fato, este é um grito de alerta, um pedido de ajuda. Como antigo militante na causa da juventude rogo-lhes que não se conformem com o tempo presente. Não se submetam à tirania dos "ministérios de louvor" comerciais. Não franqueiem seus púlpitos aos que mercadejam a Palavra. Não vendam a consciência, nem permitam que os princípios sagrados do Evangelho de Jesus sejam ultrajados em nome de um suposto *marketing* evangélico. Os jovens e adolescentes que o Senhor colocou sob nossa liderança são verdadeiras pérolas, que não podem ser lançadas aos porcos. Pelo contrário: foram compradas por bom preço, o sangue de Jesus derramado na cruz do Calvário. São valiosas demais para serem pisadas e usadas por inescrupulosos que, um dia, ouvirão a dura palavra do Senhor: "Eu nunca conheci vocês! Afastem-se de mim, vocês que só fazem o mal!" (Mt 7:23; NHTL). Que o Senhor nos ajude a, em tudo, sermos fiéis.

Notas

[1] Foster, Richard. *Celebração da disciplina*. São Paulo, Editora Vida, 1983, p. 9.

[2] Willard, Dallas. *A conspiração divina*. São Paulo, Mundo Cristão, 2000, p. 344.

[3] Foster, Richard. *Op. cit.*, p. 25.

[4] *Id.*, p. 60.

[5] *Ibid.*, p. 158.

[6] *Ibid.*, p. 186.

[7] Levi, Giovanni, e Schmitt, Jean-Claude (org.). *História dos jovens – 2*. São Paulo, Companhia das Letras, 1996, p. 373.

XIII

A ESPIRITUALIDADE E A IDENTIDADE NEGRA

Espiritualidade, identidade e cultura

Marco Davi de Oliveira

Graduado em Teologia e Filosofia, é pastor da Igreja Batista de Vila Mariana, onde exerce o ministério em Missões Urbanas. É coordenador da organização não governamental Simeão, o Níger. Coordenador do Movimento Negro Evangélico e do Fórum de Lideranças Negras Evangélicas, compõe a Comissão da Negritude da Associação Evangélica Brasileira (AEVB). É autor do livro *A religião mais negra do Brasil*, publicado pela editora Mundo Cristão.

Nada mais oportuno nos dias de hoje que discutir a temática da espiritualidade, pois nunca se falou tanto dela. Com freqüência a concepção de espiritualidade nos leva aos caminhos mais distintos e inesperados. Tal discussão, via de regra, direciona-se para crenças estranhas, contemplação exacerbada, afastamento social e cultural ou até, em alguns casos, o êxtase da busca existencial. A espiritualidade também tem sido encarada como algo que acontece fora do indivíduo, que vem de forma sobrenatural, num momento específico, e que paira sobre aqueles que são mais sensitivos ou "espirituais".

Uma forma de conceituar a espiritualidade é assumir que, através dela, se chega ao encontro de si mesmo, ao "eu" primordial etc. Desta maneira, pensa-se na espiritualidade, muitas vezes, sem levar em conta a história dos indivíduos. Daí surgir todo tipo de *espiritualidade* desconexa com a realidade de cada um. Fala-se de espiritualidade longe da história, das dores, do choro ou do riso.

Outra maneira de se pensar a espiritualidade é concebê-la fora do arcabouço cultural e étnico do indivíduo. Entretanto a cultura deve ser avaliada como principal instrumento de leitura da espiritualidade. A etnia, ou raça, deve ser encarada como o cerne, a matriz das respostas enquanto vivência da espiritualidade individual e coletiva.

Na primeira parte deste capítulo, vamos juntos refletir — não como um pacote fechado e uniforme — sobre os caminhos da espiritualidade que se identifica com a identidade. Vamos pensar como a identidade (especificidade) dos negros no Brasil pergunta e responde sobre a espiritualidade que se propaga neste início de século, e de que maneira ela se coaduna com a realidade do negro evangélico brasileiro.

Trataremos da natureza humana, da imagem e semelhança de Deus, da graça infinda que a todos e a todas as culturas domina. Mas, sobretudo, traremos à luz que a espiritualidade cristã tem como princípio o ser igual a Jesus de Nazaré, exemplo de espiritualidade mais profundo, dando sua vida por nós, negros e brancos pecadores.

A princípio, devemos definir ou apenas pensar a espiritualidade conceitualmente. Quando falamos de espiritualidade, o que vem à mente? Que imagem fazemos de alguém que decidiu (se isto é possível) vivenciar sua espiritualidade no que há de mais profundo? Obviamente, pensamos naqueles que consideramos espirituais, ou seja, que transmitem a todos a imagem de uma vida conectada com o Espírito Santo.

Quando a Bíblia fala do Espírito Santo, usa as expressões *ruah* (hebraico) e *pneuma* (grego). Ambas enfatizam uma realidade presente. É o Espírito de Deus que se relaciona com a pessoa, que interage com ela, gemendo por suas dores (Rm 8:26).

Uma tentativa de definição

O que é espiritualidade? Esta é a questão primária para dar continuidade à reflexão deste capítulo. Na tentativa de definir o termo, podemos chegar ao seguinte: *espiritualidade é a consciência do espírito do ser humano caído com a magnífica presença do Espírito de Deus revelado em Jesus de Nazaré*. Nesta tentativa de definição, devemos dizer que viver a espiritualidade é ter a consciência de que somos pecadores, com a natureza caída e deformada pelo pecado que invadiu a humanidade, retirando do ser humano a qualidade de ser um com Deus e com o outro. O pecado retirou da pessoa a espiritualidade existente antes na relação com Deus. No Jardim, vivia em conformidade com Deus e com a natureza. A espiritualidade do ser humano consistia em cuidar da Criação. Era voltada para o relacionamento com as coisas criadas: as árvores, as plantas, os animais e as flores, que recebiam, a cada manhã, o nome dado pelo homem.

A espiritualidade também era direcionada para o outro — ou melhor, para a outra. Era no relacionamento heterossexual, de homem e mulher, que o homem dizia coisas do íntimo, da alma. No relacionamento com a mulher, o homem pôde expressar o sentimento pelo outro como um ser fora dele, mas igual a ele. Por isso, foi capaz de dizer: "Essa (...) é osso dos meus ossos e carne da minha carne" (Gn 2:23).

Finalmente, mas de maior importância, a espiritualidade do ser humano no Jardim era pautada pelo relacionamento com Deus: um Deus que falava, interagia e nutria amizade com ele. Deus que procurou o homem após a queda e perguntou: "Onde estás?". Um Deus que procurava o ser humano, a quem queria bem, a quem amava. Um Deus que pôs no homem o desejo por eternidade, interação espiritual e contato com os céus, com o divino. No Jardim, o homem era espiritual e tinha uma identidade que o diferenciava dos outros seres, e por isso os dominasse, apesar de também constituir natureza com eles. Era nesse Jardim que o homem era coletivo sendo unidade, sendo alma vivente.

A queda foi uma trágica manifestação contrária ao bem. Foi o mal que se colocou entre o ser humano e Deus, invadindo a relação da criatura com o Criador. O mal desfez a harmonia entre o homem-natureza e o restante dela. Intrometeu-se entre o homem e a mulher, quebrando a unidade entre eles. Trouxe cardos e espinhos à Terra. Fez o homem morrer, quebrando sua identidade primária. Já não uma só raça. Agora é raça decaída pelo mal que se apoderou da humanidade. Um ambiente contrário ao bem, à vida e a Deus. O homem se perdeu de Deus.

Quando o homem saiu do Jardim, sua descendência voltou-se contra si, mostrando que estava rompido o laço que fazia o ser humano viver a espiritualidade que o identificava como criado à imagem e à semelhança da

Trindade. A *imago Dei*, que fazia do homem um ser produtor de vida, foi manchada pela suposição humana de ser igual ao Criador. Ao homem cabia ser livre, bondoso, racional, amoroso. Após a queda, coube-lhe ser o objeto contínuo da graça de Deus.

O ato de fazer o ser humano a sua imagem e semelhança mostra a preocupação de Deus em trazer à Criação a possibilidade da espiritualidade. Ao ser criado segundo a imagem de Deus, o homem foi dotado da esfera espiritual que se comunica, relaciona e interage com o Pai. O sopro de Deus foi o sopro da vida e da espiritualidade humana. É a vida, em seu espírito, que faz do homem um ser que busca e anseia pelo sagrado, pelo divino.

O homem é um ser espiritual: esta é a grande diferença em relação aos outros animais. O fato de ser espiritual lhe permite encontrar a beleza, a estética e o prazer. Existe espiritualidade ao contemplar uma flor, ao deparar com um belo quadro e ao ouvir uma canção. E, principalmente, a espiritualidade humana leva o homem a sentir Deus.

Quando pensamos no homem como ser social, vemos que ele necessita de relações profundas com os outros. Esta participação em comunidade gera a junção de anseios e desejos mútuos. A cultura nada mais é que esta interação de desejos, anseios e vivências, quando os seres humanos se relacionam, utilizando a mesma linguagem e experimentando os mesmos conflitos, os mesmos prazeres; quando têm as mesmas categorias de pensamentos nas questões mais corriqueiras da vida; quando questionam, reivindicam, buscam e sofrem as mesmas coisas. Não temos uma classe social, temos uma cultura. Um jeito de ser e existir.

Fé como elemento cultural

Nós, brasileiros, possuímos uma identidade cultural própria. Temos características essenciais e únicas. Somos conhecidos em todo o mundo não só pelo futebol — em que, aliás, somos os melhores —, mas somos chamados "brasileiros", identificados como nação peculiar. Isto mostra que temos um jeito próprio de olhar a vida, de enfrentar os problemas e de viver. No entanto, no Brasil a cultura é uma grata mistura de um conjunto de culturas de outras nações. Todas as culturas se entrelaçaram, produzindo o que temos hoje. Embora a influência de diversos povos seja perceptível, temos um jeito único de ser gente.

Não há como refletir sobre espiritualidade sem nos debruçar sobre nossa cultura. Apesar de identificarmos nelas várias facetas, devemos encará-la como instrumento para avaliação de nossa espiritualidade. O brasileiro consegue ser místico e racional, cético e crente, fanático e indiferente. No entanto, é sobretudo, um povo que tem fé. Aliás, muitas formas de fé.

A fé do brasileiro se confunde com a mística que cerca este povo cheio de crenças. Na Bíblia, a fé é entendida como o que se crê e não se vê (Hb 11:1). Entretanto, para o povo brasileiro, a fé deve se materializar nas ações e atitudes de quem afirma tê-la. Por isso, muitos são objeto de reverência e adoração.

Para um povo tão ávido pelo sagrado, a espiritualidade tem seu conteúdo próprio e é demonstrada através de uma mística particular — a experiência do encontro com o Outro, que perpassa a racionalidade e vaza os sentidos, produzindo unidade, comunhão e presença. O que se percebe é o que se experimenta, e não razão, reflexão e conceito da realidade religiosa.

> As palavras "misticismo" e "místico" (*mystikos; mystes*) vêm do mesmo radical grego *myein* a que pertence a palavra "mistério", e que quer dizer "fechar", "estar fechado", especialmente para os órgãos da percepção ou da comunicação, significando "fechar a boca", "guardar silêncio". Quer dizer também aquilo que está escondido, "secreto", "segredo", "sacramento", "sagrado". No Novo Testamento, o termo aparece sempre contendo dois sentidos distintos. Refere-se a um conhecimento de coisas escondidas, que requer comunicação, acesso especial. Tal conhecimento que a fé possui. Ou então refere-se àquilo que é retirado do conhecimento, que é escondido e que só pertence a Deus mesmo.[1]

Quando o homem entra no ambiente do sagrado, do escondido e do secreto, se encontra com um mundo diferente de sua realidade. Por isso se admira com a magnitude da manifestação do que se torna sua experiência particular e o toma com toda sua humanidade, sua cultura e seu acervo social. No momento do encontro com o mundo místico, só há este mundo:

o da experiência individual. Cada encontro, mesmo numa grande multidão, revela-se único para cada indivíduo.

Esta mística do encontro com aquilo que nos toma incondicionalmente[2] é diversa num mundo de várias culturas e línguas. No mundo europeu, essa realidade do sagrado terá sempre a percepção dos brancos. Entre os índios, essa manifestação sagrada ou do sagrado será sempre absorvida de forma amarela ou bronzeada. Entre os negros africanos, essa percepção será negra.

É por isso que vemos os europeus se relacionarem com Deus e com a religião de forma tão diferente dos negros e asiáticos. Aliás, é bom salientar que isso também se dá porque os europeus estão sempre em busca da conquista. Os brancos europeus não ficavam satisfeitos com o espaço adquirido, mas com a conquista, enquanto os negros e asiáticos valorizavam os espaços onde eram e se tornavam livres.

Na mística do povo brasileiro são observados os traços da cultura e da origem negra. A cultura dos negros africanos se mistura a outras matrizes culturais, produzindo uma espiritualidade que se confunde com a mística (ou misticismo) do povo. O negro no Brasil se sustenta através da cultura religiosa. As religiões de matizes africanas constituem a base para a formação da espiritualidade negra brasileira. Mesmo não havendo unanimidade sobre esta opinião, reafirmo a importância das religiões de matizes africanas para a resistente luta dos valores de justiça e igualdade racial no Brasil.

Foram essas religiões que mantiveram acesas as questões concernentes às dores do povo negro, através de uma mística que tinha por objetivo a liberdade. Os negros criaram comunidades revolucionárias que mostravam o valor dos vários homens e mulheres que sofriam o descaso social, político e econômico da época. Era uma espiritualidade que acenava com a libertação do espírito humano. Uma espiritualidade libertária, não só da alma, mas das opressões sofridas nas fazendas herdadas, subsidiadas pelo governo, e também nas terras roubadas daqueles que aqui viviam, no espaço livre, antes da chegada dos "conquistadores" — estes, sim, sem mística e sem mistérios.

Os negros, então, fugiam para lugares distantes, onde podiam viver a espiritualidade que lhes era comum, vivenciada na natureza. O sagrado era experimentado no cosmo, na vida e com a vida. Na realidade, essa é a busca de todo homem que vive a espiritualidade. Ele procura retornar ao Éden, ao Jardim de sua espiritualidade.[3]

Os quilombos eram, e ainda são, os lugares do encontro com a história dos negros que foram escravizados. É lá que a história se torna sagrada, escondida e mística. Mais de 1,2 mil comunidades remanescentes de quilombos ainda resistem, mantendo a história daqueles que para esta terra foram conduzidos.[4]

Essa resistência reflete a espiritualidade dos negros que vivem nessas comunidades. Quando pensamos sobre o processo histórico dos negros no Brasil, não podemos esquecer que o sofrimento constante orientou o tipo, a forma e a intensidade de sua espiritualidade. Foi o sofrimento que levou os negros a buscarem um jeito de adorar seus deuses africanos, escondendo-os nos santos da Igreja Católica.

A espiritualidade dos negros no Brasil está, ainda hoje, baseada numa luta diária por sobrevivência. A maior parte deles vive na pobreza e na escassez. Viver uma espiritualidade em circunstâncias adversas conduz a pessoa à possibilidade da total confiança no Deus que controla todas as coisas. Viver uma vida limítrofe nas questões sociais deveria trazer transtornos emocionais, físicos e até espirituais. E, de fato, os transtornos aparecem sob a vida de quem sofre as mazelas sociais. No entanto, também traz a força e a resistência que vêm do interior, proveniente da fé.

O povo negro sabe o que significa precisar de uma força interna que resista às mazelas próprias do sofrimento. Por isso é possível encontrar um grande contingente de cidadãos negros nas igrejas evangélicas, em particular nas pentecostais. Nelas, os negros se sentem livres para expressar seus anseios e suas esperanças em dias melhores, mesmo que experimentados apenas no céu. Mas há também a confiança de que aqui se vive melhor sob o auxílio do Deus eterno.

Os negros e o pentecostalismo

Em *A religião mais negra do Brasil*,[5] procuro revelar os caminhos que levaram os negros brasileiros a identificar-se sobretudo com o pentecostalismo. Dentre várias razões, gostaria de ressaltar a questão mística. A mística dos negros leva a uma espiritualidade mais direcionada à participação, à utilização do corpo, à dança e à música, que falam mais da cultura de seus antepassados. Quando analisamos os pentecostais, notamos a participação mais efetiva dos negros na liturgia. É nelas que os negros podem ser encarados como gente cheia do Espírito, com poderes espirituais que os qualificam para vários cargos e ministérios.

É na igreja que os negros participam ativamente nos cultos, envolvendo-se diretamente nas atividades. Há algum tempo, havia na liturgia da igreja pentecostal um momento conhecido como "oportunidades" em que todos podiam falar ou cantar, pois se acreditava que o Senhor Deus falava livremente neste período. Isto ainda acontece em algumas comunidades. Esta oportunidade iguala todos, e é uma característica importante entre os pentecostais de linha mais clássica: a igualdade. Nesse momento, os negros são vistos como parte de um todo.

Esse sentimento de participação ativa, expansiva, atrai os negros para igrejas pentecostais porque, durante muitos anos, eles foram excluídos das decisões. Hoje já faz parte da espiritualidade das pessoas negras a participação ativa e decisiva. As igrejas pentecostais perceberam que a mística negra traz em si os traços da origem e da cultura. Pelo tempo que não tiveram sua identidade reconhecida neste país, os negros procuraram, e ainda procuram, expressar-se como povo através de sua espiritualidade.

Com músicas e danças

Um aspecto extremamente importante para avaliar a espiritualidade dos negros e a clara escolha pelas igrejas pentecostais é a utilização do corpo. Em toda a história dos negros, o corpo é visto como instrumento que expressa o que o coração sente. As religiões de matizes africanas têm no corpo o veículo de comunicação dos deuses. Na igreja pentecostal, a mística da utilização do corpo como um modo de Deus falar ao povo continua sendo um sintoma da espiritualidade dos negros.

Uma avaliação corajosa leva à constatação de que a liturgia de muitos cultos em igrejas evangélicas não diferem de outras religiões, consideradas, na maioria das vezes, pelos próprios evangélicos. Isto acontece porque não conseguimos dissociar a espiritualidade da cultura. Algumas expressões litúrgicas que falam daquilo que o povo anseia e sente muitas vezes se assemelham em várias religiões. Daí vermos o que identifica os negros brasileiros, que, mesmo em religiões diferentes, expressam igualmente a espiritualidade ou o desejo de adorar ao Deus eterno.

Quando criança, durante os cultos dos quais participava com meu pai numa igreja pentecostal, eu percebia que a música era voltada para a cultura do lugar. Muitos cultos eram enriquecidos com instrumentos corriqueiros, como o pandeiro, o chocalho, o triângulo, o atabaque, as sanfonas e coisas afins. As celebrações eram alegres e cheias de ritmos que invadiam a mente e o coração das pessoas, pois falavam daquilo que elas já estavam habituadas a ouvir. Eram músicas simples, com letras fáceis de aprender, compostas sob uma teologia correta — ainda que, às vezes, escatológica demais.

Esse estilo de música, com ritmos conduzidos pela percussão e letras simples, fala de como os negros se relacionam com o sagrado. A oralidade fazia parte da cultura dos negros que vieram para esta terra. Na cultura brasileira, influenciada pela dos africanos, a oralidade está presente de forma abrangente. Muitas histórias, cantigas de roda, lendas passaram de geração a geração. Fazem parte da tradição de muitas famílias e comunidades durante várias gerações. Até hoje canto músicas que meus pais cantavam, mesmo sem saber de onde vieram e há quanto tempo existem. Isto é reflexo das influências importantes em nossa cultura brasileira. A oralidade faz parte de nós e ainda hoje influencia nosso modo de viver a espiritualidade.

Nos cultos pentecostais esta influência é mais notável. A oralidade e a simplicidade são cúmplices. Os negros são atraídos por essa liturgia que enfatiza o que é simples, quase oral. A música que traduz ou os remete a sua *ancestralidade* absorve-lhes a atenção. Enquanto cantam, os negros dançam. A dança foi marginalizada entre os evangélicos durante muito tempo. Até hoje, há muita resistência quanto à utilização da dança na liturgia, mas comunidades evangélicas fundadas mais recentemente e algumas antigas têm percebido a importância da dança para nosso povo.

Ao longo da história da Igreja brasileira, é possível observar o uso da dança nas igrejas pentecostais clássicas. Os ritmos de percussão motivavam os participantes dos cultos naquilo que era chamado "dança no Senhor", com pessoas em êxtase espiritual dançando e cantando músicas "noutras línguas". Não se trata exatamente de novidade, pois muitos cultos já evidenciavam essas manifestações. A dança faz parte da liturgia de vida do brasileiro, e os negros influenciam e são influenciados por ela.

Em várias comunidades pentecostais é evidente a importância dela na espiritualidade dos negros: a manifestação de um ambiente espiritual onde sentem a presença do grande Deus, presença essa percebida numa música comum, que eleva o espírito humano e os faz dançar no espírito.

Para falar da identidade (especificidade), é necessário abordar questões importantes, como o desejo de participação, de espaço, de oralidade, de utilização corporal, de musicalidade, de relação com a natureza e com a vida, e de mística. No entanto, só é possível falar de identidade negra no Brasil a partir da definição da própria identidade brasileira. É preciso entender a brasilidade existente em cada negro que vive neste país.

Os negros brasileiros são marcados pela história, pela resistência, pela presença marcante na sociedade e na Igreja. Sua história apresenta dois períodos marcantes. O primeiro é o da escravidão, que legou aos descendentes o estigma da inferioridade, do desprezo e da marginalização. A sociedade não lhes oferecem espaço para usufruir sua cultura e sua religiosidade, o que influenciou profundamente a espiritualidade dos negros no Brasil.

Os adeptos das religiões de matizes africanas mantiveram o espírito das revoltas nascidas dos sofrimentos do passado, enquanto os negros evangélicos foram absorvidos pelo processo de embranquecimento promovido pelas denominações históricas e pentecostais. Marginalizados, também se tornaram motivo de anedotas cruéis, mesmo dentro das igrejas evangélicas. Essa marginalização obviamente influenciou a espiritualidade dos negros, que tinham na religiosidade uma forma de alívio das lutas que enfrentavam no dia-a-dia.

A escravidão inculcou certos traços à espiritualidade dos negros, prendendo-os a um certo sentimento de timidez e vergonha que dilacerou os valores culturais dos antepassados. Muitos adequaram-se ao tipo europeu de espiritualidade, tomado como o padrão de adoração. Em casos mais extremos, esses mesmos negros acompanham alguns brancos, principalmente evangélicos, na demonização de tudo que tem origem na história dos negros que foram escravizados. O resultado deste processo é baixa auto-estima, e muitos não se consideram negros por sentir vergonha e por desprezar o que receberam como fruto da história.

Todo este arcabouço histórico conduziu a outro ponto da discussão: a exclusão social sob a qual os negros do Brasil vivem ou querem viver a espiritualidade. É na relação com uma realidade que envolve desigualdade, opressão e luta por respeito na sociedade que a espiritualidade é experimentada pelos negros — alguns, com indignação; outros, com resignação. Os primeiros, conscientes de que a luta por igualdade racial, desenvolvimento social e distribuição de renda mais justa se torna cada dia mais urgente; os outros, esperando dias mais propícios para os pacíficos e obedientes negros que vivem em busca das coisas melhores dos céus, onde Deus é Senhor.

De um jeito ou de outro, mesmo numa situação de exclusão, os negros brasileiros resistem através da religiosidade, da vivência do divino, da busca espiritual. Esta busca se dá tanto nas religiões de matizes africanas quanto nas igrejas evangélicas, onde uma grande porcentagem de negros encontra a razão maior da existência: o Senhor Jesus Cristo.

Uma das marcas da especificidade dos negros do Brasil é sua similaridade cultural com os negros africanos que vieram para esta terra. Isto não significa que somos africanos ou que devemos voltar à África. Somos brasileiros, e nosso batuque, embora da mesma origem, é diferente. Mas, temos uma especificidade em comum: somos negros.

No entanto, ser negro no Brasil é diferente de ser negro na África. Aqui, houve escravidão e ainda há exclusão. Mesmo que nem todos os negros brasileiros sejam vítimas da exclusão, todos são marcados por uma história que resultou no desejo de uma espiritualidade engajada na realidade —

uma espiritualidade que, na Igreja brasileira, foi negligenciada através de uma liturgia distanciada da vida dos negros e dos brasileiros.

Espontâneo, expansivo e abnegado

Há três aspectos da espiritualidade dos negros brasileiros que merecem destaque: espontaneidade, expansividade e abnegação. A liberdade de expressão confere espontaneidade, que é demonstrada na espiritualidade. Ao unir essa espontaneidade à fé, o modo de ser do negro aproxima-se do *modus vivendi* de seus antepassados, pois para aqueles negros e os que ainda vivem em suas terras ou em comunidades quilombolas, a espontaneidade é elemento integrante da adoração. Uma coisa não exclui a outra.

Até certo ponto, isso explica o movimento massivo de negros na direção das igrejas pentecostais, caracterizadas pela espontaneidade na adoração. Trata-se, aliás, de uma prática cada vez mais comum comunidades evangélicas a adoção de liturgia mais liberal e espontânea. Para os negros, significa um encontro com suas características mais caras e remotas, em termos de etnia.

Outro aspecto importante que compõe a especificidade negra é a expansividade, ou seja, aproveitar todas as oportunidades para ser autêntico. Mesmo quando é tímido, o negro gosta da festa, da alegria e da brincadeira. Para os negros brasileiros, este fato é reforçado pela influência dos índios, um povo peculiar que ainda mantém suas origens milenares na cultura, nos costumes e na religiosidade. Essa influência, misturada com a cultura oriunda dos negros do passado, trouxe uma expansividade ainda maior. Ser expansivo é um traço dos brasileiros porque antes foi e ainda é um traço dos negros.

O último aspecto relacionado à especificidade dos negros brasileiros é a abnegação (segundo o *Dicionário Houaiss da língua portuguesa*, "dedicação extrema", "altruísmo", "desprendimento", "renúncia"). Os negros são abnegados desde muito tempo em sua história. É claro que também possuem anseios, como qualquer outra etnia, entretanto observa-se que, no Brasil, aprenderam o significado do desprendimento, ainda que pela opressão. Daí a facilidade das igrejas pentecostais de atrair os negros com um discurso de abnegação, renunciando ao material e preferindo os tesouros espirituais.

É na dimensão étnica que a espiritualidade se manifesta e se propaga em todas as religiões. Nosso interesse é rever essa especificidade dos negros evangélicos. Como imagem e semelhança de Deus, eles devem experimentar a espiritualidade que tem Jesus de Nazaré como objetivo maior. Ser parecidos com o Jesus que nasceu e cresceu no entroncamento da África com a Ásia é continuar sendo negros, fazendo da espiritualidade a realidade na vida, e da realidade da vida a espiritualidade.

Nós, negros, estamos agarrados a Jesus Cristo com nossa cultura, nossa origem e nossa brasilidade. Devemos retomar nossa história e valorizá-la. Entendendo que o caminho da espiritualidade dos negros no Brasil passa pelo reconhecimento de quem somos e como nos vemos como cidadãos num país como o nosso, em que a população negra segue à margem da possibilidade de viver a sua espiritualidade concreta.

Notas

[1]SILVA, Pereira da. *Pastoral e mística*, 1995, Instituto Metodista de Ensino Superior/Ciências da Religião, p. 49

[2]TILLICH, Paul. *Dinâmica da fé*. São Leopoldo: Sinodal, 1985.

[3]ELIADE, Mircea. *O sagrado e o profano — A essência das religiões*. São Paulo: Martins Fontes, 2001, p. 61.

[4]SUNDFELD, Carlos Ari. *Comunidades quilombolas: direito à terra*. Sociedade Brasileira de Direito — Centro de Pesquisas Aplicadas — Fundação Cultural Palmares, p. 7.

[5]OLIVEIRA, Marco Davi de. *A religião mais negra do Brasil*. São Paulo: Mundo Cristão, 2004.

XIV

A ESPIRITUALIDADE E A FORMAÇÃO PASTORAL

A ENCRUZILHADA DA EDUCAÇÃO TEOLÓGICA

Júlio Paulo Tavares Zabatiero

Escritor, pastor da Igreja Presbiteriana Independente do Brasil, é professor de Bíblia na Escola Superior de Teologia, em São Leopoldo. Também leciona na Faculdade Teológica Sul-americana e no Seminário Teológico Servo de Cristo. É presidente da Fraternidade Teológica Sul-americana – Setor Brasil. Bacharel em Teologia pela Faculdade Teológica Batista de São Paulo, é mestre e doutor em Teologia pelo Instituto Ecumênico de Pós-graduação em Teologia da Escola Superior de Teologia.

Espiritualidade e seminário teológico. Duas realidades que, aparentemente, não se coadunam. As queixas de muitas igrejas que enviam seus membros para seminários levam à constatação de que as chamadas "escolas de profetas" são consideradas por muitas pessoas cemitérios da espiritualidade. Esta sensação é reforçada pelo discurso de muitos estudantes, segundo os quais o tempo de seminário é de deserto espiritual. Tal constatação não é incomum. Tome-se o exemplo do pastor presbiteriano norte-americano Eugene Peterson:

> Eu cresci cercado de advertências contra o perigo dos seminários. A tradição intolerante na qual eu cresci não via utilidade em aprender. Pensar sobre Deus não levava a nada, a não ser encrenca. Somente crer — era o que diziam. E louvar! O cérebro era mais ou menos ignorado, enquanto o Espírito Santo enchia os corações de bênçãos.[1]

Como professor de seminários há mais de vinte anos, minha reação diante dessas atitudes é ambígua. Por um lado, devo reconhecer que, em muitos casos, elas refletem a realidade; por outro, há uma certa dose de injustiça nessa visão tão negativa dos seminários. Em minha experiência, tenho encontrado escolas de teologia que realmente merecem ser chamadas de "cemitérios da espiritualidade", mas estão longe de constituir a maioria. De fato, quem conversar com dirigentes de escolas teológicas descobrirá que praticamente todos desejam que suas escolas sejam canteiros de espiritualidade e reflexão teológica.

Se o desejo das igrejas e dos educadores é este, então por que a vida espiritual de estudantes de teologia não é tão fecunda quanto se esperaria? O que precisa mudar na vida deles para que o tempo do seminário seja rico para seu crescimento espiritual? O que é preciso corrigir nas igrejas que enviam estudantes aos seminários? O que é preciso corrigir na educação teológica para que a espiritualidade integre e priorize a formação discente?

Mapeando uma história rica e tensa

O primeiro passo para corrigir os erros, em qualquer área da vida, é descobrir suas raízes. No caso do objeto deste capítulo, tais raízes se encontram na atitude do protestantismo para com a modernidade. Esta última pode ser caracterizada como o período da história ocidental em que o ser humano assume sua autonomia em relação a Deus, à natureza e ao Estado.

Essa autonomia é baseada no uso pleno da razão que, segundo filósofos modernos, traz o ser humano à maioridade e o coloca no centro do universo e da história.

Em suas formas mais radicais, o pensamento moderno estabeleceu um abismo entre a razão e a fé, entre o intelecto e o espírito. Este abismo teve também a sua versão eclesiástica. Enquanto a modernidade valorizava a razão em detrimento da fé, as igrejas faziam o oposto, desconfiando da razão e tentando subordiná-la à fé.

Nos ambientes radicais, de ambos os lados, fé e razão passaram a ser inimigos inconciliáveis. A conseqüência foi que a espiritualidade passou a ser entendida como contrária à razão. Enquanto isso, nos ambientes menos radicais, fé e razão passaram a viver em uma tensão permanente na busca de acordos que permitissem uma convivência saudável.

Essa relação tensa entre fé e razão afetou profundamente a formação teológica. Os cursos de teologia faziam parte das universidades e precisavam disputar espaço e prestígio com os demais cursos superiores criados ao longo da modernidade (séculos XVII a XIX). A pressão para que a teologia se afirmasse como ciência foi muito forte nos países da Europa e na América do Norte, influenciando decisivamente na relação entre espiritualidade e formação teológica. Em várias escolas foram desenvolvidas formas de subordinação da fé à razão a fim de manter o prestígio intelectual da teologia.

Motivadas pelo interesse de demonstrar a validade da fé cristã em um ambiente cultural racional, que valorizava a ciência acima de tudo, seminários construíram uma forma radicalmente racionalista de compreensão e prática da fé. Nessa ótica, o estudo teológico tornou-se questão de treinamento intelectual profundo, baseado no domínio da filosofia e do raciocínio crítico. Os currículos privilegiavam a teologia sistemática e a exegese, subordinando e tratando de forma ligeira os temas ligados à prática ministerial e à vida cristã.

A Escritura passou a ser lida como um conjunto de fontes históricas, e assim submetida à mesma crítica que qualquer outra fonte. As doutrinas foram submetidas ao exame da razão, e as não compatíveis com conceitos racionais deveriam ser abandonadas ou modificadas nos compêndios de teologia sistemática.

Na busca de um espaço digno para a fé cristã no mundo, o racionalismo cristão subordinou a exegese e a teologia à racionalidade científica moderna, e seu principal fruto teológico foi o liberalismo.

No campo da vida cristã, ocorreu um processo similar. A espiritualidade era vista como um "reto comportamento", como um agir ético baseado em princípios racionais e situacionais. Não mais se poderia seguir a Lei de Deus literalmente, mas era necessário buscar na Escritura os princípios morais por trás das leis. Tais princípios deveriam ser caracterizados pela autonomia em relação às autoridades institucionais e pela subordinação à razão prática. Desconsiderava-se, assim, em grande medida, a ação do Espírito Santo na pessoa como a fonte da espiritualidade.

O princípio do amor foi o mais destacado no racionalismo cristão, e foi quase identificado com a prática do bem aos necessitados. Lado a lado com o liberalismo teológico se desenvolveu um rigor que desconfiava da ética baseada na obediência a regras e pregava uma ampla liberdade em relação a toda e qualquer forma de moralismo. Ironicamente, neste ambiente a palavra-chave da espiritualidade era "obediência" — não a obediência a autoridades externas ao indivíduo, mas a obediência aos ditames da razão e da liberdade individual. Desta forma, ser espiritual era ser profundamente racional e autônomo, e a formação teológica deveria levar os estudantes à plena individualidade e racionalidade.

Em reação a esse racionalismo radical, várias igrejas se refugiaram em outro extremo, o do *dogmatismo*. Criaram os próprios seminários e institutos bíblicos, nos quais a formação teológica veio a ser entendida como um processo exclusivamente "espiritual", em que a razão e o intelecto deveriam ser completamente subordinados à vida de oração, à meditação na Palavra e à prática do serviço a Deus na Igreja.

Estudar teologia se tornou uma atividade apologética, tendo como um de seus principais objetivos demonstrar a rebeldia da razão e sua incapacidade de chegar ao conhecimento de Deus, e o caráter herético e nefasto do liberalismo teológico. A espiritualidade passou a ser medida com base na reta doutrina, e não na da prática cotidiana.

De fato, na atitude dogmática, ter a doutrina correta era o caminho para a espiritualidade. Esta passou, portanto, a ser praticada como uma atividade primariamente intelectual de subordinação e defesa dos conteúdos doutrinários da fé cristã. Baseada em uma santa motivação, a subordinação da razão à fé gerou efeitos inesperados e contrários aos desejados: o dogmatismo e seu irmão gêmeo, o *fundamentalismo*, em sua luta radical contra a razão, acabaram inadvertidamente tornando-se formas igualmente racionalistas de fé cristã.

Além da ênfase doutrinária, a espiritualidade nas formas dogmáticas de cristianismo também passou a ser definida em termos éticos. *Reta doutrina* e *reto comportamento* tornaram-se bandeiras espirituais em grande número de instituições de ensino. A ética passou a ser vista como o comportamento baseado em normas eternas e invioláveis. Não mais centrada na graça de Deus, mas no compromisso humano, a vida reta passa a ser uma questão de obedecer a regras, especialmente a regras negativas, que visavam mostrar a diferença radical entre os cristãos e o "mundo".

Nessa perspectiva, a palavra-chave da espiritualidade também é a "obediência". Para ser espiritual é preciso obedecer: obedecer à Escritura, subordinando a razão à doutrina e o intelecto à autoridade da Bíblia; obedecer à vontade de Deus, subordinando o comportamento à lei de Deus, que se encontra na Escritura; e obedecer à autoridade eclesiástica, pois ela é a garantia de fidelidade à Escritura e à vontade de Deus.

Essas posições extremas não contam toda a história, é claro, mas foram determinantes na criação de atitudes e expectativas em relação à educação teológica e à espiritualidade dos seminários. No Brasil, o protestantismo só chegou no século XIX, quando esse processo já estava amplamente desenvolvido. Como em nossas terras a educação teológica nunca foi parte do sistema universitário, mas sempre esteve vinculada às igrejas e organizações para-eclesiásticas, o racionalismo radical não encontrou espaço. Por aqui, os seminários nasceram mais parecidos com a tendência dogmática, embora o grande inimigo não fosse o racionalismo cristão, mas a doutrina católica romana.

Com raras exceções, as escolas teológicas brasileiras seguiram o modelo americano dos institutos bíblicos e dos seminários denominacionais, com forte ênfase no estudo doutrinário e na defesa da fé cristã contra seus inimigos. Dada a necessidade de crescimento e afirmação social das igrejas, a educação teológica em nossas terras também deu mais espaço aos temas da prática ministerial, e o critério principal de qualidade de um seminário era a eficiência do aluno formado já no ministério pastoral.

Embora sem o extremismo de várias escolas do Primeiro Mundo, boa parte dos seminários no Brasil desenvolveu uma atitude de desconfiança relativamente à razão e ao estudo crítico da Bíblia e da teologia. Algumas escolas denominacionais, porém, valorizavam o estudo crítico e o aprofundamento teológico, desconsiderando essa desconfiança que permeava nossa educação teológica.

Aos poucos, por aqui também vimos o desenvolvimento da atitude racionalista, embora também sem extremismos. Atualmente, podemos dizer que as escolas de teologia no Brasil vivenciam a tensão entre razão e fé, seguindo os dois pólos, do racionalismo e do dogmatismo, mas sem chegar a nenhum dos dois extremos.

As escolas teológicas brasileiras se localizam entre as posições do conservadorismo e do progressismo teológicos,[2] nas quais as tensões entre fé e razão se manifestam de forma um pouco mais diluída que nos extremos. Nas escolas progressistas, com maior ênfase no estudo crítico da Bíblia e da teologia, a espiritualidade é a dimensão que mais sofre:

> É também verdade que a racionalidade do discurso teológico e o caráter científico da Exegese moderna parecem não deixar lugar para o que chamamos "dimensão espiritual" (...) Por ocasião do estudo científico da Bíblia, por exemplo, os textos são analisados para fora (para o estudo, ou para os membros da igreja). O exegeta sai fora do objeto de seu estudo ou de seu ensino. A espiritualidade, no entanto, é um caminho para dentro, para a pessoa, na direção de sua mais íntima experiência com Deus para o seu fortalecimento.[3]

Nas escolas conservadoras, porém, a espiritualidade tende a ser identificada com a reta doutrina e com o comportamento moral adequado. Nessas escolas, há uma séria desconfiança em relação ao estudo crítico da Bíblia e da teologia, por temer cair no liberalismo moral e teológico. A dimensão espiritual é quase identificada com a irracionalidade e quase reduzida apenas à mística cristã da oração e da comunhão com Deus, perdendo sua dimensão de conhecimento e discernimento.

A conformidade doutrinária e ministerial é indício suficiente da espiritualidade de estudantes e docentes, e sua confirmação se dá no ministério bem-sucedido das pessoas formadas na escola. Nesse caso, porém, é importante afirmar que "a verdadeira fonte da espiritualidade no processo da educação teológica é precisamente o *estudo crítico* da Bíblia e da teologia (...) O estudo crítico da Teologia e da Bíblia é ato espiritual (para o estudante e para o professor) no sentido em que promove e enriquece a experiência pessoal e comunitária de Deus".[4]

Uma característica peculiar, em nosso caso, tem sido o foco no conflito entre teoria e prática, em lugar de focar no conflito entre fé e razão. Grosso modo, espera-se que os seminários preparem pessoas capazes de realizar o ministério com eficiência — portanto, a espiritualidade é vista como a adequação do estudante às necessidades e perspectivas pastorais de sua igreja. Desconfia-se de escolas teológicas cujos formados não sejam capazes de desenvolver um bom ministério pastoral e evangelístico, e isto passa a ser sinal de que falta "espiritualidade" na formação.

Se nas formas radicais do racionalismo e do dogmatismo a palavra-chave da espiritualidade era "obediência", no caso brasileiro é a "conformidade". Ser espiritual é ser *conforme* as expectativas ministeriais da igreja ou da comunidade que se pastoreia. Dada a diversidade denominacional, esta conformidade tem várias faces, pois diversas são as expectativas das denominações quanto à qualidade de seus ministros e ministras. Se, do ponto de vista da prática ministerial, a conformidade tem seu valor, do ponto de vista da espiritualidade ela mais atrapalha que ajuda, pois a vida espiritual é uma caminhada em novidade de vida.

Esse quadro dos dilemas entre espiritualidade e formação pastoral, entretanto, está passando por significativas transformações provocadas pela chamada pós-modernidade. Nossa atenção, portanto, deve ser dirigida a essa nova realidade e seus desafios.

Novos desafios na pós-modernidade

A segunda metade do século XX tem sido descrita por muitos estudiosos como o período inicial da pós-modernidade. As principais mudanças em relação ao período anterior da modernidade são assim apontadas:

- Desconfiança generalizada na capacidade da razão e da ciência de resolver os problemas da humanidade.
- Grande valorização da experiência emocional e até mesmo mística, tanto na vida cotidiana quanto na dimensão religiosa.
- Revalorização da experiência religiosa individual, acompanhada de desconfiança em relação às instituições religiosas.
- Construção da identidade pessoal a partir do consumismo, que atinge todas as dimensões da vida humana, inclusive a religiosa (abrangendo o surgimento de várias formas religiosas que tiram proveito desta atitude, como o caso de denominações que surgem e crescem vertiginosamente, aproveitando esta nova atitude religiosa de consumismo).

- Uma atitude de relativa indiferença quanto às transformações sociais, um certo conformismo com a realidade econômica e política que tem diminuído a solidariedade social e a participação política das pessoas em geral, estas confiando cada vez mais no "mercado" para viver.

Essas grandes mudanças afetaram a vida cotidiana e religiosa das pessoas em todo o mundo ocidental, embora com diferentes graus de intensidade. No que se refere à espiritualidade cristã, as seguintes palavras de James Houston dão o tom da presença da pós-modernidade entre as denominações protestantes em geral:

> Grande parte de nossa vida hoje, e até mesmo de nossa fé religiosa, está distorcida pelo fato de encararmos a vida ora como um sistema de pensamento que requer explicação e argumentação, ora como uma agenda repleta de atividades organizadas. O resultado é a criação de uma personalidade movida pelos valores do mercado, pouco conhecedora da "amizade-da-alma" ou da natureza pessoal de Deus.[5]

Quanto ao ministério cristão, em particular, essas mudanças têm provocado uma crise profunda de identidade. Os modelos *modernos* de ministério, diante da acirrada concorrência entre igrejas e do uso da mídia em geral pelas denominações neopentecostais (e, mais recentemente, pelo próprio catolicismo romano), já não têm conseguido ser eficazes. Nas grandes cidades surgem as grandes e as mega-igrejas, que fornecem o padrão para todas as demais igrejas locais e para o próprio modelo de ministério pastoral.

Tudo isso, é claro, afeta a espiritualidade cristã e a formação teológica. Por exemplo, nas instituições de ensino consideradas "conservadoras", em que a eficácia dos formados qualifica a espiritualidade, a crise do modelo moderno tem efeitos devastadores. As novas exigências do mercado religioso — competição entre igrejas, necessidade de rápido crescimento, uso de meios de comunicação de massa, valorização das experiências emocionais — não combinam com o padrão da formação pastoral das escolas teológicas. Conseqüentemente, as pessoas por elas formadas não conseguem alcançar a eficácia ministerial esperada pelas igrejas.

Sem essa eficácia, as igrejas passam a desconfiar da espiritualidade das instituições de ensino e de seus próprios ministros. Entre os sinais dessa desconfiança estão a ordenação ao ministério de um número cada vez maior de pessoas sem formação teológica; a criação de um grande número de novos seminários teológicos de pequeno porte, mais próximos da visão das igrejas em uma dada cidade ou região; o surgimento de movimentos que visam separar radicalmente a preparação ao ministério da formação teológica escolar; a busca de cursos com menor duração e com mais ênfase na gestão e na administração, em lugar da teologia.

Quanto às instituições ditas "progressistas", os efeitos da pós-modernidade não são menos devastadores. A desconfiança quanto à razão coloca em xeque o próprio modelo de estudo crítico da Bíblia e da teologia, que se desenvolveu na modernidade. A distância entre a teoria e a prática aumenta cada vez mais, à medida que as habilidades transmitidas aos estudantes nas escolas já não atendem a demanda do ministério pastoral competitivo.

O declínio do compromisso político-social e a quase extinção da esperança em transformações da estrutura sócio-econômica conferiram ao discurso progressista um tom antiquado e saudosista. A forte ênfase nas experiências emocionais, especialmente no culto, torna ineficaz e ininteligível a linguagem e a estrutura da pregação e da liturgia normalmente ensinadas neste ramo das escolas teológicas — as quais acreditam, em geral, que "a formação espiritual precisa se expressar na vida comum de adoração, preparada e dirigida tanto por estudantes quanto pelo corpo docente".[6]

Se já havia desconfiança com relação à qualidade espiritual do modelo progressista de teologia e educação teológica, agora essa desconfiança só tende a aumentar significativamente.

Há significativas reações aos novos desafios da pós-modernidade. Após um primeiro momento de incerteza e de uma certa paralisia, as igrejas estão buscando novos meios de organização e de ministério para não serem engolidas pela religiosidade consumista pós-moderna. Alguns sinais:

- A revalorização da comunhão e do estudo no âmbito da igreja local, seja através de células, pequenos grupos, grupos familiares ou novas propostas de discipulado.
- O surgimento de novas formas de espiritualidade, que conjugam o afeto e o compromisso com Deus e com a missão no mundo (por

exemplo, a publicação e a grande distribuição de livros de James Houston, Ricardo Barbosa, Eugene Peterson e Henri Nouwen).

- A revalorização da reflexão teológica, em uma perspectiva prática e crítica, que se pode ver em vários encontros de pastores e líderes eclesiais.
- No caso específico da educação teológica, o investimento de várias instituições teológicas (conservadoras e progressistas) na capacitação de seu corpo docente, em nível de pós-graduação, assim como no aumento de suas bibliotecas, e a busca do reconhecimento dos cursos pelo Ministério da Educação.
- O número crescente de pastores, missionários e líderes cristãos em cursos de pós-graduação teológica, não com vistas a se tornar professores ou professoras, mas a buscar o aperfeiçoamento de seus ministérios.
- A publicação de um número crescente de obras teológicas especializadas por editoras evangélicas tradicionais e por novas editoras brasileiras.
- O surgimento de seminários e faculdades de teologia — denominacionais ou não — com a visão da missão integral da Igreja e a busca de novos modelos de teologia e espiritualidade.

Agora que já mapeamos o terreno das relações entre a espiritualidade e a formação pastoral, nossa tarefa será propor caminhos e alternativas para que essas relações sejam cada vez mais intensas. Fazer proposições para que a formação pastoral-teológica em nossa terra seja mais capaz de preparar integralmente pessoas para servir a Deus e seu Reino com elevada capacidade intelectual, competência e ética na realização de seus ministérios. Pessoas que mantenham uma vida espiritual mais sadia e dinâmica, que desafie o povo de Deus a buscar e amar o Senhor de todo o coração.

Formação pastoral e espiritualidade: e agora?

Em primeiro lugar, é necessário que se reconheça que:

- O crescimento espiritual não é promovido por nenhuma instituição humana, nem mesmo pela Igreja. É Deus quem dá o crescimento —

de fato, Deus usa as situações históricas e as instituições humanas no seu relacionamento conosco, mas é ele quem dá o crescimento espiritual (concordo com a descoberta de Eugene Peterson: "Desisti de esperar que *pessoas* ou *instituições* me proporcionassem aquilo que já estava bem ali, no meu quintal").[7]

- a primeira pessoa responsável pelo próprio crescimento espiritual é o estudante, pois é nele que habita o Espírito Santo, que faz frutificar o amor e a espiritualidade.
- a igreja local e a escola são co-responsáveis, solidariamente, no desenvolvimento espiritual de estudantes — à medida que criam e mantêm um ambiente propício a tal desenvolvimento.
- a maturidade espiritual que todos desejamos não é um *lugar fixo* ao qual se chega depois de um certo tempo de carreira na vida cristã, mas um *lugar conflitivo*, de permanente confronto da pessoa — na comunidade a que pertence e na que estuda — contra o mundo, o pecado, a carne e o Diabo.

Este primeiro passo é fundamental, pois coloca a questão em uma perspectiva mais correta. Não se pode julgar a igreja ou o seminário pela espiritualidade de seus membros ou de seus estudantes. O que se pode avaliar é se a igreja e a escola teológica proporcionam um *ambiente* saudável e propício para que cada pessoa, no poder do Espírito, cresça espiritualmente. Não se pode julgar a escola teológica isoladamente no tocante a esse ambiente, pois igreja (local ou denominação) e escola teológica são co-responsáveis na criação desse ambiente. Críticas unilaterais a seminários ou a igrejas sempre serão injustas, pois a formação teológico-pastoral é um empreendimento ministerial em *parceria tríplice*: igreja, escola e estudante.

Precisamos, também, destacar que é na vida comunitária e missionária da igreja local que encontramos o ambiente mais propício para o crescimento espiritual dos cristãos. É na igreja, não nos seminários, que o exercício mútuo dos dons, a adoração comunitária, a ação missionária e a comunhão com Deus e entre os irmãos e irmãs criam o espaço para que cada pessoa chegue à maturidade cristã.

Cabe às igrejas, portanto, selecionar bem as pessoas que envia para a educação teológica formal. Não deveriam mandar neófitos na fé, nem pessoas que não tenham exercido ministérios reconhecidos pela comunidade, nem pessoas cujo testemunho não seja digno. Muito menos deveriam enviar pessoas problemáticas, na esperança de que o seminário as *conserte*. Se uma pessoa chega ao seminário com problemas sérios de espiritualidade, o mais provável é que ela piore, pois seminários não são hospitais espirituais, mas centros de preparação ministerial e teológica, nos quais só deveriam estudar pessoas já em processo de amadurecimento espiritual.

Não basta, enfim, que a igreja mande o estudante. Precisa continuar orando por ele, acolhendo-o como irmão (e não como "projeto de pastor") e reconhecendo-o como alguém em preparação, por Deus, para assumir responsabilidades ministeriais maiores.

Com isto em mente, podemos descrever o ambiente que as escolas teológicas podem criar para que seus estudantes obtenham ajuda a fim de crescer espiritualmente.

Uma escola teológica precisa ter uma visão clara de seu ministério. Deve ter clareza quanto ao tipo de pessoas que pretende formar. É indispensável que a visão declare seu caminho de espiritualidade. Em uma das escolas em que lecionei, a visão declara uma *espiritualidade cristocêntrica e solidária*.[8] Significa que:

- O alvo do crescimento espiritual é nos tornarmos mais e mais semelhantes a Jesus Cristo em sua fidelidade ao Pai, em seu amor contextual e encarnado pelo mundo, em sua submissão e entrega ao Espírito Santo na realização de sua vida e ministério terrenos e em sua indignação crítica e profética contra todas as forças, pessoas e instituições que se opõem ao Reino de Deus e à dignidade da vida da Criação (espero que esta seja uma síntese fiel do que os Evangelhos nos ensinam sobre a vida de Jesus Cristo). Em Efésios 4:7-16, a "medida da estatura da plenitude de Cristo" é o padrão da espiritualidade cristã.
- Em uma sociedade em que a relação interpessoal tem se fundamentado cada vez mais na competição e no consumismo, o amor fraterno e solidário de Jesus Cristo é negligenciado e até abandonado, inclusive

por igrejas cristãs. A compaixão (solidariedade) deve ser a marca principal do cristão que hoje serve a Deus, a mesma compaixão que moveu Jesus a morrer pela Criação do Pai.

Como gosta de dizer Ricardo Barbosa de Souza, precisamos redescobrir a espiritualidade do *afeto*, e o afeto cristão autêntico é o amor solidário, como se vê na descrição do fruto do Espírito em Gálatas 5:22*s*. A solidariedade se manifesta concretamente por meio de um ministério de serviço à igreja e ao mundo, por meio de uma liderança que não usa nem abusa do poder, mas o coloca a serviço do bem-estar do próximo por meio de um conhecimento teológico que ajude as pessoas a se aproximarem de Deus e, conseqüentemente, se tornarem mais solidárias.

Com uma visão clara de seu ministério, a escola pode montar uma equipe docente e funcional afinada com ela. Quem dá o crescimento espiritual é o próprio Deus, e nossa parcela como educadores é a do testemunho, ou do *exemplo*. Esta era a visão paulina, por exemplo, ao convocar os cristãos de seu tempo a serem imitadores dele, como ele era imitador de Cristo (1Co 11:1, cf. 1Co 4:6; Ef 5:1; Fp 3:17). Ajudamos pessoas a crescer espiritualmente quando nós mesmos somos exemplos de cristãos que buscam o crescimento espiritual.

As pessoas que trabalham na instituição de ensino, mais especialmente no corpo docente, devem ter o compromisso de testemunhar uma vida espiritual autêntica. A escola, por sua vez, precisa proporcionar-lhes momentos significativos e freqüentes de oração, de estudo conjunto, de partilha e adoração a Deus, tempos de silêncio, tempos de busca, tempos de compromisso mútuo. Precisam de momentos de estudo e reflexão sobre a própria espiritualidade. Alimentar a disponibilidade espiritual de seu corpo docente é condição indispensável para a escola que valoriza a formação espiritual.

A partir desses passos, passa a fazer sentido a adoração comunitária na escola. Um culto semanal, pelo menos, deveria ser parte regular das atividades escolares — sem notas, sem avaliações, sem conteúdos curriculares. Um culto *de fato*. Quem atua em seminários sabe como são complicadas as relações quando o culto é parte do programa de avaliação dos estudantes. Quando muito, apenas a freqüência poderia ser um item obrigatório.

A organização e a liderança desse período de adoração comunitária devem ser partilhadas entre a escola e os estudantes. Na medida do possível, o culto deve ser o mais semelhante ao das igrejas de onde provêm os estudantes. Há uma tensão neste ponto, pois é relativamente comum que em instituições de ensino se deseje ensinar um padrão litúrgico histórico, confessional ou erudito. Isto se pode fazer nas disciplinas ligadas à liturgia. O culto, porém, deve ser o mais próximo possível da experiência litúrgica das igrejas, por mais que tal experiência possa ser avaliada criticamente pelos padrões litúrgicos formais.

Há várias maneiras de fazer isso e também de realizar cultos diferentes, mais formais, mais participativos, conforme o contexto de cada escola. Criatividade é parte da ação do Espírito, que faz novas todas as coisas. É possível convidar pessoas para testemunho pessoal ou ministerial; realizar cultos que destaquem o projeto pedagógico da escola, mostrando sua base bíblica e cristã, e propor experiências com símbolos, novas formas musicais, artísticas etc.

Para o bem-estar espiritual da formação das pessoas é preciso que elas participem do culto e o façam em "Espírito e em verdade", sob o risco de o culto não ser usado por Deus para a edificação dos participantes.

Com o culto, momentos formais e informais de oração precisam ser praticados na escola, conforme as possibilidades estruturais. A maioria das escolas teológicas atuais não é mais residencial. Oferecem o curso noturno ou apenas em um período do dia. Nesses casos, é indispensável iniciar as aulas com uma breve e significativa devocional. Nela, mais que *ensinar* Bíblia, a prioridade deve ser a oração com os estudantes, ouvindo suas necessidades, partilhando de suas vitórias e passando tempo juntos em oração e silêncio na presença de Deus.

Reuniões de oração fora dos horários de aula podem ser realizadas e devem ser estimuladas. Retiros espirituais com a comunidade docente e discente são outra forma de criar tempo e espaço para a oração comunitária.

Como o currículo pode participar nessa dimensão da formação espiritual? Em primeiro lugar, ele deve estar a serviço da visão da escola, e não se restringir à tradição acadêmica moderna, uma vez que "a finalidade da educação teológica é educar nossa pessoa por inteiro para a crescente conformidade com o pensamento de Cristo, a fim de que nosso caminho de oração e de crença seja um só".[9]

Além disso, o projeto pedagógico da escola deve priorizar a mais ampla seriedade e a maior qualidade acadêmica e pedagógica de reflexão e estudo, centrados no desenvolvimento de um pensamento crítico a partir da práxis cristã de serviço a Deus e ao próximo. O projeto pedagógico da escola precisa ser inovador o suficiente para superar os dilemas da modernidade e enfrentar os novos desafios da pós-modernidade. Seminários são instituições educacionais, e a melhor contribuição que podem dar à formação espiritual é desenvolver a maior qualidade educacional possível.

Particularmente, considero ruim haver *uma* disciplina na escola que trate da "espiritualidade". É preferível que todas as disciplinas do currículo sejam vistas como contribuição para o crescimento espiritual, e não apenas como disciplinas "acadêmicas". Uma forma de tornar isto uma realidade, além da devocional nas aulas, é focar como um dos objetivos de cada disciplina o relacionamento direto com a *atitude*, ou a conexão com a formação espiritual.

Esses objetivos podem ser construídos coletivamente, pelo corpo docente, ou individualmente — não faz diferença. Indispensável é que esse objetivo exista, seja declarado aos estudantes e faça parte do programa oficial da disciplina. Assim, docentes e estudantes sempre se perguntarão, em cada disciplina, qual é a contribuição daquela matéria para a formação espiritual de todos.

Outro recurso interessante é a seleção e o estudo de literatura sobre espiritualidade pelo corpo docente a fim de sugeri-la ao corpo discente. Parte dela deveria mesmo fazer parte das leituras obrigatórias das matérias do currículo.

Projetos de iniciação científica, com foco na espiritualidade, também podem ser criados para estimular a reflexão crítica e tentar reunir fé e razão, reflexão e devoção. Isto não invalida as disciplinas acadêmicas que tematizam a espiritualidade. O que não se deve fazer é vincular a formação espiritual a uma disciplina específica do currículo — o que só aprofundaria o abismo entre fé e razão.

Discernimento, a matéria-prima

Não existe fórmula fixa, definitiva, infalível e academicamente consistente para reunir formação espiritual e formação teológica. O divórcio entre fé e razão está instalado na cultura ocidental, e refazer o casamento é um processo contítuo e desgastante, que deve ser intencional e intencionado. Que matéria-prima poderia servir de ponte para essa reunião na educação teológica? Creio que é o *discernimento*. A escola trabalha com conhecimentos, mas seu objetivo não é, pura e simplesmente, produzir saber. Sua função é ajudar a desenvolver o discernimento espiritual.

O estudo crítico da Bíblia, da teologia, da realidade da Igreja e de sua missão é a tarefa da escola teológica. Ela é lugar de estudo e produção de conhecimentos — mas de conhecimentos a serviço do discernimento espiritual. "Discernimento" deveria ser a palavra-chave da formação teológica que valoriza a espiritualidade. Colossenses 1:9-14 é meu texto de cabeceira para a formação espiritual na instituição de ensino teológico. Vivenciá-lo na prática acadêmica e pedagógica é meu desafio pessoal, que reparto com você, em oração e esperança.

Notas

[1] Peterson, Eugene H. "The seminary as a place of spiritual formation" ("O seminário como um lugar de formação spiritual"), in *Theology, news and notes*, 1993, p. 44.

[2] Uso os termos "conservador" e "progressista" sem conotação de valor, apenas para simplificar a exposição.

[3] Croatto, José S. "Fé e estudo crítico", in Maraschin, Jaci (ed.) *Que é formação espiritual?* São Paulo: aste, 1990, p. 33.

[4] *Op. cit.*, p. 34,39.

[5] Houston, James. *A fome da alma*. São Paulo: Abba Press, 2000, p. 303.

[6] Amirthan, Samuel. "Formação espiritual em educação teológica (convite à participação)", in Maraschin, Jaci (ed.) *Simpósio*. São Paulo: aste, vol. 6 (3), n° 31, edição de dezembro de 1988, p. 287.

[7] Peterson, Eugene H. *Op. cit.*, p. 47.

[8] Faz parte da visão da Faculdade Teológica Sul-Americana, em que trabalho desde 2000. Boa parte do que apresento aqui construí em discussão com colegas na ftsa, e a eles e elas registro minha dívida pessoal.

[9] Nouwen, Henri. *A espiritualidade do deserto e o ministério contemporâneo: O caminho do coração*. São Paulo: Loyola, 2000, p. 42.

XV

A ESPIRITUALIDADE E A MISSÃO INTEGRAL

Afinal, quem é o "espiritual"?

Antonio Carlos Barro

Pastor da 8ª Igreja Presbiteriana de Londrina. Fundador e professor da Faculdade Teológica Sul-Americana naquela cidade. Fez mestrado e doutorado no Fuller Theological Seminary, nos Estados Unidos. Atualmente está envolvido com o Programa de Doutorado para a América Latina (PRODOLA) e é membro do Comitê Executivo do Congresso de Lausanne. É especialista em Teologia de Missão.

Quando penso nos dois temas interligados neste capítulo — espiritualidade e missão integral — começo pelo grande desafio de encontrar uma boa definição para eles. Ambos acompanham as reflexões evangélicas nos últimos anos, orientando congressos, palestras e seminários realizados no Brasil e na América Latina. Seria, portanto, interessante pensar num primeiro momento numa forma de explicá-los. Ainda que outros ensaios deste livro possam conter definições, creio que mais uma tentativa pode enriquecer a apresentação de outras facetas do tema.

O que é espiritualidade? Verônica Moraes Ferreira diz que, "no meio evangélico, concebemos espiritualidade como algo exterior, e não como uma mudança no mundo interior da pessoa".[1] Esta afirmação me parece correta, pois a espiritualidade tem sido tradicionalmente associada às mudanças externas ou, mais apropriadamente, à aparência ou à estética.

Uma pessoa é avaliada e considerada "espiritual" ou não pelas demonstrações externas. Se alguém, em uma reunião de oração, responde com "amém" ou "glória a Deus", esta pessoa tem mais chance de ser chamada "espiritual" do que outra que fique calada. Uma igreja com louvor contemporâneo, com músicas da chamada "adoração profética", é possivelmente uma igreja espiritual em relação a outra em que a liturgia é mais conservadora.

Essa visão *popular* da espiritualidade além de não ajudar só aumenta a distância entre as muitas denominações ou grupos evangélicos. Neste sentido, a espiritualidade carece de referências concretas ou mais refinadas para ser definida.

Existe ainda outro aspecto que torna a compreensão deste tema mais difícil. No movimento evangélico, espiritualidade quase sempre é associada a termos e expressões como "meditação", "devocional", "hora silenciosa", "a sós com Deus" e assim por diante. Este tipo de terminologia dá a entender que a espiritualidade é meramente uma disciplina interior, e que tem relação apenas com a comunhão pessoal entre o cristão e Deus. Esses parâmetros também são usados para determinar que grau de cristianismo uma pessoa já alcançou (normalmente — e equivocadamente —, quem tem o hábito da devocional diária é visto como cristão *de primeira linha*, enquanto outros não tão regulares na leitura da Bíblia são percebidos como *de segunda categoria*).

De uma forma ou de outra, não há dúvidas a respeito do fato de que a espiritualidade está ganhando força não somente no universo evangélico, mas também entre outras religiões, assim como no mundo dos negócios. Ela já faz parte de palestras que têm como objetivo promover motivação entre funcionários de empresas e grandes companhias. Este interesse não tem como alvo o retorno a qualquer aspecto religioso, mas apenas a produção de um desejo interior de satisfação com o objetivo explícito de um aumento na produção ou de alguma melhoria nos serviços prestados pelos funcionários. Veja como se expressam Boog, Marin e Wagner sobre este assunto:

> O tema da espiritualidade no trabalho vem crescendo de forma intensa nos últimos anos no mundo empresarial. Algo que antigamente era visto como assunto desligado do universo organizacional, como algo religioso ou até místico, hoje se insere como uma dimensão estratégica, na medida em que dá significado à missão da empresa e ao trabalho das pessoas.

> Quando elas têm esta consciência, a conseqüência é que fluem com muito maior facilidade os fatores mais buscados pelos executivos das organizações: a motivação, o desempenho, o espírito de equipe, a comunicação eficaz, a qualidade, o foco no cliente, o "estar de bem com a vida".[2]

Nota-se, portanto, que a espiritualidade foi descoberta pelo mundo materialista — o que em certo sentido constitui um contra-senso, mas ao mesmo tempo uma retomada interessante, pois significa a tentativa de aliar o espiritual com o material.

Em outro artigo sobre o mesmo tema, "Espiritualidade e trabalho", Luciana Seabra indica que "a espiritualidade pode ser uma forma de aumentar a motivação dos funcionários de uma empresa", e cita a palestra realizada no auditório da Universidade de Brasília pela psicóloga clínica e organizacional Lúcia Guimarães Monteiro, especialista em Psicologia do Trabalho pela Fundação Getúlio Vargas (FGV), que afirma: "Espiritualidade é o caminho que nos ajuda a desenvolver a consciência de estar neste mundo de forma responsável".[3]

A conclusão da autora da palestra é que a espiritualidade não está ligada à religião, assim como não está desvinculada da realidade.

Parece que a citação que norteia esta busca pela espiritualidade no trabalho é a frase do teólogo e filósofo Teillard de Chardin: "Não somos seres humanos vivendo experiências espirituais. Antes, somos seres espirituais vivendo experiências humanas."

Um autor que aprecio é o espiritualista católico Segundo Galilea. Para ele, a espiritualidade possui três aspectos fortemente interligados: relaciona-se com a fé, ou melhor, com a experiência da fé; com Jesus Cristo e com a fidelidade ao Evangelho de Jesus Cristo em determinada situação histórica.[4] Esses três aspectos são fundamentais para a realização da missão integral da Igreja.

O que é missão integral?

Definir missão integral no movimento evangélico brasileiro também não é tarefa fácil. Note que a palavra usada aqui é "missão", no singular. Normalmente se faz alguma confusão entre "missão" e "missões", com o uso indevido de um ou outro. Trata-se de coisas diferentes, com significados bem específicos.

No fim dos anos 1960, uma importante revista missionária, a *International Review of Missions*, tirou o "s" de seu nome. O resultado foi uma grande reformulação no significado da palavra. "Missão" está relacionada com o propósito geral de Deus na criação do mundo e na formação de um povo para si mesmo. Este povo tem como alvo glorificar a Deus e tornar visíveis seu nome e sua glória em toda a Terra. A missão, portanto, é a *missio Dei*, ou seja, a missão de Deus. O princípio e o fim da missão são o próprio Deus.

Por "missões" entende-se a atividade que a Igreja ou o povo de Deus realiza dentro do escopo da *missio Dei*. Para ilustrar, pensemos em situações concretas: a impressão da Bíblia, o treinamento de missionários, o sustento de missionários, o envio de novos evangelistas, tudo isso faz parte de missões. A missão é conceitual, enquanto missões pressupõe ação. Quem não tem um bom conceito ou entendimento do que é a missão da Igreja promoverá missões de modo desordenado.

Infelizmente, parte considerável da Igreja brasileira ainda não consegue fazer a distinção correta entre os dois termos. O termo "missão" deve ser melhor trabalhado, em termos teológicos e bíblicos, para que as ações missionárias alcancem êxito e continuem fazendo parte do consciente coletivo das comunidades evangélicas.

Creio que a deficiência nesta compreensão tem atrapalhado — e até mesmo diminuído — o fervor missionário das igrejas locais. Impressiona negativamente o fato de que qualquer conferência para refletir sobre a missão da Igreja recebe poucas adesões por ser inadequadamente associada ao tema "missões". O mesmo acontece com livros evangélicos. Qualquer título que contenha a palavra "missão" corre o risco de ser confundido, e talvez ignorado. A missão é a gênese de todas as coisas — inclusive, é considerada a "mãe" da teologia, conforme recorda Martin Kähler.[5]

Cabe mencionar que os missiólogos do Brasil e da América Latina preferiram usar a palavra "integral", em vez de "holística", mais utilizada nos países de língua inglesa. No entanto, ambas traduzem a característica da missão da Igreja. Um apanhado histórico permite compreender o processo que levou a adotar a expressão "missão integral" (ou "missão holística"). Com este dado, é mais fácil entender o que significa, em termos concretos, espiritualidade *da* e *na* missão integral.

Como a missão integral foi estabelecida

É difícil explicitar com segurança como e quando a expressão "missão integral" foi cunhada. Certamente não nasceu na América Latina, mas como variação de outra já mencionada: a *missio Dei*, usada pela primeira vez por Karl Hartenstein em 1934, e que depois veio a ser utilizada na Conferência Missionária de Willingen, em 1952. A expressão foi popularizada por Georg Vicedom no livro *Missão como obra de Deus*,[6] publicado originalmente em 1965, e significa que a missão é, primariamente, obra de Deus. Ela contém a idéia de que a tarefa da Igreja não deve ser resumida apenas a seu papel evangelístico no mundo, mas deve também incluir a participação direta na transformação da sociedade.

A *missio Dei* surgiu no mesmo contexto da teologia política, delineada pelos teólogos germânicos Karl Rahner e Johamm B. Metz, e que influenciou, na América Latina, o surgimento da teologia da libertação. Segundo Metz, a teologia política pode ser vista a partir de dois aspectos. Primeiramente, ela corrige a tendência de confinar a teologia à arena privada, que reduz o coração da mensagem cristã e o exercício prático da fé a uma decisão meramente individual, afastada do mundo — uma reação ao ato de a religião da sociedade.

Em segundo lugar, é o esforço para formular uma mensagem escatológica do cristianismo no contexto da sociedade de hoje, levando em consideração as mudanças nas estruturas na vida pública. Em outras palavras, é um esforço para vencer a passividade hermenêutica do cristianismo no mundo de hoje.[7]

Em face desses desdobramentos e caminhos que a teologia trilhava na Europa, influenciando a missão, os evangélicos reagiram imediatamente. Os mais conservadores acreditavam ser este novo rumo um plano orquestrado para tirar o evangelismo do papel primário entre todas as tarefas da Igreja. O setor progressista da Igreja Evangélica, conhecido como "evangelical", procurou responder de maneira mais positiva às mudanças teológicas que ocorriam não somente na Europa, mas também nos Estados Unidos.

A certa altura, a missão da Igreja entrou num período de crise de identidade. Já não se sabia o que era missão, se incluía o fator social ou se continuava priorizando a evangelização. No Congresso de Wheaton, realizado em 1966 nos Estados Unidos, os evangelicais demonstraram preocupação com a justiça social e a transformação da sociedade. Todavia, a ênfase no evangelismo como tarefa prioritária da Igreja foi mantida.

O congresso não aceitou os postulados de missão oriundos do movimento ecumênico, manifestando sua preocupação com o liberalismo teológico. Era muito difícil exigir que os evangelicais pudessem aceitar a ação social ou a prática da justiça no mesmo patamar da evangelização.[8] Outros congressos se seguiram para tratar desses temas, entre os quais o Congresso Mundial de Berlim, em 1966. Em todos eles, o evangelismo recebeu prioridade sobre todas as demais ações da Igreja.

A primeira vez em que se procurou olhar o tema da missão integral com mais cuidado, influenciando toda uma geração de pastores e líderes, inclusive no Brasil, foi no Congresso de Lausanne, realizado na Suíça, em 1974. Sob a forte liderança do conhecido teólogo John Stott, tentou-se dar destaque à justiça social como parte integrante da missão, ao lado do evangelismo. Mesmo assim, quando se lê o famoso Pacto de Lausanne,[9] percebe-se que o evangelismo ainda ocupou lugar de destaque em relação à obra social da Igreja. Apesar disso, Lausanne é considerado um marco por ter fornecido mais abertura aos que buscavam espaço para a ação social.

Depois dele, alguns posicionamentos foram se firmando. O grupo que sempre advogou o evangelismo como tarefa prioritária da Igreja continuou firme, bem como o grupo que não via prioridade na missão, seja quanto ao evangelismo seja quanto à justiça social. Desde Wheaton, outro grupo procurava integrar uma abordagem holística à missão. Embora afirmasse a importância do evangelismo e da justiça social o primeiro como prioridade.

Na América Latina, temos representantes dos três grupos mencionados. O mais representativo ainda é aquele que advoga que a evangelização tem prioridade na missão da Igreja. Esse grupo não descarta a ação social nas atividades da Igreja, mas muitas vezes a usa como porta de entrada para a evangelização.

No Brasil, os conceitos e as práticas ainda não estão bem definidos. Muitas vezes a missão integral é usada mais como bandeira de *marketing* que realmente uma filosofia de ministério que provê diretrizes para a caminhada da Igreja. O material produzido pelo famoso Congresso Brasileiro de Evangelização (1983) evidencia que a missão integral permaneceu subordinada ao evangelismo. Isto se depreende do próprio objetivo do congresso: "Reafirmar a evangelização como tarefa prioritária da Igreja, desafiando o povo de Deus a realizá-la de forma autêntica e urgente, em âmbito nacional e mundial."[10]

As palestras seguiram esse direcionamento, e de vez em quando alguém lembrava da missão integral. Aparentemente, foi a partir do CBE que se cunhou a expressão "evangelização integral", que não fazia nem faz sentido — a evangelização não precisa ser integral; a missão, sim.

De forma mais objetiva, Bryant Myers, pensando no ministério integral, o definiu como aquele em que "a compaixão, a transformação social e a proclamação estão inseparavelmente relacionadas".[11] Concordo ainda com Tetsunao Yamamori quando faz, de maneira clara, a diferença entre evangelização e ação social: "Um ministério integral verdadeiro define a evangelização e a ação social como funcionalmente separadas, mas relacionalmente inseparáveis e necessárias para um ministério integral da Igreja".[12]

Aspectos da espiritualidade da missão integral

Quais são eles e em que influenciam a caminhada missionária da Igreja? Creio que o texto norteador desta questão está registrado em João 20:21: "Disse-lhes, pois, Jesus outra vez: Paz seja convosco! Assim como o Pai me enviou, também eu vos envio a vós" (ARC).

Precisamos prestar mais atenção ao advérbio "assim". Do grego *kathos*, significa "da mesma maneira", "na mesma proporção" ou "no mesmo grau". Vemos aqui o elemento da *missio Dei* fortemente exposto. A missão de Cristo começou no céu (Fp 2:5-11) e desembocou na Terra (Jo 1). Em outras palavras, ela não se tratou de missão desautorizada, nem descontextualizada.

Quando lemos o texto clássico da Grande Comissão (Mt 28:18-20), encontramos esses dois elementos presentes. Jesus afirma que possui toda a autoridade (*exousia*). Esse termo já foi bastante estudado, e apresenta significado amplo. A pessoa com *exousia* tem poder de escolha, pode fazer o que lhe agrada. Este poder é tanto físico quanto mental — usufruir poder para decidir ou governar. Isto significa que todos os comandados precisam se submeter e obedecer a essa pessoa.

Esse poder é também universal, isto é, está sobre toda a humanidade, simbolizando a realeza de quem o detém. Portanto, Cristo, ao morrer e ressuscitar, conquistou o direito de ter todo o poder para ordenar e dirigir sua Igreja. Assim como o Pai lhe deu autoridade para vir ao mundo, ele concede autoridade à Igreja para estar no mundo em missão.

O segundo aspecto da missão de Cristo é o local dela. Jesus disse que o Pai o enviou. No Evangelho de João, aprendemos que Deus o enviou ao mundo, ou seja, um lugar concreto. Na Grande Comissão, é Cristo quem envia sua Igreja ao mundo para fazer novos seguidores do Reino. O mundo é a arena onde a missão se desenvolve, toma forma. O mundo, com todas as coisas boas e ruins, é o palco onde a batalha pela vida do ser humano é travada. Assim, quando se aproximava o retorno ao Pai, Cristo comissiona sua Igreja a representá-lo no mundo.

Pensando na missão da Igreja e na missão de Cristo, chegamos a duas conclusões: é a mesma missão, e portanto não pode diferenciar-se da realizada por Cristo. Ele é o modelo para agirmos, o referencial absoluto de prática para tudo o que somos e fazemos.

Aspectos da espiritualidade de Cristo

O ponto de partida da missão de Cristo é sua completa obediência aos propósitos de Deus. Por várias vezes ele declara que veio ao mundo para fazer a vontade do Pai (Mt 6:10; Lc 22:42; Jo 4:34; 5:30; 6:38-40). Este é o elemento basilar em qualquer cadeia de autoridade. O que envia tem o poder de determinar, e o enviado tem o dever de obedecer.

A verdadeira espiritualidade começa com a obediência, e isto Cristo demonstrou em todos os aspectos de sua missão. A missão da Igreja Cristã não pode ter outro ponto de partida que não seja o desejo de obedecer a Cristo, fazendo a vontade de Deus.

Outro elemento da espiritualidade de Cristo é que ela é pneumatológica. O profeta havia anunciado (Is 61:1-3) que o Messias seria ungido pelo Espírito Santo. Este foi o entendimento de Cristo ao dar início a seu ministério. Ao ler o texto de Isaías na sinagoga, ele afirma que naquele dia aquela Escritura havia se cumprido. O texto afirma expressamente: "O Espírito do Senhor é sobre mim" (Lc 4:18; ARC).

Durante todo seu ministério, Jesus esteve sob a orientação do Espírito Santo, e no fim ele indica que o Espírito Santo permanecerá ao lado da Igreja, orientando-a e fortalecendo-a no desenvolvimento de sua atividade missionária.

Outro aspecto da espiritualidade de Cristo é solidariedade. Tendo encarnado no mundo, Cristo olha para ele com amor, e é solidário à dor de seus habitantes. Seu ministério era sensível às necessidades das pessoas, principalmente daquelas que mais sofriam, como as viúvas, os pobres, os marginalizados por causa de alguma enfermidade ou os injustiçados nas mãos dos religiosos da época. Por onde passava, as pessoas afluíam em busca de algum tipo de consolo, e o interessante é que Jesus jamais se cansou delas. As pessoas nunca o incomodavam, pois ele as via como gente sem direção, sem um pastor. Sua solidariedade era constante e impressionava pela bondade demonstrada.

Um quarto aspecto dessa espiritualidade é o dinamismo. Cristo a desenvolve no caminho. Ele percorria as aldeias, as cidades, entrava na casa das pessoas, ia para o campo, subia as montanhas, falava com as autoridades e relacionava-se com pescadores. Em cada encontro, Cristo revelava seu amor pelas pessoas e lhes proclamava a mensagem de libertação. Diferentemente dos líderes religiosos de seu tempo, que percorriam as casas dos pobres e das viúvas para espoliá-los, Jesus falava com autoridade, pois seu discurso condizia com suas ações.

Finalmente, não podemos deixar de mencionar que a espiritualidade de Cristo foi totalmente sacrificial. Desde o início de seu ministério, João Batista já o anunciava como o Cordeiro de Deus. Esta linguagem foi emprestada do Antigo Testamento e, quando Cristo ouviu aquele anúncio de João, sabia que se tratava de sua morte. Ele se humilhou e foi humilhado até a morte. Deu a vida voluntariamente em favor daqueles que seriam resgatados para o Pai.

Tudo isso parece suficiente para mostrar-nos que a espiritualidade de Cristo deve ser modelo para nós. A Igreja precisa resgatar esses aspectos em sua missão integral, e para isso é importante sempre recordar como Cristo realizou sua missão. A tendência da Igreja parece ser a de adequar-se aos ditames da era em que se encontra, e raramente encontra forças para ser o povo contracultural de Deus na Terra. Sua agenda tem forte carga pragmática com vistas ou ao crescimento numérico ou à prosperidade material dos membros da comunidade.

O Cristo revelado nas Escrituras precisa estar na memória da Igreja para que ela não incorra no grave erro de pregar um Jesus desfigurado ou amoldado aos ideais do tempo presente.

A mensagem de Cristo é o fundamento da nossa espiritualidade

Vimos que Cristo veio do alto e habitou na Terra, no meio da humanidade. Sua vinda não se deu apenas para morrer na cruz do Calvário, mas também, e principalmente, para proclamar a mensagem do Reino de Deus. Cristo morreria, ressuscitaria e voltaria ao Pai, mas os que ficassem para dar continuidade a seu ministério precisariam de um plano de ação. Teriam de transmitir uma mensagem totalmente contrária às mensagens que os povos costumavam ouvir. Se assim não fosse, não haveria sentido em sua vinda, posto que seu Reino não é deste mundo — mas invadirá esse mundo para transformá-lo.

A mensagem de Cristo continha diretrizes para que o ser humano recuperasse o sentido da vida, a razão de ser de sua criação. Creio que o texto áureo da espiritualidade cristã está no sermão do Monte. Foi ali que Jesus deixou explícitos os princípios, a ética e os valores do Reino de Deus. Podemos delinear alguns fundamentos que norteiam nossa missão integral nessa jornada rumo à consumação dos tempos.

A espiritualidade deve transcender as circunstâncias desse mundo

No início do sermão do Monte, Cristo nos recorda que as circunstâncias deste mundo, por mais avassaladoras que possam ser ou parecer, não se esgotam em si. Podem nos humilhar, nos levar a chorar por fome ou por falta de justiça, fazer-nos incompreendidos por conta de nossa maneira de viver, levar-nos ao sofrimento e até mesmo a padecer perseguições por causa do ideal cristão ou do próprio Cristo. No entanto, nada disso tira nossa alegria de pertencer ao Reino de Deus. O Reino é uma realidade eterna, enquanto as circunstâncias deste mundo são transitórias e finitas. A espiritualidade da missão integral não é alienada e nem alienante. Enquanto olha para este mundo, prega uma mensagem não apenas humanista, mas que transcende este universo e aponta para uma realidade maior: o Reino de Deus.

A espiritualidade deve modificar as circunstâncias deste mundo

O desenvolvimento da missão integral da Igreja não limita-se às paredes do templo. Ali, na atmosfera segura que a comunhão dos santos proporciona, aprendemos de Deus; porém, a missão se realiza no meio do caos em que o mundo está instalado. Os seguidores de Cristo precisam estar no mundo, assim como ele esteve. É necessário encher-se de coragem e ousadia e modificar o ambiente, acendendo a luz que ilumina as trevas e trazendo sabor para os lugares onde o pecado tem apodrecido tantas vidas. O Pai se agrada quando os discípulos de Jesus fazem o que ele fez, ou seja, andam pelo mundo promovendo glória de Deus. A espiritualidade da missão integral é intensa, e não se acovarda frente aos desafios. A luz ilumina o mundo, e o sal salga a massa. O menor tem mais força que o maior. É uma espiritualidade que se manifesta nos caminhos do mundo e não se esconde sob o velador.

A espiritualidade deve valorizar a vida do próximo

O materialismo transformou a vida humana em objeto. No Reino de Deus, o ser humano continua sendo a imagem e a semelhança do Criador. Não se pode pensar na vida menos que isso. Hoje o mundo perdeu a concepção da santidade da vida. O ser humano não vale muito, e aqueles que não possuem o *status* que o mundo oferece são os que mais sofrem as injustiças. A vida é decepada, os lares são destruídos e quase não se tem mais espaço para a prática do amor. A missão integral resgata as pessoas de suas futilidades e maneiras vãs de viver. Proclama profeticamente contra todos que procuram escravizar as pessoas em seus esquemas satânicos e também contra as estruturas que promovem morte e desestruturação. A espiritualidade da missão integral proclama a dignidade do ser humano.

A espiritualidade deve alterar meu modo de agir e pensar

Neste momento do Sermão, Jesus mostra a importância do equilíbrio espiritual e da sanidade daqueles que estão no caminho, realizando a missão do Pai. Deve-se saber que esses discípulos precisam realinhar seus projetos com a vontade de Deus através do exercício das práticas espirituais. A oração e o jejum têm como objetivo desnudar-nos diante de Deus e revelar-lhe os segredos da alma, restabelecendo as prioridades do ministério e impedindo que os cuidados deste mundo tornem a missão tão mecânica a ponto de eventualmente perder o rumo. A espiritualidade da missão integral é também vertical. Não podemos pensar que a prática das disciplinas que purificam a alma seja alienante, e por isso deva ser evitada e substituída por atividades sem fim. A verticalidade da missão é tão importante quanto a horizontalidade.

A espiritualidade deve manifestar dependência da soberania de Deus

Mesmo a serviço de Deus, é possível esquecer que ele é o doador de todas as coisas. Os cuidados deste mundo e seus atrativos são tão fortes que podem levar o povo de Deus ao desânimo e, principalmente, à falta de fé. Na observação das coisas mais simples deste mundo, como um pequeno pássaro e uma flor, Deus proclama quanto somos valiosos para ele, que declarou sempre estar pronto a cuidar de nós. A espiritualidade que não valoriza a soberania de Deus na missão é destinada ao descrédito e ao ceticismo. Muitos caem pelo caminho, sucumbem às dificuldades que não raro o serviço cristão impõe. Afinal, como o apóstolo Paulo, precisamos aprender a viver tanto na escassez como na abundância, pois, em todas as coisas, tudo pode aquele que nos fortalece.

A espiritualidade deve zelar pela santidade do bom testemunho

Existe a possibilidade de realizar a missão sem dar um bom testemunho da graça de Deus. Por isso, Cristo mais uma vez incita os discípulos a vigiar em oração e atentar para os perigos e as tentações do caminho. Na caminhada missionária, a Igreja depara com muitos imitadores de Cristo — gente que anuncia a Palavra, mas não foi transformada por ela. É tempo de semear, tendo como base o sólido fundamento da Palavra de Deus, pois esta é a única garantia de permanência nos propósitos de Cristo. A espiritualidade da missão integral promove a santidade dos servos de Cristo, a qual os diferencia dos que apenas aparentam possuir a mensagem. Estes não resistem ao tempo.

A missão: revelar Cristo ao mundo

Chegamos ao fim deste capítulo com a pergunta no ar: o que todas essas coisas têm a ver com espiritualidade e missão integral? É momento de avaliar tudo o que foi dito até agora.

A espiritualidade não pode ser apenas um conceito abstrato, nem algo para ser experimentado na vida particular ou privada. É certo que a experiência pessoal, e a comunhão no secreto do quarto também fazem parte da verdadeira vida espiritual. Entretanto, os frutos e os benefícios de uma vida em comunhão com Deus devem ser manifestados.

Quando Cristo caminhava pelas ruas da Palestina, revelava a todos quem era diante do Pai. "A minha comida é fazer a vontade daquele que me enviou e realizar a sua obra" (Jo 4:34; ARC), disse ele, quando teve aquele encontro com a mulher samaritana. Nele ela encontrou a água que lhe trouxe a vida. Assim, não existe espiritualidade que não desemboque no mundo, principalmente quando este mundo está tão carente de bondade e paz.

A teologia política e a teologia da libertação ajudaram a estabelecer melhor os conceitos e a firmar os conteúdos da missão integral. A Igreja descobriu que ela é parte do mundo, e que sua missão não é esquartejada em muitas facetas, com uma ou outra mais importante que as demais. É uma só: revelar Cristo ao mundo como o Mediador de Deus. Em sua missão, ela tanto proclama quanto serve; tanto adora quanto ensina. A missão é integral por causa disso: ela é um todo, indivisível. Assim foi Cristo, assim somos nós.

A sociedade de hoje cobra da Igreja uma participação maior na solução de seus problemas. E ela precisa realizar sua missão com os recursos de que dispõe: com criatividade e simplicidade, ela testifica ao mundo sobre a bondade de Deus e o seu amor por suas criaturas. Aliás, na história do cristianismo, a Igreja ganhou mais credibilidade quando estava na periferia, fora das esferas do poder, pregando contra os desmandos e abusos dos poderosos e opressores.

Vimos também que a espiritualidade encontra no ministério de Cristo os aspectos necessários para a missão. Ele, o perfeito e justo Homem de Deus, mostra que é preciso deixar os conceitos deste mundo e imergir no ser de Deus para não se acovardar durante a peregrinação terrena. Sua mensagem é ousada e transformadora. Quem crê também muda: seus valores, seus princípios e sua ética serão todos determinados pelos sinais do Reino de Deus.

A espiritualidade da missão integral é proativa e busca resgatar o ser humano em sua totalidade — e isso até que o Reino seja chegado, pois Cristo e o Pai trabalham, e nós também trabalhamos.

Notas

[1] Ferreira, Verônica Moraes. "O que é espiritualidade", in *www.ejesus.com.br/onASP/exibir.asp?arquivo=3164* (consultado em 29 de junho de 2004).

[2] Boog, Gustavo G.; Marin, Maysa C.; e Wagner, Valéria Silveira. "Espiritualidade no trabalho", in *www.guiarh.com.br/p55.htm* (consultado em 29 de junho de 2004). Apenas como curiosidade, destaca-se que Boog é consultor e terapeuta organizacional, Marin é consultora e numeróloga e Wagner é terapeuta floral e produtora de eventos culturais. São autores e coordenadores da série "Espiritualidade no trabalho", da Editora Gente.

[3] SEABRA, Luciana. "Resgatar a fé no trabalho", in *www.unb.br/acs/unbagencia/ag0304-27.htm* (consultado em 29 de junho de 2004), UnB Agência.

[4] GALILEA, Segundo. *Renovação e espiritualidade*. São Paulo: Paulinas, 1982, p. 13-5.

[5] Citado por BOSCH, David J. *Missão transformadora: Mudanças de paradigma na teologia da missão*. São Leopoldo: Sinodal, 2003, p. 34.

[6] Sinodal, 1996.

[7] METZ, Johann Baptist. "Political Theology" ("Teologia Política"), in *Encyclopedia of Theology: The concise Sacramentum Mundi* [*Enciclopédia de Teologia*]. RAHNER, Karl (org.) Nova York: Crossroad, 1991, p. 1238-43.

[8] A versão em inglês da "Wheaton Declaration" está disponível no Billy Graham Center Archives, e pode ser consultada no endereço eletrônico *www.wheaton.edu/bgc/archives/docs/wd66/b01.html*.

[9] Ler o Pacto de Lausanne na íntegra em *www.ejesus.com.br/onASP/exibir.asp?arquivo=4322*.

[10] STEUERNAGEL, Valdir (org.) *A evangelização do Brasil: Uma tarefa inacabada*. São Paulo: ABU, 1985, p. 12.

[11] MYERS, Bryant. "Onde estão os pobres e os perdidos?", in *Together*, edição de outubro-dezembro de 1988, citado por Tetsunao Yamamori em "Bases bíblicas e estratégicas", in YAMAMORI, Tetsunao; PADILLA, C. René; e RAKE, Gregório. *Servindo com os pobres na América Latina*. Curitiba/Londrina: Descoberta, 1998, p. 13.

[12] YAMAMORI, Tetsunao. *Op. cit.*, p. 14. Sugiro a leitura de todo o capítulo de Yamamori, no qual ele estabelece também as bases bíblicas para a missão integral.

XVI

A ESPIRITUALIDADE E A EXPERIÊNCIA COMUNITÁRIA

Comunhão com o Santo na comunhão com os santos

Eduardo Rosa Pedreira

É escritor e pastor da Comunidade Presbiteriana da Barra da Tijuca, no Rio de Janeiro. Doutor em teologia na área de Espiritualidade pela Pontifícia Universidade Católica (PUC), é professor de Ética Corporativa e Responsabilidade Social das Empresas na Fundação Getúlio Vargas. Leciona Ética e Espiritualidade no Seminário Batista do Sul do Brasil.

O pai se levantou no meio da reunião e declarou, de maneira absolutamente comovedora, que no período mais crítico do vício que seu filho enfrentou, ele sentiu um desejo insistente de matá-lo. Presenciei tão libertadora confissão quando dei suporte espiritual aos dependentes químicos de uma clínica, o que também me deu a oportunidade de freqüentar reuniões de seus familiares.

Acostumado com as reuniões na igreja, onde quase sempre a confissão é uma dolorosa ausência, inicialmente fiquei chocado com o intenso desnudamento emocional, tanto dos que lutavam contra o vício escravizador de suas vontades quanto dos familiares, cansados de muitas recaídas, feridas, dores causadas por aquela odiada dependência. Nunca, em todos os meus mais de quinze anos como pastor, ouvi, em tão curto período de tempo, tantas confissões públicas.

O curioso é que aquelas reuniões não carregavam nenhuma bandeira religiosa, tampouco ouvia-se uma linguagem evangélica e muito menos um declarado objetivo espiritual. Porém, a ausência destes elementos não significava a ausência de Deus — ao contrário, quando se penetrava mais nas entranhas daqueles fascinantes encontros, descobria-se uma profunda experiência comunitária, marcada pela forte presença da espiritualidade.

Daqueles encontros, que hoje moram em meu passado, ficou uma conclusão que me baliza o presente e o futuro: a Igreja institucional, conforme a conhecemos, não é o único espaço onde a espiritualidade cristã se expressa comunitariamente. Em outras palavras: a Igreja, na forma como hoje se apresenta no Brasil, não constitui o único caminho possível para vivermos a espiritualidade cristã de maneira comunitária.

O conteúdo da espiritualidade cristã é tão rica quanto suas várias maneiras de se expressar comunitariamente. Embora exista uma variedade de experiências comunitárias pelas quais a espiritualidade cristã está presente, não se pode reconhecê-las como eclesiásticas!

Faço questão de, logo neste primeiro momento de nossa reflexão, não reduzir a experiência comunitária à igreja, por saber que, na maioria das vezes, a redução é, em si mesma, empobrecedora, ainda mais neste caso. Além disso, muitos de nós passamos por experiências amargas o suficiente com a igreja para ver afetada nossa espiritualidade. Não são poucos aqueles que viram seu vigor espiritual esvair-se por conta das tramas políticas, dos dramas institucionais, da superficialidade teológica, da corrosão do caráter, da pobreza relacional, da irrelevância transformadora que muito marca a caminhada da Igreja em nosso país.

Com isso, um número significativo de irmãos encontra-se mergulhado em uma *ressaca eclesiástica*, fruto do desencantamento e mesmo da descrença na capacidade da Igreja de propiciar verdadeira espiritualidade. É de dentro dessa *ressaca* que provêm sérias interrogações quanto à necessidade da igreja local no processo de vivência da espiritualidade cristã: Por que não cultivar minha espiritualidade no silêncio de meu quarto, na interioridade, numa perspectiva privada, sem necessidade de ritos, liturgias, instituições, dias e espaços sagrados? Por que não assumir pessoalmente um sacerdócio cotidiano que me foi dado por Deus, sem a necessidade de pastores, bispos, apóstolos? Por que não ser apenas discípulo de Jesus, sem ter de adicionar a minha identidade de fé um nome, uma denominação, um símbolo institucional? A igreja é uma fonte viva, capaz de fazer viver minha espiritualidade? Ou ela é o túmulo da minha relação com Deus? No fim das contas, a igreja, com sua humanidade, seus ranços e suas institucionalizações, não seria um forte fator de arrefecimento do vigor de nossa paixão espiritual por Deus?

Essas e tantas outras questões inquietantes encontraram um forte eco na experiência de Philip Yancey, relatada em seu livro *Alma sobrevivente*. Desde o título, este é um livro capaz de reverberar com brilhantismo e elegância literária o processo de desencantamento eclesiástico que estamos descrevendo.

Yancey considera-se sobrevivente de uma relação com a Igreja que teve o potencial de cegar seu discernimento, enrijecer seus preconceitos e mesmo minar uma autêntica relação com Deus e sua graça. Quem o resgata dessa triste experiência comunitária são, entre outras, algumas pessoas que não necessariamente estavam ligadas à Igreja, ou mesmo ao cristianismo. Elas, porém, se tornaram faróis teológicos e existenciais com quem, seja através de contato pessoal seja da literatura, ele estabeleceu um vínculo espiritual muito além das pobres fronteiras estabelecidas pelas igrejas por que ele passou!

Tudo isso só confirma aquilo que já é lugar-comum em nosso saber: a instituição Igreja não dá conta de preencher plenamente os profundos anseios e as necessidades da alma humana no que diz respeito à espiritualidade!

Superadas ou reconhecidas as possíveis dificuldades que a Igreja possa nos oferecer, o fato é que a espiritualidade cristã precisa desembocar necessariamente numa experiência comunitária, pois há uma relação intrínseca, visceral, complexa e instigante entre essas duas realidades. Uma não pode ser vivida sem a outra, posto que elas se alimentam, se reclamam, se completam.

Pode ser que encontremos, dentro de outras tradições religiosas não cristãs, uma ausência desta relação. Todavia, a espiritualidade cristã não pode prescindir da experiência comunitária, sob pena de se desfigurar ou mesmo se reduzir.

Diante de tal percepção, pergunta-se: quais bases bíblicas e teológicas sustentam essa relação? Como ela se dá? Quais são as características e as dinâmicas próprias? Esboçamos aqui algumas respostas a estas questões, por entender que não basta afirmar que a espiritualidade cristã deve desembocar numa experiência comunitária. Faz-se necessário criar um alicerce sobre o qual possamos apoiar solidamente tal convicção.

A espiritualidade cristã tem sua origem e plenitude em um Deus relacional

É curioso notar que na Bíblia encontram-se reveladas pelo menos três maneiras de perceber a Deus. Estas percepções de Deus terminaram por fundar igualmente três modelos de espiritualidade. Não poderia ser diferente, pois nossa visão de Deus determinará nosso modelo de espiritualidade. Cada uma dessas visões e seus respectivos modelos foram vividos a seu tempo, por diferentes protagonistas.

A visão politeísta e o modelo utilitarista: predominou fortemente nos povos pagãos do Antigo Testamento, cuja espiritualidade alimentava-se dos muitos e diferentes deuses. Aqueles deuses nada mais eram que um subproduto das necessidades dos povos, uma fantasia divina criada para satisfazer carências humanas. Tal visão de Deus não poderia gerar outro modelo de espiritualidade senão o utilitarista, que se resumia exclusivamente na troca de favores entre os adoradores e a divindade adorada.

Este modelo utilitarista revelou-se também ritualista, pois se limitava a satisfazer os deuses, através de ritos, liturgias e cultos, para obter favores pessoais, sem que se manifestasse nenhuma relação além da ritual. Este modelo não ficou enterrado no passado bíblico — ao contrário, encontra-se presente hoje de forma vigorosa, caracterizando nosso tempo chamado "pós-moderno", marcando a jornada espiritual de muita gente, dentro e fora da Igreja.

A visão monoteísta e o modelo relacional: vivenciado pelo povo de Israel em sua relação de adoração com Javé, nome e face de Deus revelada no Antigo Testamento. O Deus de Israel revelou-se a seu povo, deu-se a conhecer, convidando-o a superar o ritualismo, a superficialidade e o utilitarismo.

Com Javé, o povo estabeleceu um modelo de espiritualidade com base no relacionamento.

Embora nesse modelo de espiritualidade existisse um conceito relacional estava longe de ser mais íntimo, pois Javé ainda era o Deus que se revelava no topo da montanha, ao qual nem todos tinham acesso no ofuscar de sua glória que, ao parecer, tanto revelava quanto escondia, através da mediação do sacerdote (que representava o povo diante de Deus) e dos profetas (que representavam Deus diante do povo). Tudo isso nos indica que este modelo monoteísta gerava uma espiritualidade relacional, mas ainda não com a intimidade que haveria de vir.

A visão trinitária e o modelo da intimidade relacional: revelado na profunda relação de Jesus, que, cheio do Espírito, amava o Pai. A espiritualidade cristã nasce dessa relação de Jesus com o Pai e é marcada por uma relação profunda, transformadora e libertadora. Javé se torna Abba; de "Todo-poderoso" a "Paizinho querido"; de Deus temível a um sussurro de amor; de Deus inalcançável a cúmplice mais presente na existência. Diante de tal intimidade, os ritos se relativizaram, o utilitarismo e a superficialidade foram tragados pelo amor manifestado nesta relação. Na intimidade relacional de Jesus com o Pai, aprendemos definitivamente que Deus deve ser nosso objeto de desejo, e não de necessidade.

Quando se torna refém de nossas necessidades, Deus não passa de um meio usado para chegar a um fim: a satisfação do nosso ego. Por esta razão, deve ser mais desejado pelo coração que propriamente necessário às demandas existenciais. Não deveríamos buscar a Deus como prioridade para encontrar a satisfação das carências emocionais e espirituais.

Enquanto a pessoa de Deus não nos atrair e não nos seduzir pelo que é, nossa experiência com ele estará comprometida. A autêntica e genuína experiência com Deus não é aquela em que o possuímos a fim de usá-lo para satisfazer as necessidades. Ao contrário: quando nos deixamos possuir por ele, tomados por sua doce presença, seduzidos pelo seu desconcertante amor, somos convidados a iniciar uma relação em que o controle é dele, não nosso.

A espiritualidade cristã não é, portanto, uma fórmula esotérica feita para ser rapidamente consumida por pessoas *espiritualizadas* ao sabor da salada religiosa pós-moderna. Também não é uma filosofia de vida cheia de belos princípios, de frases aplicáveis ao cotidiano para provocar bem-estar e melhorar o astral. Tampouco é uma teoria racional gerada por teólogos ou filósofos. A experiência espiritual cristã é essencialmente uma relação. Viver a espiritualidade cristã é experimentar a mais profunda e revolucionária relação que um ser humano pode ter.

O Deus cristão é único, mas, ao mesmo tempo, relacional, pois em essência tem a mesma natureza, vivenciada por três pessoa divinas: Pai, Filho e Espírito Santo. Nesta relação trinitária, desaparece toda e qualquer competição, insegurança, violência, desrespeito, hierarquia, pois no seio desta relação reina uma harmonia divina que a mente humana é incapaz de tocar ou mesmo imaginar. A trindade, no dizer do teólogo, é a melhor comunidade, é o exemplo máximo de como uma comunidade de fé deve se estruturar e viver.

Tendo a espiritualidade cristã seu ponto de partida e seu ponto de chegada em um Deus trinitário, cuja essência é relação, não pode ser vivida no fechamento egoísta que nos isola e aliena em relação aos outros. A Trindade exige uma comunidade. Mais ainda: é através da experiência relacional na comunidade que podemos apreender, embora parcialmente, como se dá o mistério trinitário. É nos desafios da experiência comunitária que o rosto do Pai, do Filho e do Espírito Santo se revela a nós.

A segunda oração de Paulo por seus filhos espirituais, conforme texto de Efésios 3:14-21, mostra isso claramente. Nela, o apóstolo intercede, entre outras coisas, para que os santos e fiéis de Éfeso, "juntamente com todos os santos", possam compreender a largura, o comprimento e a altura do amor de Deus, isto é, entendê-lo em todas as dimensões.

Essa oração — "juntamente com todos os santos" — parece indicar que este imenso amor de Deus, e o próprio Deus, não podem ser compreendidos exceto na dimensão comunitária. Assim, não fica difícil supor que haja dimensões de Deus que só podem ser percebidas e vividas comunitariamente, o que torna a experiência comunitária fundamental para perceber o rosto do Espírito de Deus que habita na Igreja, da qual Cristo é a Cabeça.

É no cotidiano muitas vezes banal e nem sempre sedutor de uma comunidade de fé que se esconde, qual tesouro a ser buscado, a presença de Deus. Isto me faz necessário o olhar, a experiência, a percepção de meus irmãos e irmãs para compreender o *meu* Deus. Na comunidade, encontro a real possibilidade de corrigir deformações de pensamento e sentimento sobre Deus.

A TENDA, O TEMPLO E O CORAÇÃO: A ESPIRITUALIDADE COMO FUNDAMENTO PARA CONSTRUIR A COMUNIDADE

A imagem não poderia ser mais bela. Centenas e centenas de pequenas tendas ou barracas familiares num enorme acampamento a perder de vista, arrumado como num grande círculo. No meio, havia uma barraca maior, uma Tenda das tendas, a Tenda da Congregação, a Tenda da Revelação. Ali, a glória de Deus se manifestava para fascínio e temor de quem a via.

Essa arrumação logística, que toda a comunidade de Israel acampava em torno do tabernáculo, não se dava por simples obra do acaso. Tratava-se de uma metáfora, significando que a comunidade de Israel existia em resposta ao Deus que se revelava; não encontrava seu fundamento em si mesma, mas no Deus ali revelado.

Depois, a tenda deu lugar ao templo. O móvel perdeu espaço para o fixo. As cortinas foram substituídas pelas paredes; a simplicidade, pela suntuosidade. Mas o significado resistiu. O templo era a referência comunitária de Israel. A cidade substituiu o acampamento, casas tomaram o lugar das tendas, mas ainda assim o templo ficava no coração do novo mundo urbano. Ao ser destruído o templo, Israel perdia sua mais forte referência da presença de Deus, e a experiência comunitária começava a se deteriorar.

Muito depois, o templo de pedra deu lugar a um templo espiritual: o coração de homens e mulheres seduzidos pelo caminho de Jesus de Nazaré. A referência externa de Deus habitando entre o povo é internalizada na pessoa do Espírito Santo, que faz de nosso interior seu lugar de habitação. A glória, outrora revelada em um espaço físico, não mais se restringe a uma tenda móvel ou a um templo fixo, mas irrompe no coração daqueles que participam da Nova Aliança.

Cada irmão é uma pedra viva a compor as paredes do novo templo. Tendo como alicerce o ensino dos apóstolos e dos profetas, e como pedra angular Jesus Cristo, este novo templo transforma-se num Corpo, cujos membros estão intrinsecamente ligados, e então se fundem de modo definitivo na visão cristã da espiritualidade e da experiência comunitária.

Percebe-se, nesta rápida trajetória iniciada na tenda, passando pelo templo e chegando ao coração, que a experiência comunitária somente era possível a partir da experiência espiritual. A espiritualidade está no centro, ao redor do qual gira a comunidade. Por conseqüência, as relações na comunidade deveriam ser inspiradas pela espiritualidade e, por sua vez, as experiências vividas no seio da comunidade deveriam aprofundar a espiritualidade. Assim, nesta harmonia divina, a vida em comunidade ia se tornando o celeiro dentro do qual se construía a vida com Deus.

A QUALIDADE DA ESPIRITUALIDADE AFETARÁ A QUALIDADE DA EXPERIÊNCIA COMUNITÁRIA E VICE-VERSA

Como ambas estão ligadas de modo intrínseco, não poderiam deixar de se afetar mutuamente. Por isso, quanto mais sólida, saudável e profunda for nossa relação com Deus, tanto mais sólida, saudável e profunda tende a ser nossa relação com a comunidade de fé em que nos encontramos. Por sua vez, a qualidade de nossa experiência comunitária está relacionada com a qualidade dos vínculos que mantemos com a comunidade. Vínculos frágeis geram uma experiência comunitária superficial, enquanto o oposto é exatamente verdadeiro.

Assim, uma experiência comunitária pobre tende a gerar uma espiritualidade igualmente empobrecida. Uma experiência comunitária profunda só pode ocorrer quando entendemos a comunidade como um espaço de encontro com Deus, conosco e com o outro. Desta forma, apenas quando travamos relações significativas de amizade e fraternidade no seio comunitário é que, de fato, temos uma autêntica experiência na comunidade.

Hoje, no Brasil, assistimos a um esvaziamento dos vínculos comunitários, pois já existe um significativo número de pessoas que procura a igreja somente para atender a demandas pessoais, sem nenhuma preocupação em assumir relacionamentos mais profundos. Pode-se perceber esta fragilidade dos vínculos comunitários até mesmo na arquitetura de nossas igrejas: o altar, com seus símbolos bíblicos, cada vez mais é substituído pelo palco em que cantores e pregadores desenvolvem uma *performance* para atender as demandas de uma multidão. O encontro é substituído pelo espetáculo, e então se forma mais uma clientela de consumo que uma comunidade relacional. Obviamente, tal quadro comunitário produzirá um cenário espiritual frágil e superficial.

Ainda bem que o contrário deste quadro descrito acima é possível. A experiência comunitária saudável, rica e profunda nos ajudará a construir uma espiritualidade com essas mesmas características. Vejamos alguns exemplos positivos e práticos desta verdade.

A experiência espiritual vivida comunitariamente nos liberta da forte tendência à solidão e nos ensina o caminho da solitude. A jornada espiritual, quando trilhada solitariamente, apresenta-se cheia de riscos. Orar sempre sozinho é correr o risco de escutar a própria voz, sem estabelecer nenhum diálogo com Deus e com o outro. Sozinho, alimento meus pontos cegos, minhas dimensões inconscientes, fico à mercê de mim mesmo e posso me perder no imenso labirinto existencial que é o próprio coração. A experiência comunitária livra minha espiritualidade de inúmeros equívocos produzidos pela solidão e pelo individualismo. Em lugar da solidão, a vida comunitária nos convida à solitude, que, como veremos, é uma via de relação, e não de alienação.

A esta altura, precisamos fazer uma breve pausa para diferenciar solidão e solitude. A solidão é um estado de isolamento opcional ou circunstancial. É um entrincheiramento da alma, a partir do qual as relações desaparecem. A solidão até pode ser uma escolha de momento, mas nunca, numa perspectiva cristã, deverá se tornar um projeto de vida.

Quando consideramos que o ser humano, em sua estrutura mais original, é um *nó de relações* — e, por ser assim, é totalmente vocacionado a se relacionar —, percebemos ser a solidão um estado pouco útil para seu crescimento, até porque a solidão é sempre conseqüência da ausência de algo não preenchido. Por isso mesmo, causa tristeza, saudade, ilusões, idealizações.

Solitude, ao contrário de tudo isso, é sempre uma opção, e nunca uma conseqüência das circunstâncias. É um estado de quietude da alma, de profunda tranqüilidade do coração. É silêncio interior, um retiro para se encontrar com Deus e consigo, e assim estar mais preparado para o encontro com o outro.

A solitude tem de ser um projeto de vida, um desejo constante, uma vivência permanente. É sempre conseqüência do desejo de presença: a de Deus e a dos irmãos e irmãs com quem caminho comunitariamente. Oposta à solidão, que é vazio interior, a solitude é realização interior; é sobretudo não um *lugar*, mas um *estado* da mente e do coração. É o silêncio da alma, mesmo quando não nos retiramos para estar a sós. Silêncio profundamente desafiador para nossa vida.

Existimos num mundo onde há abundância de solidão e escassez de solitude. É esta ausência de solitude que compromete as relações e faz a solidão parecer uma opção melhor. A experiência comunitária é a experiência do encontro provocado pela solitude capaz de exorcizar nossa sede egoísta por solidão. A solitude nos chama de volta para o encontro comunitário. Sem, nossa espiritualidade se perderá na solidão.

A experiência comunitária nos ajuda a vivenciar a experiência única da reconciliação. Na essência, espiritualidade cristã é uma experiência de reconciliação. Nascidos sob o signo de uma ruptura, todos carregamos um afastamento essencial do Criador. O pecado, esta realidade fundamental do ser, nos aliena e separa de Deus. De todas as separações vividas em nossa humanidade, nenhuma é tão esmagadoramente dolorosa como a alienação de Deus.

Essa queda ou ruptura de nossa relação com Deus, conosco e com o outro perdurou até a encarnação, a morte e a ressurreição de Jesus. Na cruz, ele nos reconciliou com tudo e com todos de que o pecado separou. Embora vivendo em um mundo caído, podemos formar uma comunidade de reconciliados. Toda teologia do Novo Testamento, especialmente na visão de Paulo, aponta para a Igreja como esta comunidade dos reconciliados.

É, pois, na vida desta comunidade de fé — que chamamos "Igreja" — que nossa espiritualidade será forjada, em meio à queda e à reconciliação.

Viver a espiritualidade em comunidade é conhecer de perto as deformações causadas pela queda ao lado da reconstrução da imagem de Deus em cada um de nós, fruto da reconciliação. É através da experiência comunitária que nossa espiritualidade conhecerá o sabor da reconciliação. Foi isso o que pensou Agostinho ao dizer: "Foi para reunir de novo todos os seus filhos, desorientados e dispersos pelo pecado, que o Pai quis reunir toda a humanidade na Igreja de seu Filho. A Igreja é o lugar onde a humanidade vai reencontrar a unidade e a salvação. Ela é o mundo reconciliado".[1]

Pela experiência comunitária podemos construir uma espiritualidade mais humana. A vida em uma comunidade de fé não nos deixa espaço para ilusões quanto ao potencial de nosso pecado e o de nossos irmãos. Experimentamos a Deus em meio ao processo de cura, de aperfeiçoamento, de crescimento pelos quais passamos. Ele nos ensina que a espiritualidade cristã nasce e se desenvolve dentro da tensão da queda e da reconciliação presentes na face, no comportamento, na vida de todos quantos conosco partilham de uma experiência comunitária. Sem a comunidade caída, porém reconciliada, nossa espiritualidade não seria a mesma.

As razões citadas, obviamente, não são suficientes para esgotar as dimensões da maravilhosa relação entre a espiritualidade e a experiência comunitária. Entretanto, a título de completar a reflexão feita até aqui, e mesmo para concluí-la, sugiro uma atitude fundamental que pode nos ajudar a construir uma espiritualidade genuinamente comunitária. Aponto este caminho por constatar a quase ausência dele em nossa vivência evangélica brasileira. Reduzimos muitas vezes nossa experiência comunitária a simples freqüência dominical aos cultos. Todavia, se quisermos ir além, um bom começo seria buscar a experiência da mentoria ou direção espiritual.

A BUSCA POR DIREÇÃO E MENTORIA ESPIRITUAL

Dos muitos caminhos que alguém possa trilhar na vida, a senda da espiritualidade é, sem a menor sombra de dúvida, a mais desafiante, assustadora, confusa, fascinante e maravilhosamente superior.

É desafiante porque, quando alguém incitado pelo próprio Espírito de Deus sente o desejo de iniciar uma caminhada cujo ponto de partida é o auto-abandono e o ponto de chegada é o mergulho no oceano divino, tal pessoa está diante de seu maior desafio existencial.

É confusa pela própria natureza da nossa humanidade. Quando começamos a trilhar uma jornada espiritual, carregamos nossa história psicológica, que envolve os medos, os vícios, as pulsões radicais, as paixões, as limitações, a incapacidade de enxergar o todo. Desta forma, o caminhar espiritual em direção a Deus não poderia se dar sem a presença de uma certa confusão na mente e no coração.

É assustadora porque não há como se aproximar do mistério divino sem a sensação de profundo temor diante do grande desconhecido. Não importa quanto Deus já tenha se revelado à humanidade ou a cada um de nós; não importa quanto, em nossa experiência, já tenhamos captado de Deus; por mais que saibamos, ele será sempre, pela impossibilidade de esgotar seu mistério, o grande desconhecido para todos nós. A perplexidade, um certo toque de temor e *susto do sobrenatural*, sempre acompanhará todos quantos optarem por ser peregrinos deste mistério maravilhoso, que tudo é e a tudo circunda.

É fascinante porque, diferentemente do mundo humano, o mundo divino nunca perde o brilho e a fascinação. Em Deus não há espaço para aquela sensação de fastio tão comum em nós após as conquistas. Desejamos conquistar coisas e pessoas. Lutamos para isso, fascinados por aquilo que ainda não temos. Tão logo o conquistamos, o brilho fascinante se desvanece e o fascínio vai embora.

No caminho espiritual, este fascínio jamais se apaga, pois ninguém conquista a Deus definitivamente. Mesmo o que já foi alcançado em nossa jornada espiritual, seu Espírito renova de maneira a deixar acesa a chama da fascinação, levando sempre mais e mais à busca de Deus.

É maravilhosamente superior à medida que nenhum outro caminho trilhado na existência será tão rico, tão profundo, tão grávido de Deus que a própria busca dele. Nem mesmo as coisas que reputamos como as mais belas do espírito humano podem ser comparadas aos maravilhosos momentos em que a alma tem sede de Deus e se joga num caminhar intenso para encontrá-lo. Todavia, esta superioridade do caminhar espiritual não é do tipo hierárquica, como a roubar o brilho das outras dimensões da vida. Ao contrário, a espiritualidade é o clímax de tudo quanto possamos viver. É e sempre será o ápice de qualquer experiência humana.

É nessa perspectiva que Francisco de Sales, um profundo escritor do século XVI, chamando "devoção" o que aqui denominamos "espiritualidade", cutuca nossa percepção para enxergarmos a superioridade do caminhar espiritual sobre todas as outras trilhas da vida:

> Acredite-me, a devoção é a delícia das delícias e a rainha das virtudes; é a perfeição da caridade. Se a caridade é o leite, a devoção é sua nata; se for a planta, a devoção é sua flor; se for uma pedra preciosa, a devoção é seu brilho; se for um rico ungüento, a devoção é seu maravilhoso perfume, sim, o perfume da doçura que conforta homens e alegra anjos.

Diante deste maravilhoso e complexo caminho, conforme descrito acima, como será possível trilhá-lo sozinho? Como andar por ele sem se desviar? Como percorrê-lo sem cair nos atalhos ilusórios oferecidos pela própria psique? Como não trocá-lo por outros mais prazerosos, quando confusos constatarmos que não sabemos os segredos de suas encruzilhadas?

A constatação óbvia da resposta a esta pergunta é: se em áreas menos importantes da vida não teremos sucesso pleno se não formos bem-orientados, menos ainda na mais importante de todas as jornadas de nossa existência. Não há como ser peregrino solitário neste caminho. Precisamos desesperadamente de orientação, de direção dentro dele. Em síntese: precisamos de pais e mães espirituais que nos tomem pela mão e nos levem por este caminho até o colo de Deus.

Hoje, confesso, a minha alma necessita mais que nunca entregar-se a alguém que já conheça e tenha experimentado muito mais intensamente os altos e baixos deste caminhar, os atalhos a ser evitados, a direção certa nas muitas encruzilhadas, os momentos iluminados do caminho, bem como "a noite escura da alma", quando as sombras nos convidam a desistir. Sim, todos estamos diante de uma demanda urgente: homens e mulheres, condutores e condutoras, pontos de luz em nossa confusão, capazes de nos iluminar o caminho para uma espiritualidade autêntica e profunda.

No seio da confusa e caótica espiritualidade da Igreja brasileira, perceber a necessidade de direção espiritual é, no fundo, retornar ao caminho de Jesus, mentor dos mentores. O filho do homem fez, em sua vida e em seu ministério, uma opção radical não pela adrenalina que o sucesso com as multidões poderia dar, mas pela segura orientação e mentoria daquele que quisesse segui-lo. Ele nunca convidou alguém para aceitá-lo, mas sempre insistiu com todos para que seguissem um caminho. Aliás, ele mesmo se definiu como o único caminho: "Eu sou o caminho, e a verdade, e a vida; ninguém vem ao pai senão por mim" (Jo 14:6).

Buscar mentores espirituais para nossa jornada é reinventar e reeditar o caminho de Jesus de Nazaré, caminho este tão desfocado e mesmo escondido e maquiado pelas falsas trilhas pelas quais se enveredam muitos de nós.

A PONTE QUE LIGA AS MARGENS DO RIO

Nossa alma em busca de Deus clama por direção espiritual. Talvez muitos não estejam ouvindo este clamor, mas ele está aí. Precisamos encontrar pais e mães espirituais que nos conduzam pela trilha em direção a Deus. O curioso é que esses mentores espirituais estão por aí, e muitos deles não se encaixam nos estereótipos evangélicos definidores do que é um homem ou uma mulher de Deus. Muitas vezes, em nada se parecem com as *tias* cujos lábios destilam profecias e *profetadas*; ou mesmo com os pastores poderosos e triunfalistas, cuja *santidade* os afasta do mundo frágil dos mortais.

Os mentores de que precisamos devem ser tão gente quanto nós, conhecer as angústias do silêncio de Deus, as dores do próprio fracasso e as delícias de, apesar de tudo, nunca desistir dessa busca fascinante. Como nos adverte Thomas Merton:

> O trabalho de um diretor espiritual não consiste em nos ensinar um método secreto e infalível para obter experiências esotéricas, mas em nos mostrar como reconhecer a graça de Deus e sua vontade, como ser humilde e paciente, como desenvolver uma percepção mais aguda de nós mesmos e das nossas dificuldades, e como remover os principais obstáculos que podem nos impedir de ser pessoas de oração.

Ter um diretor, um pai ou mãe espiritual, um mentor ou qualquer outro nome que se queira chamar é, na prática, construir uma ponte entre espiritualidade e experiência comunitária. Isto porque, na direção espiritual, deixo de lado a ilusão de viver esta aventura da fé baseado em mim mesmo. Tenho no mentor, um membro da comunidade, alguém que me liga a ela tal qual uma ponte faz conexão entre as duas margens de um rio. E assim, nossa espiritualidade pode ir sendo construída na companhia de mentores que, por trás de si, trazem uma comunidade de fé através da qual cotidianamente a face trina de Deus pode ser vista e experimentada.

Nota

[1] Santo Agostinho, *Sermões* 16, 7, 9.

XVII

A ESPIRITUALIDADE E A ADORAÇÃO

A visão do Deus triúno na adoração

Nelson Bomilcar

Pastor, compositor, músico e produtor, fez seus estudos teológicos na Faculdade Batista de São Paulo e no Regent College, em Vancouver (Canadá). Foi missionário da Aliança Bíblica Universitária e da União Bíblica do Brasil. Trabalhou com Vencedores por Cristo e Grupo Semente. Pastoreou na Igreja Batista do Morumbi, na Cidade Universitária (Campinas) e no Projeto Raízes. Trabalha no Instituto Ser Adorador, é um dos fundadores da Associação de Músicos Cristãos (AMC) e professor do Seminário Teológico Servo de Cristo, em São Paulo.

Anos atrás, passei pela experiência de um forte estresse pessoal. Depois de 22 anos trabalhando como missionário, pastor, músico e ministro de louvor, de ter conhecido a realidade da Igreja brasileira em muitas viagens, senti-me desencorajado e desanimado na obra local e itinerante.

Naquela época, o Senhor abriu uma porta para que, durante um período sabático de dois anos, eu pudesse tentar recuperar o cerne e a alegria da vocação pastoral em meu coração. Foi uma jornada preciosa e cheia de desafios, que fiz com minha família. Oportunidade única e graciosa da parte do Senhor para poder rever, refletir, restaurar e redirecionar a vida pessoal e ministerial, abrindo um novo ciclo.

Aquele período (de 1997 a 1999), importantíssimo, foi desejado por mim, encorajado por minha esposa Carla e por irmãos e amigos queridos, como Armando Pompeu, Orvile Pompeu, Guilherme Kerr Neto, Ricardo Barbosa e Armindo Fontana. Nele surgiu a oportunidade de estudar sobre espiritualidade cristã e teologia pastoral no Regent College, em Vancouver, Canadá. Lembro-me de ter ouvido sobre esta escola quando era assessor estudantil da Aliança Bíblica Universitária entre secundaristas. Naquela época, coloquei diante do Senhor, em uma oração singela, o desejo de passar um tempo lá, oração acolhida e respondida por Deus.

Nessa empreitada transcultural, conheci um ser humano extraordinário — dr. James Houston, fundador da escola, que se tornou amigo e mentor — e professores como Eugene Peterson, Paul Stevens e J. I. Packer, entre outros. Com suas aulas, reflexões e escritos, fizeram-me rever e quebrar paradigmas, encontrando um caminho de excelência para minha espiritualidade — caminho do coração, que nasce da vida e comunhão que existe e se encontra no Deus Triúno, Pai, Filho e Espírito Santo, a quem servimos.

Pude recolocar alicerces na mente e no coração. Encorajado pelo que ouvi e aprendi, penso estar vivendo hoje as conseqüências de assumir um caminho mais discreto, na contramão da visão de resultados, impessoal, secularizada, massificada e organizacionalmente engessada que tomou conta de grande parte das instituições teológicas e da Igreja Evangélica, em geral.

Foi um caminho fascinante, desafiador e transformador descobrir as riquezas e os escritos dos pais da Igreja, de homens de Deus, comuns e santos; rever a mensagem de Jesus no sermão do Monte; passear pela espiritualidade clássica e, no retorno ao Brasil, tentar viver e contextualizar princípios dessa espiritualidade numa realidade como a de São Paulo.

No período que antecedeu minha volta, perdi minha mãe, vítima de câncer. Acompanhei seu estado terminal e sua perseverança em meio ao sofrimento. Serva fiel e consagrada desde a conversão, em 1965, antes cantora profissional, dedicou-se ao testemunho e à evangelização dos familiares e amigos, construindo amizades por onde passou e exercendo seus dons de misericórdia e evangelização entre idosos e presidiárias. Tornou-se minha referência maior em vida, tanto como ser humano quanto como cristã, amiga e conselheira.

O que eu poderia dizer a ela toda vez que a encontrava naquele difícil processo? Poderia eu dizer como achar fé e consolo e como orar? Minhas palavras muitas vezes eram tecnicamente corretas, mas não me sentia apto, e sim impotente para dar qualquer conselho como filho e como pastor. No entanto, ela me surpreendia constantemente com sua maturidade, sensibilidade e consciência cristã, como na penúltima vez em que estive com ela no hospital:

> Em Jesus Cristo temos alguém que sabe tudo sobre dor, no corpo e na alma, pois ele foi homem de dores, que sabia o que era padecer. Ele tem estado comigo, e também através de toda minha caminhada de sofrimento destes últimos anos. Estará também em minha morte e separação de vocês, e seremos ressuscitados em seu poder. Ele está ouvindo o seu e o meu choro por fé e está respondendo. Em Cristo, nós temos alguém que está orando e intercedendo por todos nós, filhos e amados. O seu Espírito sabe tudo sobre nós e está levando nossos desejos, gemidos e anseios diante do Pai. Ele está intercedendo por mim e por você, não se esqueça.

Sua consciência e sua fé na intercessão e na mediação de Jesus eram impressionante e visivelmente genuínas e refletiam intensamente em sua vida naquele momento. Desejei com sinceridade que esta pérola preciosa, esta convicção repercutisse também em minha vida. Viver e construir uma espiritualidade de fato cristã e saudável tem sido busca e processo contínuos. Meu coração está mais sintonizado com o chamado e a vocação pastoral, e ao mesmo tempo inquieto com os desafios sempre presentes.

Confesso que o preço tem sido alto para viver essas mudanças, mas tenho paz neste novo caminho. No entanto, em muitas ocasiões, sinto-me desinstalado e inadequado no ambiente evangélico, tentando viver minha humanidade, ser pastor e ministro de louvor que busca construir e crescer nos relacionamentos e nas disciplinas espirituais da oração, da contemplação, da meditação, da comunhão e da adoração como estilo de vida.

Percebo o ambiente eclesiástico atual como clamando somente por estereótipos, por pastores que "toquem a obra", por líderes que mantenham ocupados seus membros num ativismo massacrante, realidade que tem ferido e alijado tantos quantos tentam corresponder a ela. Isso além da constatação de que meu coração continua enganoso e não desejando as coisas de Deus, precisando sempre da ação e da obra do Espírito Santo para inclinar-me às coisas espirituais e a sua Palavra.

Tenho repensado a forma de desenvolver e viver uma espiritualidade simples, uma adoração sincera e profunda, e isto tem afetado as prioridades e a agenda de minha vida. Estou envolvido com a adoração (pois abrange todas as dimensões da vida) e com a música e a arte desde a minha conversão. Nesta trajetória, pude conhecer pessoas que se tornaram referenciais para mim, que me mentorearam quanto à compreensão bíblica e à vivência das artes de maneira geral.

Desde meu batismo, na Igreja Batista tradicional, em 1972, até o momento atual — passando por experiências como os muitos anos na missão Vencedores por Cristo, viajando, testemunhando, compondo, produzindo e fazendo música, como obreiro entre estudantes; participando em inúmeros encontros e congressos, como os promovidos pela Aliança Bíblica Universitária (ABU), pelo Serviço de Evangelização para a América Latina (SEPAL) e pela Visão Nacional de Evangelização (VINDE), ora como ouvinte, ora como dirigente da adoração congregacional — preocupo-me com a adoração antropocêntrica que tenho visto, e que ganha espaço nos modelos que chegaram em nosso país.

Além disso, muitos pastores, líderes e membros de várias denominações em todos os cantos do país ainda mantêm uma visão reducionista, ligando a adoração apenas à música cantada ou tocada — expressões hoje fortemente influenciadas pelo pano de fundo comercial que se instalou. Algumas instituições teológicas de ensino contribuíram também para esta visão limitada, oferecendo um conteúdo muito raso sobre a teologia da adoração, do culto e do louvor no currículo de formação.

O louvor, a pregação e a arte foram também transformados em *produtos* de consumo. Em vez de sermos consideradas pessoas que precisam cumprir o propósito existencial de todos, sem exceção, e ser adoradoras de nosso Criador, viramos apenas público consumidor. Vida transformada, integridade e excelência no que somos e fazemos para o Senhor perderam muito de seu valor, e a imagem que aparentemente transmitimos ou veiculamos ganha mais importância.

Junta-se a este quadro o fato de alguns líderes alegarem ter acesso a revelações particulares e subjetivas, que não estariam disponíveis a simples ovelhas — meros *mortais*, como nós. Consideram-se detentores de segredos ou modelos corretos de adoração, transmitindo ou instilando, quase sempre, um sentimento de culpa nos ouvintes. Sob os auspícios da mídia, alguns desses líderes foram praticamente transformados em objeto de adoração e culto pelas influências do *marketing* desenfreado presente nos bastidores da adoração e da música cristã.

A ausência de uma espiritualidade claramente cristã e a influência de outras absolutamente superficiais, além de práticas litúrgicas exteriores, geralmente confusas e sem significado, trouxeram insegurança ao coração da simples ovelha e ao aspirante a adorador. Tal adoração, via de regra, traz fardo, e não refrigério. Aprisiona, em vez de libertar. Mostra-se exigente e cheia de regras, cobrando "posturas" de adorador — como se Deus se iludisse com os ritos externos para expressar culto e adoração.

Deus continua não suportando os ajuntamentos solenes, sacrifícios e ofertas, festas fixas e celebrações rotineiras que careçam de um coração transformado, sincero, santificado, resultado de uma vida que abandona o mal, o pecado, a mentira e a opressão para praticar o bem e a justiça, conforme Isaías 1:11-20. Os que adotam unicamente a herança hebraica, apesar de importante e repleta de referências, não podem negar novas possibilidades de adoração, manifestações da multiforme graça e criatividade de Deus em outras culturas. O Evangelho tem uma mensagem transformadora e universal para todos os povos, raças, tribos e nações. Canonizar culturas é um grande equívoco.

Diante deste contexto e das questões até aqui citadas, fica claro que o ser humano não é, e não pode ser, o único *agente* da adoração, expressa apenas por suas ações e intervenções, dando-lhe significado ou legitimando-a como verdadeira e genuína. Em muitos casos — e a história da Igreja está repleta de exemplos —, mais atrapalhou que contribuiu.

Penso que é hora de recuperar, na Palavra de Deus, visão e conteúdo mais próximos de uma espiritualidade saudável na adoração. Ao olhar de forma mais teocêntrica e menos antropocêntrica, percebemos as ações de adoração anteriores às nossas, isto é, ações que refletem a própria essência de Deus. São ações do próprio Deus na Criação, no tempo, na história, na salvação, e que dão significado às nossas ações e ritos.

Nossas práticas de adoração não chegam necessariamente ao coração de Deus ou a legitimam. Deus fez, faz e continua a fazer algo significativo para nos ajudar.

É preciso recuperar, ensinar, pregar e anunciar profeticamente o convite e o esclarecimento que Jesus transmitiu à mulher samaritana, registrado em João 4:20-24: o Pai continua à procura de verdadeiros adoradores, e é essencial que esta adoração seja em espírito e em verdade. Neste caminho, desejo considerar e refletir sobre alguns aspectos importantes em nossa conversa a respeito da espiritualidade na adoração: a adoração como resposta de amor, a mediação de Jesus na adoração e a doutrina do Deus triúno na adoração.

Adoração é resposta de amor

"Ame o Senhor, o seu Deus, de todo o seu coração, de toda a sua alma e de toda as suas forças" (Dt 6:5; NVI). Este versículo, junto com Levítico 19:18, nos chama para amar também ao próximo. Implica reconhecer que o fundamento e conteúdo deste amor estão baseados no coração e na essência de Deus, no amor e na identificação dele com seu povo. "Nós amamos porque ele nos amou primeiro" (1Jo 4:19).

No coração reside o centro das emoções e decisões. A adoração genuína procede de um coração sincero, transformado pelo próprio Deus. Um coração quebrantado, rendido e contrito por ação e iniciativa do Senhor. Tal ação obviamente pede nossa resposta e nossa decisão de ir em sua direção a fim de nos submeter a seu reinado. Por isso, o contexto de Deuteronômio 6 enfatiza a importância de manter presentes na mente os mandamentos do Senhor: lembrando deles o tempo todo, podemos praticá-los e obedecer-lhes.

Isto nos ajuda a não construir falsos deuses (Dt 6:14) e a colocar Deus em primeiro lugar. O que importa é sua vontade, sua alegria, seu prazer em nossa vida. Assim, não devemos deixar nada substituir a prioridade e o espaço devidos ao Senhor. A família, o trabalho, a cultura, a formação, a igreja, a denominação, o ministério, os relacionamentos, o dinheiro, as posses, enfim, nada deve ocupar o lugar do Senhor em nossa vida tornando-se indevidamente objeto de culto.

A verdade no íntimo, no coração, continua sendo a motivação correta para agradar a Deus, que sonda o coração ininterruptamente, corrigindo os maus caminhos. "Sobre tudo o que se deve guardar, guarda o teu coração, pois dele procedem as fontes da vida" (Pv 4:23).

Estou convencido de que, além de todas as dinâmicas do dia-a-dia, nosso coração é mexido, provado e trabalhado profundamente por Deus quando estamos em secreto, fechados em nosso quarto em oração e busca, absolutamente desnudados diante do Senhor, e não quando estamos ministrando à frente de trabalhos, eventos, púlpitos, programas, com as luzes focadas sobre nós. "Mas quando você orar, vá para seu quarto, feche a porta e ore a seu Pai, que está em secreto. Então seu Pai, que vê em secreto, o recompensará" (Mt 6:6).

No secreto, quando não preciso nem consigo disfarçar o que realmente sou, onde não posso esconder minhas dúvidas nem minha fé, meus pecados, questionamentos sobre Deus e sua maneira de agir, onde ninguém está olhando, posso abrir o coração. Ele se torna terreno fértil para apresentar minhas orações, meus desejos e sonhos, para que o nosso Pai das luzes, doador de todas as bênçãos, considere e direcione.

Trata-se de uma situação extremamente favorável para derramar o coração na presença de um Deus amigo, pastor, confidente, que acolhe minhas contradições, quebranta, convence, corrige, consola, anima. Neste momento, posso chorar, clamar, dizer tudo sem ser julgado e perceber claramente, pela intercessão de Cristo e de seu Espírito Santo, que sou acolhido. Assim, minha compreensão de quem é Deus se aclara, sabendo que ele vê o que sou e o que apresento em secreto. Mais ainda: segundo sua promessa, ele me recompensará!

Jesus como Mediador na adoração

Deus criou homens e mulheres a sua imagem e semelhança para ser sacerdotes da Criação e expressar, em nome de todas as criaturas, o louvor a Deus. Afinal, fomos criados para sua glória (Is 43:7). Quando nós, como criaturas das mãos de Deus, adoramos seu nome como resultado de um relacionamento pessoal e intransferível com o Criador, estamos integrados com a adoração de toda a Criação.

Nossa finalidade principal é a de glorificar a Deus e desfrutar de sua presença. No entanto, falhamos nisto com a perda de sua imagem, resultado de nosso grande fracasso inicial em manter comunhão com o Pai, de nossa experiência de pecado — basicamente, a *desistência de adorar* o Criador, decisão equivocada e enganosa de tentar conduzir nossa vida, de achar que não precisamos conhecer a Deus, andar com ele e obedecer-lhe. A Criação inteira geme suas dores, e nós passamos também a gemer interiormente (Rm 8:22-23), esperando a realização dos propósitos de Deus na vida humana com seu plano redentor, vida que deve voltar à condição inicial e ao propósito original, isto é, adorar a Deus junto com toda a Criação.

A boa notícia é que Deus veio a nós em Cristo, através de seu plano maravilhoso de salvação e redenção, para se levantar por nós e realizar seus propósitos de adoração e comunhão. Jesus veio como sacerdote da Criação para fazer por nós, homens e mulheres, o que falhamos em realizar: oferecer ao Pai adoração e louvor; glorificar a Deus através de uma vida de amor, consagração e obediência; ser como o verdadeiro Servo do Senhor. Nele e através dele somos renovados pelo Espírito, e assim a imagem de Deus é restaurada em nós e na adoração a Deus, numa vida de comunhão compartilhada.

Jesus veio como Servo Sofredor (Is 53), nosso Sumo Sacerdote, para levar em seu corpo e em seu coração amoroso e compassivo as alegrias, as dores, as orações e os conflitos de todas as criaturas, reconciliando todas as coisas com Deus e intercedendo por todas as nações como nosso Mediador e Advogado. Ele veio se levantar por nós na presença do Pai, quando, em nosso fracasso e em nossa perplexidade, já não sabíamos ouvir e discernir sua voz e sua vontade, nem orar como deveríamos. Através da obra de seu Espírito Santo, ele nos ensina a orar, além de interceder por nós, colocando essas orações de maneira correta na presença do Pai, segundo sua vontade (Rm 8:26-27).

Como Cabeça de todas as coisas, através de quem e em quem elas foram criadas, Jesus nos fez seu Corpo e chamou-nos para ser sacerdócio real, oferecendo sacrifícios espirituais (1Pe 2:9). Pedro escreve: "Vós, porém, sois raça eleita, sacerdócio real, nação santa, povo de propriedade exclusiva de Deus, a fim de proclamardes as virtudes daquele que vos chamou das trevas para a sua maravilhosa luz".

Jesus nos chama de tal modo que devemos estar identificados com ele através do Espírito, não somente em sua comunhão com o Pai, mas também em seu grande trabalho sacerdotal e seu ministério da intercessão. Significa que nossas orações da Terra devem ser a reverberação sintonizada das orações no céu, apresentadas pelo Espírito através de Jesus. Seja qual for nossa intenção ou forma de adoração, é *legitimada* de forma suficiente e completa pela adoração de Cristo.

Jesus leva nossas orações e as faz suas orações, e ele faz de suas orações nossas orações. Sabemos que nossas orações foram ouvidas em consideração e amor por Jesus. O Espírito reflete também o ministério contínuo de Cristo neste momento do tempo, *cronos* e *kairós*, intercedendo à direita do Pai pelos santos. Esta é a vida no Espírito, verdadeira natureza *trinitária* de toda verdadeira adoração e comunhão.

Adoração cristã é, portanto, nossa participação, através do Espírito, na obra vicária de adoração e intercessão de Jesus. Esta é nossa oferta e nosso sacrifício satisfatório para o Pai: tudo que é feito por nós *em Cristo*. Esta é nossa oferta própria e correta no corpo, na mente e no espírito, em resposta à única oferta verdadeira feita por nós *em Cristo*; é nossa resposta de gratidão diante da graça de Deus, nossa porção através da graça na intercessão celestial de Cristo.

Entretanto, nada se pode dizer e fazer sobre adoração (formas, práticas e procedimentos) sem considerar o contexto do Evangelho do Reino e da graça. Devemos perguntar-nos: Nossas formas de adoração transmitem e espelham a natureza do Evangelho, os valores e a cultura do Reino? São elas respostas apropriadas do Evangelho, a verdade que cremos e abraçamos? Elas ajudam as pessoas a aprenderem a adorar e a ministrar como Cristo nos ensina através do Espírito, isto é, nos conduzem rumo a uma vida de comunhão compartilhada? Ou elas impedem as pessoas de aprender a trilhar este caminho? Elas fazem a presença de Cristo preencher o ambiente de adoração, realçando sua pessoa e seu poder em nossas vidas? Ou as obscurecem, distorcem ou diminuem?

Para responder essas questões, devemos olhar a cultura e os valores do Reino, além da doutrina de Deus. Esta compreensão se refletirá no significado e no conteúdo da adoração, e a partir dela poderemos decidir se nossas ações, tradições e posturas são adequadas.

A cultura e os valores do Reino

Estão explicitados e ensinados no conhecido, porém pouco praticado, Sermão do Monte (Mt 5-7). Nele encontramos a essência da mensagem cristã, o cerne do coração de Deus, o projeto existencial, relacional, moral e ético para o ser humano. Estes valores nos levam a uma adoração não somente contemplativa e pessoal, mas prática e comunitária, com repercussões na sociedade de qualquer cultura.

Esses valores são, e devem ser, nosso estilo de vida: ser manso e humilde, pacificador, puro de coração, ter fome e sede de justiça, cheio de misericórdia, ser perseguido por causa da justiça e alegrando-se nisto, ser sal e luz da Terra, obedecer aos mandamentos, valorizar a família, amar os inimigos, perdoar os que nos ofendem, ajudar os necessitados e sem esperança, ser gente de oração e jejum, viver debaixo do senhorio de Cristo em santificação, não servir e ajuntar riquezas, buscar o seu Reino em primeiro lugar — enfim, ser prudente, construindo nossa vida com alicerces na Rocha, praticando a Palavra a nós revelada e encarnada em Cristo.

O Reino de Deus propõe, de fato, uma agenda desafiadora, com conteúdo suficiente para uma jornada de vida, uma existência em comunhão com o Criador, alegrando-lhe o coração, cumprindo seus propósitos e manifestando sua glória entre as pessoas em todas as nações.

A doutrina de Deus

Ele é o Deus triúno, Deus da graça, que nos criou e redimiu para participarmos livremente em sua vida de comunhão e em seus propósitos para o mundo. Não é o Deus engessado numa fôrma, cheio de regras, condicionando-nos a uma adoração apenas pela prática da religiosidade. Se o ato de adorar deve brotar do coração, ser inteligente e integral (corpo, emoções, espírito), como expressão verdadeira e significativa, oferecida alegremente na liberdade do Espírito, precisamos olhar para as realidades que nos inspiram e pedem de cada um de nós uma resposta madura, consciente e significativa.

O apóstolo Paulo escreve, em Romanos 12:1, depois de expor o Evangelho da graça nos primeiros 11 capítulos: "Portanto, irmãos, rogo-lhes pelas misericórdias de Deus que se ofereçam em sacrifício vivo, santo e agradável a Deus; este é o culto racional de vocês" (NVI).

O escritor da carta aos Hebreus descreve nosso Senhor como "a verdadeira e completa liturgia", isto é, ofereceu o que era necessário e aceitável como líder de nossa adoração. "Todo sumo sacerdote é constituído para apresentar ofertas e sacrifícios, e por isso era necessário que também este tivesse algo a oferecer", isto é, Jesus foi elevado ao nível de ministro do santuário real (Hb 8:2-3).

Semelhantemente, a liturgia de Jesus é contrastada com a liturgia finita de homens e mulheres. A liturgia de Jesus é a adoração que Deus providenciou para a humanidade, a qual é, por si, aceitável para Deus.

A adoração dos sacerdotes de Israel somente prefigurava a verdadeira adoração e oferta própria e voluntária de Cristo em nosso favor. "Quando Cristo veio como sumo sacerdote dos benefícios agora presentes [...] ele aperfeiçoou para sempre os que estão sendo santificados" (Hb 9:11–10:14; NVI). Nosso Senhor é ainda "o Sumo Sacerdote acima da casa de Deus", ministro do Santuário, o único Adorador verdadeiro que nos conduz em nossa adoração. Desta maneira, a adoração de Cristo é a essência de toda a adoração cristã.

Precisamos reconhecer que o real agente de toda genuína e verdadeira adoração é Jesus Cristo. É ele quem legitima a verdadeira adoração diante do Pai, o único que nos une nele mesmo através do Espírito, em um ato de entrega amorosa, voluntária e vicária na cruz, e que devemos relembrar sempre através da celebração da Ceia. Passamos a comungar e adorar quando o fazemos através de Cristo. Ele nos conduz pela Palavra e por sua intermediação e intercessão rumo à vida triúna de Deus.

Este é o coração da teologia da adoração: *Jesus é o Mediador de nossa adoração*. Portanto, não devemos superestimar nossas atitudes, fórmulas, posturas, liturgias, intenções e nossos modelos, como se fossem fundamentais para que nossa adoração seja aceita pelo coração do Deus triúno. Trata-se de um engano: eles não são fundamentais, pois se caracterizam como adoração antropocêntrica, totalmente baseada em nossos ritos, nossas expressões e nossos atos. "Por meio de Jesus, portanto, ofereçamos continuamente a Deus um sacrifício de louvor, que é fruto de lábios que confessam o seu nome" (Hb 13:15; NVI).

Posso bater palmas, dançar, chorar, ajoelhar, cantar hinos ou cânticos espirituais, usar guitarra ou órgão, acender velas ou não, usar vestimentas específicas, terno ou jeans, levantar as mãos, ter um culto público contextualizado ou não, ministrar olhando a congregação ou não, dizer "aleluia", ficar em silêncio ou extravasar em alegria, dar ofertas, jejuar, adorar no monte, em frente ao mar ou no centro da cidade, num templo ou não, enfim, posso usar de toda a criatividade para adorar. No entanto, nada disso garante que minha adoração será aceita diante do Pai.

Embora constituam manifestações legítimas, nossa adoração só é aceita se adorarmos *em Cristo*, isto é, através da adoração completa, perfeita, sem mácula, genuína, verdadeira, que foi oferecida na vida e na obra de Jesus Cristo, nosso Sumo Sacerdote. Ele que a si mesmo se ofereceu em amor ágape, na cruz, como sacrifício de louvor por todos as pessoas e por toda a criação. A cruz é o símbolo do coração da teologia da adoração.

Recuperando a visão do Deus triúno na adoração

Hoje muitas igrejas e grupos cristãos estão experimentando e desfrutando de significativas e relevantes formas de adoração no contexto de um mundo secular de constantes mudanças. Muitas delas, infelizmente, não têm sido avaliadas e avalizadas à luz da Palavra de Deus, e são violentamente incorporadas, vindas de roldão através de modelos que se instalam em nosso país. Muitas dessas formas e manifestações são baseadas em experiências e revelações pessoais, ou em culturas de países diferentes, ou em movimentos específicos de diversas realidades e épocas na história da Igreja.

Como uma espécie de efeito da globalização, queremos usar tudo e legitimar tudo. A pressão da mídia e do contexto comercial que se instalou em torno da adoração oprime a todos, e se lhe resistimos, somos marginalizados e acusados de não desejar as coisas do Espírito ou não compreender a nova "unção" ou "visão".

É hora de questionar, de maneira respeitosa e responsável, a pregação, o ensino e a ministração de louvor congregacional de alguns líderes de adoração, assim como muitas práticas sem a devida base bíblica, mas justificadas somente em experiências pessoais. Algumas ênfases, absolutamente estranhas, agressivas e altamente manipuladoras induzem os adoradores da congregação a ações individuais e manifestações coletivas que levam pessoas a catarses, descontrole e destempero.

Num contexto assim, os *resistentes*, que insistem em adorar com a mente, dentro de um conceito de culto racional, geram e sentem desconforto. Somos constrangidos a somente repetir o que os líderes fazem do alto dos altares. Quando vejo isto, constato mais uma vez que nos falta um fórum adequado, além de disposição, para avaliar o conteúdo do que tem sido ensinado sobre as diferentes visões da adoração, com humildade e abertura de coração. O povo vai perecendo sem ensino e profecia respaldada na Palavra de Deus.

Entre as igrejas cristãs, as diferentes formas de adoração têm como fonte diversas tradições. As mais presentes são a visão unitariana e a visão trinitariana da adoração. A primeira é a mais difundida e comum, e enfoca o que fazemos principalmente nos serviços de culto oferecidos na igreja aos domingos. Trata-se de uma herança, presente principalmente nas igrejas históricas, e que tem sua riqueza.

Freqüentamos igrejas locais, cantamos e usamos hinos, salmos musicados, coros treinados, gastamos tempo de intercessão pelas pessoas e pelo mundo, ouvimos sermões de todas as formas, quase sempre didáticos, exortativos ou evangelísticos, damos ofertas e dízimos e consagramos talentos para os ministérios da igreja, além de tempo para a obra. Precisamos da graça de Deus para nos capacitar, e Jesus nos deixou exemplo disto. Mas adoração não é basicamente o que eu *faço*, mas o que eu *sou* diante do Senhor.

De fato, esta visão da adoração não valoriza a doutrina da mediação ou sacerdócio único de Cristo. É mais antropocêntrica, não possui uma doutrina do Espírito Santo mais abrangente e completa, e é quase sempre não sacramental. Ficamos sentados no banco da igreja, assistindo ao ministro ou sacerdote fazer seu trabalho ou exortar-nos a fazer o nosso, até que voltamos para casa e para o dia-a-dia, achando que cumprimos nossos deveres e nossas obrigações. Podemos chamar a isto de adoração "legal e legalista", isto é, a manifestada com a ajuda do ministro de adoração, de forma ritual.

Adoração "legal", como era chamada pelos pais da Igreja, difere da adoração evangelical, que a Igreja antiga chamaria "ariana". Não é uma visão trinitariana de adoração. Observando a realidade evangélica no Brasil, percebo que, ao ouvirmos falar em Deus, na maioria das vezes não pensamos na Trindade, e isto se reflete de igual modo na adoração.

A visão trinitária é fundamental, e precisa ser resgatada em nossa teologia. As Escrituras apresentam a história da redenção, uma narrativa do que Deus fez para salvar seu povo do pecado. À medida que essa história progride, a Escritura esclarece gradualmente o ensino sobre a natureza trinitária de Deus: ele é um em três pessoas: Pai, Filho e Espírito Santo. A mesma essência em três pessoas.

Aprendemos sobre o Deus triúno porque isto é profundamente concernente à salvação. No tempo certo, a segunda pessoa da Trindade tornou-se homem para viver uma vida humana perfeita e morrer como sacrifício pelo pecado. Após a ressurreição e a ascensão para o céu, o Pai e o Filho enviaram o Espírito Santo, terceira pessoa da Trindade, para capacitar a Igreja e dar-lhe autoridade em sua missão de levar o Evangelho a toda a Terra (At 1:8).

O Espírito faz o trabalho de Cristo em nosso coração. Ele nos permite entender e praticar a Palavra de Deus, pois distribui seus dons e nos preenche com eles, capacitando-nos para o ministério e para testemunhar de Cristo. Quando Jesus disse à mulher samaritana que "vem a hora e já chegou, em que os verdadeiros adoradores adorarão o Pai em espírito e em verdade" (Jo 4:23), não estava meramente predizendo uma adoração mais sincera entre seu povo. Antes, ele estava se referindo também a coisas novas que Deus estava preparando para nossa salvação.

A salvação que Deus nos oferece capacita-nos novamente à adoração sincera, coerente e racional. Fomos salvos pela verdade para adorar, e não apenas para escapar do inferno. A verdade é a *verdade do Evangelho*, as boas novas da salvação em Cristo (Jo 1:17). O Espírito é o Espírito da verdade (Jo 14:17; 15:26), que vem testemunhar poderosamente do Evangelho.

Concluindo, considero fundamental, para um caminho de espiritualidade na adoração, a compreensão teológica que procura integrar e cultivar nosso chamado para *amar a Deus* integralmente num relacionamento de intimidade e amizade, que repercute em tudo o que sou e faço; reconhecer a mediação de Jesus Cristo nesta adoração; e recuperar ou resgatar a doutrina do Deus triúno, pois viemos à existência por planejamento em comunhão deles, com o propósito maravilhoso, junto com toda a Criação, de adorar.

Adoremos e celebremos ao Deus Pai, Filho e Espírito Santo! Que fiquemos cada dia mais parecidos com Cristo.

XVIII

A ESPIRITUALIDADE E A GRANDE COMISSÃO

A ESPIRITUALIDADE MISSIONÁRIA

Antonia Leonora

Formada em Letras pelo Centro de Ensino Unificado de Brasília, é mestre em Teologia pela Faculdade Teológica Batista de São Paulo. Atualmente é doutoranda em Missões pela Asia Graduate School of Theology, nas Filipinas. Foi missionária da Aliança Bíblica Universitária e da International Fellowship Evangelical Students em Angola. É professora e diretora da Escola de Missões do Centro Evangélico de Missões (CEM), em Viçosa.

Quando pensamos no desafio missionário que está diante de nós neste terceiro milênio, nos convencemos de que só podemos enfrentá-lo no poder e na graça de Deus, e apenas através de pessoas e de uma Igreja radicalmente dispostas a buscar a glória de Deus em primeiro lugar, consagradas ao Senhor e obedientes ao seu chamado.

É hora de deixar de lado a busca de glória para nosso grupo e servir unidos, com humildade, trabalhando com servos de Deus de todas as igrejas verdadeiramente cristãs e de todas as nações já alcançadas.

Missões está voltando a ser tarefa de toda igreja e da Igreja toda, como era no princípio, e não só de nações poderosas e influentes para nações de alguma forma sujeitas a seu poderio — idéia que prejudicou a tarefa missionária desde os dias do imperador Constantino.

Sempre existiram grupos diferentes que, apaixonados por Jesus e dispostos a seguir o caminho da cruz, se tornaram missionários mais efetivos. No entanto, há grupos ainda não alcançados. São os mais difíceis, seja porque vivem em contextos resistentes ao Evangelho (controlados por outra religião ou ideologia), seja porque sua realidade está instalada em uma situação de guerra, de extrema pobreza, ou ainda porque estão localizados em lugares inóspitos, onde poucas pessoas querem viver.

Precisamos buscar na missão de Jesus uma compreensão bíblica sobre o sofrimento. Ele sofreu para libertar os seres humanos e a própria Criação da corrupção da queda, restaurando em nós a glória de Deus. Jesus nos chama a seguir o caminho da cruz, negando-nos a nós mesmos, tornando-nos objetos do ódio do mundo e sofrendo, não para pagar pelos pecados, mas para sermos testemunhas da nova realidade de seu Reino.

Este testemunho provoca a reação daqueles que andam nas trevas. Se formos seus seguidores, sofreremos. Jesus sofreu quando aceitou nossa natureza, enfrentou nossas tentações, viveu nossa dor, levou nossos pecados e morreu nossa morte.[1]

Jesus, nosso modelo de espiritualidade missionária

Espiritualidade missionária está relacionada com nossa disposição à renúncia, diante do desafio do cumprimento do mandato missionário. Vejamos como Jesus respondeu ao sofrimento relacionado com seu chamado e ministério e o que podemos aprender desse modelo. Ele nos ajudará a lidar com o sofrimento no testemunho missionário hoje — não para ver a obra missionária como excessivamente penosa, mas como um desafio para buscar a glória de Deus e nos dispor à obediência a Deus como prioridade em nossa vida.

Jesus, nosso modelo, Mestre e Senhor, nos convida a andar em seus passos. Como a espiritualidade se manifestava na vida de Cristo? Em primeiro lugar, ele sempre manifestou intimidade e harmonia total com o Pai e com o Espírito Santo. Buscava um tempo de tranqüilidade para estar em comunhão pessoal, renovando-se para continuar a derramar seu amor incondicional num contexto de trevas, ignorância, resistência e miséria. Os evangelhos mostram como ele costumava sair de madrugada, ou à tardezinha, para um lugar deserto ou para um monte, para buscar a comunhão com o

Pai (Mc 1:35; Lc 4:42; Lc 5:16). Naqueles momentos, ele não precisava de outra pessoa, mas apenas renovar os laços eternos de amor que sempre o uniram ao Pai e ao Espírito Santo.

Lucas menciona uma ocasião em que Jesus exultou no Espírito Santo e agradeceu ao Pai na presença dos discípulos, alegrando-se no fato de os pequeninos compreenderem a revelação da graça de Deus manifestada nele (Lc 10:21-22; Mt 11:25-30). A intimidade com o Pai e o amor por suas ovelhas estavam sempre intimamente ligados (Jo 12:23-28). Em João 12, Jesus ora buscando glorificar o Pai e entregando sua vida para que produza muitos frutos em pessoas transformadas de todas as nações.

Jesus também buscava a comunhão com o Pai nos momentos críticos de sua vida e de seu ministério, como antes da escolha dos Doze (Lc 6:12) e depois da multiplicação dos pães, quando o povo queria consagrá-lo rei (Mt 14:23-25; Mc 6:45-48). Lucas mostra que ele subiu ao monte a fim de orar, preparando-se para o sofrimento, quando foi transfigurado diante dos discípulos, e estes tiveram o privilégio de ver sua glória (Lc 9:28-31).

Como Jesus enfrentou as horas mais críticas, de maior luta e trevas no Getsêmani e na cruz? Como ser humano, buscou o apoio dos amigos mais íntimos, mas eles não o compreenderam nem conseguiram apoiá-lo. Jesus lutou sozinho, disposto a entregar sua vida e a obedecer ao Pai, apesar de estar profundamente angustiado diante do peso dessa tarefa.

É impressionante ver como Jesus, apesar de sua grandiosa missão e de suas limitações de tempo, espaço, meios de comunicação e transporte, nunca se precipitou. Sabia fazer cada coisa na hora certa, pois estava sempre dependendo do Pai, e não sujeito às pressões humanas (Jo 7:2-8).

Infelizmente, muitos missionários hoje vivem sob intensa pressão. Procuram satisfazer muitas expectativas e não encontram tempo para se renovar na comunhão com o Pai e esperar a hora dele para agir ou não. Assim, há muito esforço estéril e muitos missionários desgastados e carentes. No entanto, se fizermos as coisas do Pai na hora e na dependência dele, recebemos sua força, sua graça e sua sabedoria.

A crucificação e a morte de Jesus

Os judeus e os romanos condenaram Jesus como pregador e pensador revolucionário. A acusação escrita em latim, grego e hebraico era: "Este é Jesus, o Rei dos Judeus". A acusação "Rei dos Judeus" mostra que Jesus era considerado uma ameaça para o Império Romano (Mt 27:32-51; Mc 15:21-41; Lc 23:26-49; Jo 19:16-30). Da hora sexta até a nona houve trevas. Então, Jesus gritou: "Eloí, Eloí, lamá sabactâni" (Mt 27:46), um grito que expressou o profundo horror de sua separação do Pai.

As trevas que tomaram conta do ambiente simbolizavam as trevas espirituais que o circundaram, trevas da exclusão absoluta da luz da presença de Deus. Foi uma separação verdadeira entre o Pai e o Filho, aceita voluntariamente por ambos. Jesus foi abandonado para que nós jamais o fôssemos.[2]

Depois, gritou em alta voz: "Está consumado", mostrando que a obra de redenção estava completa. Deliberada e livremente em amor, ele enfrentava o juízo por nossos pecados. Finalmente disse: "Pai, nas tuas mãos entrego o meu espírito". Nesse momento, o véu do Santuário rasgou-se em duas partes, de alto a baixo, mostrando que a barreira entre o ser humano e Deus fora derrubada. Há um novo acesso a Deus.[3]

A cruz parece ser a vitória do mal. Numa cultura contemporânea centralizada na busca de sucesso e de prazer, não há nada tão impopular quanto o Deus-homem crucificado, que se torna realidade presente pela fé. Na cruz:

> [...] o sofrimento é superado pelo sofrimento e feridas são curadas pelas feridas [...] Porque o sofrimento do sofrimento é a falta de amor, e as feridas das feridas são o abandono. O sofrimento do amor não tem receio do que está feio e doente, mas o aceita [...] a fim de restaurá-lo".[4]

O chamado para seguir a Jesus significa negar a nós mesmos, tomar sua cruz e compartilhar seu sofrimento. Jesus sofreu e foi rejeitado. É possível sofrer e ser admirado, mas a rejeição rouba a dignidade do sofrimento. Na comunhão com o sofrimento de Cristo, nosso sofrimento torna-se um meio de ter comunhão com Deus. Seguir a Jesus significa comprometer-nos com sua missão e tomar nossa cruz. Significa perseverar quando não há nenhum apoio.[5]

Jesus morreu por nossos pecados, que nos separavam de Deus. Ele morreu nossa morte, recebendo o castigo que merecíamos. A cruz nos ensina que nossos pecados são tão graves que a única saída foi o próprio Deus tomá-los sobre si, em Cristo, para assim nos perdoar. O amor de Deus é maravilhoso e totalmente imerecido. A cruz é a expressão máxima da misericórdia e justiça divinas.[6]

Por causa do grande amor de Deus por nós, Jesus veio nos salvar (Lc 1:78; Tt 2:11). Deus não estava disposto a agir em amor às custas de sua santidade, ou em santidade às custas de seu amor. Assim, ele satisfez seu amor santo, morrendo nossa morte e levando nosso juízo sobre si.[7]

A glória de Jesus se manifestava em sua fraqueza humana e na humildade de sua encarnação (Jo 1:14). A cruz, que parecia vergonha, foi de fato gloriosa. O Pai e o Filho revelaram seu amor incondicional através da cruz.[8] Ela é a plena revelação da glória divina do Filho. Sua glória consiste em aceitar a vergonha e a humilhação da cruz (Jo 8:28; 13:31-3).[9]

Deus nos deu seu Filho, e Jesus nos deu sua vida para nos libertar como indivíduos e como sociedade, criando uma nova comunidade que aprenderia a viver de acordo com seu exemplo e ensino. Jesus esteve sempre no controle da situação. Preparou o caminho para seguirmos suas pisadas. Só assim nos tornamos instrumentos da graça restauradora de Deus.

O SOFRIMENTO E A ESPIRITUALIDADE NO ENSINO DE JESUS

Durante sua vida, Jesus ensinou os discípulos através de seu modelo de vida em constante comunhão com o Pai e de sua atitude para com o sofrimento. Ele nunca buscou o próprio conforto. Sempre esteve disposto a pagar o preço para cumprir sua missão, agradando a Deus e abençoando os seres humanos caídos.

Jesus falava, ensinava, respondia às questões que surgiam, e assim os preparava para uma vida de espiritualidade semelhante à sua.

O Sermão do Monte

Jesus promete bênçãos aos discípulos, que deixam tudo para segui-lo. Por causa de seu chamado, estão dispostos a negar a si mesmos (Mt 5:3-12; Lc 6:20-23).

- "Bem-aventurados os pobres de espírito, pois deles é o Reino dos céus" (Mt 5:3; ARC). Os pobres são os humildemente dependentes de Deus (Sl 34:6), que reconhecem sua incapacidade de salvar a si mesmos. Assim, buscam a ajuda de Deus, sabendo que não a merecem. A expressão também se refere aos pobres de recursos materiais, que buscam socorro em Deus (Lc 6:20).[10]
- "Bem-aventurados os que choram, porque eles serão consolados" (Mt 5:4). Essa tristeza se refere ao arrependimento, ao reconhecimento da falta de dignidade moral e de uma atitude de humilde contrição. Inclui chorar pela situação do mundo, de violência, degradação moral, opressão. Lutero usava a palavra *leidtragen* ("carregar o sofrimento"), porque eles carregam o sofrimento que lhes vem por causa de Cristo.[12]
- "Bem-aventurados os mansos, porque eles herdarão a terra" (Mt 5:5). Os mansos são gentis para com os outros, renunciam a seus direitos e suportam a violência pacientemente. Valores do mundo ensinam que aqueles que lutam serão os herdeiros, e os humildes devem ser desprezados.[13]
- "Bem aventurados os que têm fome e sede de justiça, porque serão fartos" (Mt 5:6). Esta fome se relaciona a uma vida vivida de acordo com a vontade de Deus, e isso nas Escrituras sempre inclui a preocupação com a justiça social, buscando ativamente a liberdade para os oprimidos. Discípulos cristãos têm fome de renovar completamente a si mesmos e ao mundo. Mostram amor e compromisso com os desprezados e marginalizados.[14]
- "Bem-aventurados os misericordiosos, porque alcançarão misericórdia" (Mt 5:7). A palavra é *elêmones* e significa "benignidade para os miseráveis e aflitos", uma palavra relacionada com dor, desespero e pobreza. É o fruto da misericórdia que recebemos de Deus.[15]
- "Bem-aventurados os limpos de coração, porque verão a Deus" (Mt 5:8). Refere-se aos sinceros, que perseguem um relacionamento transparente com Deus e com os outros, e que buscam diariamente a

purificação e o perdão em Jesus. Esta atitude é indispensável para andar em comunhão com Deus.[16]

- "Bem-aventurados os pacificadores, porque serão chamados filhos de Deus" (Mt 5:9). Se promovermos reconciliação entre as pessoas, sofreremos reações. Os pacificadores são chamados "filhos de Deus" porque seguem seu propósito, renunciando à violência e suportando a injustiça, em vez de infligi-la a outros. Eles sofrem no confronto com o ódio e o mal, e vencem o mal com o bem.[17]
- "[...] quando os insultam, perseguem e dizem todo tipo de calúnia contra vocês" (Mt 5:10-12; NTLH). Os que buscam a justiça e seguem a Cristo podem ser socialmente rejeitados por causa de Jesus. A perseguição surge como fruto do choque de valores contraditórios. A reação cristã não é de estoicismo, autopiedade ou ira, mas de regozijo.[18]

O custo de seguir a Jesus

Jesus explicou que seus seguidores teriam de enfrentar tribulações e conflitos, e que o compromisso com o Reino é prioritário. Quem não estiver disposto a carregar sua cruz cada dia não pode ser discípulo de Jesus. A cruz é a marca do estilo de vida do discípulo, chamado a sofrer a hostilidade do mundo, com Jesus, pela causa de seu Reino (Lc 9:57-62; 14:25-35; Mt 8:18-22; 10:34-39; 15:3-9).[19]

Tornar-se discípulo de Jesus significa pôr nossos interesses pessoais de lado e suportar o sofrimento próprio ao seu serviço. Estas condições se aplicam a todos os discípulos: sem renúncia, sem tomar a cruz e seguir a Jesus, não existe discipulado. Isto também significa não negá-lo em situações de perseguição. Carregar a cruz é a única maneira de triunfar sobre o mal. Jesus estava preparando seus discípulos para a missão global, para edificar a Igreja, por isso ensinou-lhes como enfrentar a violência. Jesus ensinou que o sofrimento do cristão é por causa dele (Mt 16:18,24-26; 17:12; 23:33-36; Mc 6:4; 8:34-38; Lc 9:23-26).[20]

Jesus foi odiado porque fazia as obras do Pai. Havia uma atitude permanente de ódio. Um estilo de vida consistente, em palavras e obras, expõe as trevas do mundo e causa ódio (Jo 15:18-25). Aqueles que estão em Cristo serão perseguidos pelo mundo. A perseguição começa com a rejeição, mas pode resultar em violência e martírio. Jesus disse que tal oposição é suportável, porque no meio do sofrimento experimentarão a comunhão com ele (Jo 16:1-4,33).[21]

Jesus ensina os discípulos a não resistir contra os homens maus, mas a estar prontos para reagir com humildade, com disposição de servir, e não em defesa própria. Embora isso se pareça muito com o tipo de cristianismo combatido por Marx, Jesus se referia às reações pessoais. Ensinava a vencer o mal com o bem. Jesus não é contrário à justiça social, como bem o mostram seu ensino e sua vida. Seus discípulos não apenas devem aceitar o mal que outros lhes causam, mas amar os maus e trazê-los a Deus. A única razão por que se comportam assim é porque são filhos de um Pai que ama aos que o rejeitam e dele abusam (Mt 5:38-48; Jo 3:16; Lc 6:27-36).[22]

Ser discípulo significa seguir a Jesus e aprender dele, mas também significa imitá-lo, desenvolver caráter e comportamento semelhantes aos dele, aprendendo a perdoar como ele perdoava (Lc 11:4; Mt 6:14; 18:32s); a amar como Jesus amava, dando-se a si mesmo (Jo 13:34; 15:12).[23] Jesus enviou seus discípulos como ovelhas entre os lobos, muito vulneráveis, mas também como os que deviam ser astutos como as serpentes e inocentes como as pombas. Não é reagir à violência com violência, mas a disposição ao martírio, se for necessário (Lc 12:3-12; Mt 10:16-33).

Jesus estava preocupado com a preparação dos discípulos para sua missão, ajudando-os a enfrentar as perseguições que viriam e a reagir a elas. Ele os chamou a ser testemunhas corajosas, mesmo diante da hostilidade (Mt 10:17-18). Em Lucas 21:13, ele declara que devem ver tais ocasiões como oportunidades para o testemunho.[24]

Os discípulos serão odiados pela família e por todos. Em tais situações, a resposta não deve ser de amargura, mas de amor perseverante. Que juízo tememos: o de Deus ou o dos homens? Se tememos o juízo de Deus, não ficaremos demasiadamente preocupados com a rejeição dos homens (Mt 10:34-39).[25]

Jesus apresenta uma escolha aos discípulos: "Vocês querem me seguir no caminho do serviço humilde e do sofrimento, que leva à vitória final? Pensem nos custos. Seguir-me significa seguir o mesmo padrão: morrer para produzir fruto e receber a vida eterna". Ele também promete sua presença, sua força e sua sabedoria para os que cumprem sua missão de levar o Evangelho e fazer discípulos de todas as nações.

Qual é a função da cruz na vida dos discípulos?

A função da cruz de Jesus, como dissemos, foi o perdão de nossos pecados. Sua cruz foi um acontecimento único, que jamais poderá ser repetido ou complementado. A salvação do mundo consiste em duas partes: o sofrimento de Jesus pelos pecados do mundo, seguido pela proclamação da salvação para todas as nações. Essa salvação não alcançará as nações sem o sacrifício de seus mensageiros. Por isso, tomar nossa cruz significa que o principal objetivo da vida é testemunhar de Jesus a outros, fazer discípulos e ensiná-los a obedecer a Cristo. Isso custará dinheiro, pode custar nossa reputação, pode nos levar ao campo missionário e pode vir a significar a morte.

Quando os discípulos de Jesus ouvem o chamado de Deus e lhe obedecem, levando as Boas Novas às nações, vivendo em humildade, compaixão e amor pelas pessoas, eles se sacrificam pela salvação dos perdidos. Este serviço humilde nos prepara para, no futuro, reinar com Cristo.[26]

A cruz de Cristo é o símbolo do Servo Sofredor e um estímulo à perseverança. Torna-se claro que sofrimento e serviço, paixão e missão estão ligados. O sofrimento na missão a serviço de Deus é pouco enfatizado hoje, mas o segredo da eficiência missionária é a disposição para sofrer e morrer. Hebreus 12 e João 15 nos levam a concluir que Deus usa o sofrimento como meio de graça, porque produz uma fé purificada e humilde, e traz benefícios para outras pessoas, através do serviço e da solidariedade.[27]

Sofrer como Cristo é sofrer com ele. Compartilhar seus sofrimentos é compartilhar sua glória. A esperança da glória torna o sofrimento suportável. O propósito de Deus é de nos apresentar em sua gloriosa presença sem falha e com grande alegria (Jd 24), como aqueles que foram conformados à imagem de seu Filho.

A cruz de Cristo é a prova do amor compassivo de Deus, porque ele não fica indiferente a nosso sofrimento. Através dos profetas do Antigo Testamento, Deus já expressava seu intenso amor compassivo. Os sentimentos e o sofrimento de Jesus (amor, compaixão, ira, tristeza, alegria), mencionados no Novo Testamento, refletem o coração de Deus.[28]

Devemos estar dispostos a renunciar a coisas que, embora corretas, servem como barreira para nossa obediência radical. Paulo negou seus direitos a ter família e ao sustento financeiro. Cristãos hoje podem ser chamados a não se casar, a deixar um bom emprego e uma casa confortável.[29]

Somos chamados a amar e a servir as pessoas. Somos chamados a seguir a Jesus, a escolher entre o conforto e o sofrimento. Onde estão os cristãos dispostos a colocar a missão acima da segurança, a compaixão acima do conforto?[30] Viver como discípulos de Jesus traz grandes desafios, responsabilidades e oportunidades para servir de tal maneira que agrademos a Deus e sejamos bênção para os povos do mundo.

Espiritualidade missionária na história da Igreja

Os cristãos primitivos não tinham nenhuma dúvida a respeito do custo de seguir a Jesus e do dever de cada cristão de testemunhar da maravilhosa notícia do grande amor de Deus manifesto em Cristo. Era como a parábola da pérola de grande valor. A nova descoberta valia mais que qualquer coisa anterior. Nesse testemunho fiel, muito cedo começaram a enfrentar perseguições, prisões e martírio, mas em vez de lamentar ou calar, sentiram-se encorajados a testemunhar, honrados por ter sido dignos de sofrer afrontas pelo nome de Jesus (At 5:41).

O martírio não era considerado desgraça ou perda, mas sim honra. Ignácio, bispo de Antioquia, foi preso e condenado por sua fé e enviado a Roma para ser jogado aos animais selvagens, no Coliseu. Ele era muito respeitado e amado, mas pediu que os cristãos nada fizessem para libertá-lo. Considerava o martírio uma honra e um privilégio. Ele desejava morrer porque acreditava que, daquela maneira, sua vida falaria com mais clareza ao mundo, assim como Jesus falou através da cruz. Ele estaria se aproximando do sofrimento de Cristo, e assim, se aproximaria muito mais de Deus. Acreditava que o verdadeiro discipulado e a verdadeira vitória dos cristãos eram alcançados através do sofrimento.[31]

No início do século IV, Eusébio de Cesaréia descreveu a morte dos mártires falando de sua paciência e de seu amor pelo Senhor manifestados durante o martírio. Eles não gemiam nem choravam enquanto eram dilacerados ou queimados. Entendiam que o verdadeiro martírio não podia ser provocado pelo homem, mas vinha da vontade de Deus.

A terceira característica é que o verdadeiro mártir não pensava em si mesmo, mas nos outros, procurando dar testemunho para que outros fossem fortalecidos na fé ou viessem a crer. Policarpo era bispo em Esmirna e foi martirizado quando tinha mais de oitenta anos. Queimado vivo, enfrentou essa morte com coragem e dignidade. Quando desafiado a dizer que "César é senhor", respondeu: "Oitenta e seis anos eu o servi, e ele nunca me fez mal algum. Como poderia blasfemar do meu Rei que me salvou?".[32] A Igreja primitiva preparava seus membros para enfrentar o martírio.

Quando, sob Constantino, a Igreja deixou de sofrer perseguições e começou a aliar-se ao poder político, o compromisso radical dos cristãos primitivos enfraqueceu e entrou a politicagem e a corrupção religiosa e moral. Ser cristão dava *status*. Como reação, surgiu o movimento dos Pais do Deserto, que buscavam a simplicidade, a imitação de Cristo e a obediência radical ao ensino de auto-renúncia, e seguir a Jesus no caminho da cruz. No deserto, buscavam uma nova intimidade com Deus, vivendo uma vida de austeridade e rejeitando os valores mundanos. Seu objetivo era buscar em primeiro lugar o Reino de Deus.

Esses homens de Deus acabavam atraindo outros que desejavam seguir seu exemplo, e assim surgiu o movimento monástico. O silêncio para os Pais do Deserto não significava apenas não falar, mas uma postura diante de Deus e de nós mesmos, um silêncio que nos ensina a ouvir, meditar e contemplar as obras e os mistérios de Deus. O objetivo principal daqueles homens era viver uma vida de consagração total ao Senhor, estar em sua presença, evitando a corrupção do mundo.[33]

Nosso cristianismo do terceiro milênio está muito distante desse modelo. Buscamos bênçãos e vantagens imediatas, rejeitamos qualquer tipo de renúncia, vivemos um consumismo evangélico na busca do prazer, de riquezas e de *status*. Como Igreja, vivemos uma agitação desenfreada de muitas atividades, reuniões e congressos. A qualidade do cristão é medida por sua agenda cheia e pelo número de cargos que ocupa. Já não temos tempo para uma devoção profunda e tranqüila, para cultivar uma vida na presença do Senhor, para ouvi-lo e não somente falar-lhe, ou cantar e falar sobre ele.

Que Deus nos livre de cair na condenação do profeta Amós (5:23): "Afastem de mim o som das suas canções e a música das suas liras"; ou de Malaquias (1:10): "Ah! Se um de vocês fechasse as portas do templo!" (NVI). O contexto desses profetas era a falta de justiça social (Amós) e a consagração de ofertas de segunda qualidade (Malaquias). Será que não corremos o risco de nossos cultos também aborrecerem ao Senhor? Vamos aprender o que podemos dos Pais do Deserto, sem cair no radicalismo de seu ascetismo.

Chegando mais adiante na história, temos o movimento missionário dos celtas, que surgiu a partir da evangelização da Irlanda por Patrício, jovem inglês que fora escravo na Irlanda, para onde mais tarde, em 432 a.D, sentiu-se chamado a fim de levar o Evangelho. Ele foi um missionário muito bem-sucedido e deu lugar a um movimento semimonástico missionário, independente de Roma. Sua vida caracterizou-se pela *peregrinatio*, combinação de ascetismo, aventura e missão, praticada por monges que ouviam o chamado de Deus e cruzavam o mar, dirigidos pelo Espírito de Deus e pelos ventos, em busca de novos lugares para implantar seu ministério. Saíam deixando toda a vida anterior para trás, para onde quer que o Senhor os levasse.

Columba foi um líder desse movimento. Como jovem, entrou numa dessas comunidades semimonásticas, aprendeu tudo o que podia das Escrituras, especialmente os salmos, que decorou. Quando tinha pouco mais de quarenta anos, resolveu deixar sua posição de líder cristão respeitado e iniciar a vida de peregrino, seguindo o modelo de Abraão e levando doze irmãos consigo.

Ao chegarem à França, numa zona marcada pela corrupção, decadência moral e uma forma diluída e sincretista de cristianismo, ensinaram a Palavra de Deus, ajudaram os oprimidos e estabeleceram vários mosteiros, que atraíam milhares de pessoas.[34]

A espiritualidade daqueles monges caracterizava-se por sua vida em Cristo, que era robusta, ascética, reflexiva e contemplativa. Possuíam um grande amor pela vida e pelo mundo criado. Valorizavam o aprendizado, o desenvolvimento mental, a arte, a música e os livros. Cultivavam a solitude, a meditação e a oração.[35]

Muito mais recentemente, temos a comunidade dos moravianos como modelo de vida missionária e de espiritualidade. O compromisso desse grupo com missões mundiais começou em 1732. Nos 150 anos seguintes, o movimento enviou 2158 missionários com uma forma especial de espiritualidade e de vida em comunidade.

As raízes desse movimento estão no pietismo, que surgiu no fim do século XVII na Igreja Luterana, na Alemanha. A teologia reformada tornara-se formal e árida, e o pietismo focou sua atenção no relacionamento pessoal com Jesus. A piedade e o temor de Deus substituíram o intelectualismo. A fé era mais questão do coração que da mente, e estimulou um novo interesse em missões.

Os pietistas enfatizavam que os cristãos deveriam ser enviados sob a direção direta de Cristo e do Espírito. Não se tratava, portanto, de hierarquia eclesiástica. Qualquer cristão (não só os líderes oficiais) poderia ser chamado e enviado.

Os moravianos desenvolveram uma devoção profunda ao Cristo crucificado e uma entrega incondicional a fazer sua vontade. A maioria era agricultores e artesãos simples. Entendiam que o treinamento desenvolvia-se através da própria vida em comunidade. Valorizavam a capacidade profissional que os ajudasse a prover o auto-sustento, como, por exemplo, o cultivo de subsistência.

Eles escolhiam especialmente as regiões mais difíceis, remotas e perigosas: Groenlândia, entre escravos no Caribe, entre os índios dos Estados

Unidos, na África do Sul, na Argélia, na China, em Sri Lanka, na Pérsia (atual Irã), na Etiópia e em Labrador. Como a Igreja surgira entre pessoas perseguidas, que perderam tudo, desenvolveram um amor especial pelos marginalizados. Cada comunidade missionária moraviana vivia como família, compartilhando os bens. Davam muita ênfase à pregação da doutrina dos sofrimentos de Jesus.[36] Por mais de um século, os moravianos mantiveram uma vigília constante de oração, 24 horas por dia, pela obra missionária.

No Brasil, havia focos de prática missionária, como a Junta de Missões Mundiais e a Missão Kaiwá. O Congresso Missionário da Aliança Bíblica Universitária aconteceu em 1976, reunindo mais de 500 estudantes. Nele surgiram vários chamados, principalmente como "fazedores de tendas" em missões nacionais e internacionais. Mas foi principalmente depois do Congresso Comibam que houve um grande impulso e crescimento no compromisso missionário da Igreja brasileira.

A missão brasileira Antioquia foi fundada nos anos 1970, e se constituiu em exemplo de espiritualidade missionária. Surgiu a partir de um instituto bíblico em Cianorte, marcado pela oração e pela devoção, pelo espírito comunitário e pela abertura para milagres realizados pelo Espírito Santo. A partir de uma visita de Leslie Brierly e Robert Harvey, da Missão Amém, a visão missionária começou a ser ampliada. Mas foi durante uma aula de missões que os alunos ficaram convencidos pelo Espírito Santo e começaram a orar, chorar e clamar a Deus que os perdoasse pela falta de compromisso missionário, o que durou toda a manhã.

Em 1974, um ex-aluno foi enviado para Moçambique, onde foi preso durante a revolução pela independência. Surgiu, então, um grande movimento de oração pelo missionário e pelo povo de Moçambique, e foi a partir daquela experiência que nasceu a missão, que mantém um centro de oração ininterrupta, inspirada pelo modelo moraviano.[37]

A Missão Antioquia não é a única que dedica tal ênfase à espiritualidade, mas se tornou marco e modelo para o movimento missionário brasileiro.

Espiritualidade e ação

Se queremos chegar aos povos ainda não alcançados, cumprindo a ordem e o propósito de nosso Senhor, precisamos desenvolver uma vida de intimidade com Deus, não uma espiritualidade que se esquece do mundo. A espiritualidade missionária nos leva a amar o mundo como Deus o amou, a andar nas pisadas de nosso Mestre e a nos dedicar sem reservas à obra de proclamação das Boas Novas.

Se, por um lado, não devemos buscar espiritualidade sem ação, por outro devemos fugir da ação sem espiritualidade, que segue os modelos e os métodos de sucesso do mundo. Assim, nossas atividades podem impressionar as igrejas e os povos, mas não causarão transformações profundas e duradouras.

Sigamos nas pisadas do Mestre. Felizmente, ele está conosco, disposto a nos guiar com imensa paciência, amor e compreensão, e nos ajudará a continuar seus caminhos, nos estendendo a mão, nos sustentando e nos dando sua graça.

Notas

[1] Stott, 1997, p. 399.

[2] Lane, William L. "The Gospel according to Mark" ("O Evangelho segundo Marcos"), in *The new international commentary on the New Testament* [*Novo comentário internacional do Novo Testamento*]. Grand Rapids: William B. Eerdmans, 1975, p. 572,3.

[3] Moltmann, 1973, p. 1,2.

[4] Id., p. 46.

[5] Ibid., p. 46-9, 54-63.

[6] Stott, 1986, p. 60,1,88.

[7] Id., p. 156-160.

[8] Ibid., p. 204-6.

[9] Morris, Leon. "The Gospel according to St. John" ("O Evangelho segundo São João"), in *The new international commentary on the New Testament* [*Novo comentário internacional do Novo Testamento*]. Grand Rapids: William B. Eerdmans, 1977, p. 452.

[10] Stott, John. *Contracultura cristã*. Série "A Bíblia fala hoje". São Paulo: ABU, 1981, p. 28.

[11] Fritz. "O Evangelho de Mateus", in *Comentário Esperança*. Curitiba: Esperança, 1994, p. 77.

[12] Stott, 1981, p. 30; Carson, D.A. *The Sermon of the Mount* [*O Sermão do Monte*]. Carlisle: Paternoster Press, 1994, p. 21.

[13] Stott, 1981, p. 32,3.

[14] Carson, 1994, p. 25.

[15] Id., p. 27.

[16] Stott, op. cit., p. 41; Carson, op. cit., p. 28.

[17] Idem.

[18] Carson, op. cit., p. 32-3; Stott, op. cit., p. 43.

[19] Yoder, 1975, p. 45,126-8.

[20] Bonhoeffer, 1967, p. 96-103; Ton, 2000, p. 85-9.

[21] Morris, 1977, p. 678-9; Milne, Bruce. *The message of John* [*A mensagem de João*]. Leicester: InterVarsity, 1993, p. 225,8.

[22] Ton, 2000, p. 45.

[23] Yoder, 1975, p. 41,116-121.

[24] Ton, 2000, p. 70-1.

[25] Id., p. 75-81; Bonhoeffer, 1967, p. 237-9.

[26] Ibid., p. 102.

[27] Stott, 1986, p. 315-17.

[28] Id., p. 320-3,335.

[29] Ibid., p. 275-284.

[30] Ibid., p. 285-293.

[31] Ton, 2000, p. 325-8.

[32] Id., p. 328-331.

[33] Barbosa, Ricardo. *O caminho do coração: Ensaios sobre a Trindade e a espiritualidade cristã*. Curitiba: Encontro, 1996, p. 97-100,116.

[34] Warner, Clifton S. "Celtic community, spirituality, and mission. ("Comunidade, espiritualidade e missão dos celtas"), in Taylor, W.D. *Op. Cit.*, p. 491-2.

[35] Warner, 2000, p. 493.

[36] Tiplady, Richard. "Moravian community, spirituality and mission" ("Comunidade, espiritualidade e missão dos morávios"), in Taylor, W.D, *Op. Cit.*, p. 503-5.

[37] Burns, Barbara. "Antioch community, spirituality and mission" (Comunidade, espiritualidade e missão na Antioquia"), in Taylor, W.D. (ed.) *Global Missiology for the 21st century* (*Missiologia global para o século XXI*). Grand Rapids: Baker Academic, 2000, p. 516,7.

Posfácio

Um amigo livreiro possui uma bela livraria, cujas prateleiras identificam claramente os gêneros literários expostos. Certa vez, contou-me um fato curioso sobre um balconista recém-contratado. Em seu primeiro dia de trabalho, um cliente dirigiu-se a ele e perguntou-lhe: "Vocês têm algum livro sobre Cuba?". Sem pestanejar, o novo funcionário levou-o à seção de ARTE e apontou-lhe os livros sobre "Cubismo".

Todo o sofisticado sistema de classificação mostrou-se ineficiente diante da ingenuidade do rapaz. Embora o erro do balconista se caracterize por clara desinformação, nem toda dificuldade de busca bibliográfica ou literária decorre da falta de conhecimento de quem procura. Às vezes a falha é de quem classifica.

Há algumas categorias literárias que resistem a esse tipo de arranjo sistemático: são os livros sobre temas "espirituais". Embora alguns deles tratem claramente de doutrina ou religião, há milhares que não podem ser tão facilmente rotulados.

Por exemplo, um romance policial que aborde elementos de reflexão espiritual deve ser classificado como "Literatura" ou "Religião"? Uma obra que desenvolva princípios de gestão sob a ótica bíblica deveria ser exposta na seção de "Administração" ou "Espiritualidade"? Que dizer das biografias de pessoas que declaram abertamente sua fé? Onde expô-las?

A dificuldade em determinar o local de armazenamento ou exposição de tais obras espelha a imprecisão dos editores — ao definirem o tema geral do livro para fins de classificação nos catálogos da editora — e até dos próprios peritos da Biblioteca Nacional — que redigem, às vezes arbitrariamente, as fichas de catalogação na publicação usadas pelas bibliotecas do país.

Este desafio se sustenta porque a própria espiritualidade resiste a definições, parâmetros, limites e linhas demarcatórias entre essa dimensão do ser humano e as demais. Enfim, a espiritualidade integra nosso "eu", faz parte do que pensamos, do que escolhemos.

Escrever especificamente sobre espiritualidade, portanto, não constitui tarefa das mais fáceis. Significa emprestar palavras a algo que preexiste à linguagem, ou dimensionar materialmente algo que só existe no campo abstrato. Algumas cenas do filme *O homem invisível* mostram uma personagem que tenta localizar desesperadamente o protagonista desaparecido. Para isso, ela joga água sobre o vulto dele, procura enxergar suas pegadas sobre a lama e espalha poeira no ar, tudo na tentativa de rastreá-lo por meio de artifícios perceptíveis.

Assim também, ao buscar articular a natureza e as propriedades da espiritualidade, logo descobrimos que é necessário rodear o assunto, focalizando-nos em elementos paralelos ou justapostos, observando como ela se revela através desses ângulos, para então mostrar sua dimensão, sua profundidade, seu significado ou sua prioridade.

Quando Taís Machado escreve sobre "Espiritualidade e o feminino", por exemplo, ela não apenas propõe uma dimensão espiritual à autoconsciência da mulher, como se utiliza da consciência do caráter persistente da personalidade feminina para dar nova extensão à espiritualidade cristã. Mais importante que definir espiritualidade é descobrir — em tudo que somos e fazemos — uma dimensão espiritual que se aproxime ou se distancie do modelo de existência e intencionalidade espiritual que percebemos em Cristo.

Nos ensaios deste livro, os escritores convidados concentraram seus esforços na manifestação ou aplicação da espiritualidade cristã sobre alguma esfera do conhecimento (teológico ou não), da identidade ou das relações humanas. Fica evidente que espiritualidade não é algo que se busca, mas é algo que já existe em cada um de nós, como parte integrante do ser humano. É o que mais temos em comum com Deus.

Creio que, para o leitor atento, a percepção da natureza da verdadeira espiritualidade do ser humano — a que existe de fato como fundamento da Criação — transforma-se certamente em algo menos abstrato ao longo do livro, algo mais real e menos indistinto.

Durante o processo de amadurecimento espiritual e existencial, o cristão descobre que só é capaz de entender sua dimensão espiritual comparando-a e aproximando-a da verdade revelada na Bíblia. O caminho do aperfeiçoamento espiritual reside não apenas na compreensão e na plena aceitação da Palavra, mas também na aplicação intencional dos preceitos bíblicos em nossa vida.

Os escritores desta coletânea sabem disso. A veia única que passa pelo cerne de cada discurso é a convicção de que a espiritualidade cristã altera a maneira como interpretamos eventos, alistamos prioridades e enfrentamos dificuldades.

Para o leitor, o próximo passo — inevitável — é procurar descobrir como a espiritualidade cristã define seu próprio ser.

Se sou cristão, então quem sou?

MARK CARPENTER
Presidente da Editora Mundo Cristão

Bibliografia

Capítulo IV

Allan, John. *The evangelicals: The history of a great Christian movement*. Exeter: Paternoster Press, 1989.

Costas, Orlando (org.) *Hacia una teología de la evangelización*. Buenos Aires: La Aurora, 1973.

Ellingser, Mark. *The evangelical movement: Growth, impact, controversy, dialog*. Minneapolis: Augsburg, 1988.

Freston, Paul. "Neo-Pentecostalism in Brazil: Problems of definition and the struggle for hegemony", in *Archives de sciences sociales des religions*, v. 44, nº 105. Paris: Groupe de Sociologie des Religions (CNRS), 1999.

Lopes Jr., Orivaldo L. "Sou evangélico. Quem sou eu?", in *Missão integral: proclamar o Reino de Deus e viver o Evangelho de Cristo*. Belo Horizonte: Visão Mundial/Ultimato, 2004.

Lyon, D. "The idea of a Christian Sociology", in *Sociological analysys*, v. 44, nº 3. Association for the Sociology of Religion, 1983.

Mariano, Ricardo. *Neopentecostais: sociologia do novo pentecostalismo no Brasil*. São Paulo: Loyola, 1999.

Paredes, Tito. *El evangelio en platos de barro*. Lima: Presencia, 1989 (Col. "Fe y Mision Cristiana — Ciencias Sociales y Antropología").

Prigogine, Ilya, e Stengers, I. *A Nova Aliança*. Brasília: Universidade de Brasília, 1984.

Serres, Michel. "O que é identidade?", in *Le monde de l'Education, de la culture e de la formation*. Trad. Sílvio Barini Pinto. Jan./1997 (material não publicado).

Siepierski, Paulo. "Pós-pentecostalismo e política no Brasil", in *Estudos teológicos*, 1997, ano 37, nº 1.

Swaan, Abram de. "O alargamento dos círculos de *desidentificação*: Reflexões sobre Ruanda", in *Novos estudos CEBRAP*, nº 62, mar./2002, p.141-54.

Swatos Jr., William H. (ed.) *Religious sociology: Interfaces and boundaries*. Nova York: Greenwood Press, 1987.

Wolfe, Alan. "The opening of the evangelical mind", in *The Atlantic Monthly*, v. 286, nº 4, p. 55-76. Boston: The Atlantic Monthly Group, out./2000.

Capítulo X

Barret, Richard. *A guide to liberating your soul*. Fulfilling Books, 1995.

Benson, Herbert. *Medicina espiritual*. São Paulo: Campus, 1998.

Capra, Fritjof. *O tao da Física*. São Paulo: Cultrix, 1984.

Damásio, Antonio. *O erro de Descartes*. São Paulo: Companhia das Letras, 1996.

FOSTER, Richard. *A celebração da disciplina*. São Paulo: Vida, 1983.

_____. *Oração: o refúgio da alma*. Campinas: Cristã Unida, 1996.

GOLEMAN, Daniel. *A mente meditativa*. São Paulo: Ática, 1998.

_____. *Inteligência emocional*. Rio de Janeiro: Objetiva, 1996.

_____. *Equilíbrio mente/corpo*. Rio de Janeiro: Campus, 1997.

LEDOUX, Joseph. *O cérebro emocional*. Rio de Janeiro: Objetiva, 1996.

LEWIS, C.S. *Cristianismo puro e simples*. São Paulo: ABU, 1997.

NUERNBERGERN, Phil. *The quest for personal power*. Nova York: G.P. Putnam's Sons, 1996.

SCHAEFFER, Francis. *Verdadeira espiritualidade*. São Paulo: Fiel, 1980.

WILLARD, Dallas. *The spirit of disciplines*. Nova York: Harper Collins, 1988.

Capítulo XIII

I Encontro Nacional de Lideranças das Comunidades Remanescentes de Quilombos Tituladas. Brasília: Ministério da Cultura, 2002.

Comunidades quilombolas: direito à terra. Sociedade Brasileira de Direito — Centro de Pesquisas Aplicadas — Fundação Cultural Palmares.

ELIADE, Mircea. *O sagrado e o profano: A essência das religiões*. São Paulo: Martins Fontes, 2001.

GUIMARÃES, Antonio Sérgio A. *Racismo e anti-racismo no Brasil*. São Paulo: Editora 34/FUSP, 1999.

O'DONOVAN JR., Wilbur. *O cristianismo bíblico da perspectiva africana*. São Paulo: Vida Nova, 1999.

OLIVEIRA, Marco Davi de. *A religião mais negra do Brasil*. São Paulo: Mundo Cristão, 2004.

SFORZA, Luigi Luca Cavalli. *Genes, povos e línguas*. São Paulo: Companhia das Letras, 2003.

SILVA, Pereira da. *Pastoral e mística*, 1995, Instituto Metodista de Ensino Superior/Ciências da Religião

TILLICH, Paul. *Dinâmica da fé*. São Leopoldo: Sinodal, 1985.

Capítulo XVII

ANDERSON, Ray S. *Theological foundations for ministry: The place of Jesus Christ in worship*. Grand Rapids: T&T Clark and Eerdmans, 1979.

DAWN, Marva J. *Reaching out without dumbing down: A Theology of worship for this urgent time*. Grand Rapids: Eerdmans, 1995.

FRAME, John M. *Contemporary worship music*. Phillipsburg: P&R Publishing, 1997.

_____. *Worship in spirit and truth*. Phillipsburg: P&R Publishing,1996.

GRENZ, Stanley J. *Theology for the community of God*. Nashville: Broadman & Holman, 1994.

HOUSTON, James. "Espiritualidade e a Trindade", série de palestras ministrada em 1998 em Vancouver, Canadá.

PETERSON, D. *Engaging with God: A biblical Theology of worship*. Grand Rapids: Eerdmans, 1992.

SMITH, Gordon T. *Essential spirituality*. Nashville: Thomas Nelson, 1994.

STOTT, John R.W. *Authentic Christianity: From the writings of John Stott*. Downers Grove; InterVarsity, 1995.

WEBBER, Robert E. *Blended worship*. Peabody: Hendrickson, 1996.

WHITE, James F. *A brief history of Christian worship*. Nashville: Abingdon Press, 1993.

Capítulo XVIII

BARBOSA, Ricardo. *O caminho do coração: Ensaios sobre a Trindade e a espiritualidade cristã*. Curitiba: Encontro, 1996.

BONHOEFFER, Dietrich. *The cost of discipleship*. Nova York: Macmillan, 1970.

BRUCE, F.F. *João: introdução e comentário*. Série "Cultura bíblica". São Paulo: Vida Nova e Mundo Cristão, 1987.

BURNS, Barbara. "Antioch community, spirituality and mission", in TAYLOR, W.D. (ed.) *Global Missiology for the 21st century*. Grand Rapids: Baker Academic, 2000, p. 15-22.

BURT, David. *Llamados a sufrir?* Barcelona: Clie, 1998.

CARSON, D.A. *The Sermon of the Mount*. Carlisle: Paternoster Press, 1994.

GELDENHUYS, Norval. *Commentary on the Gospel of Luke*. Grand Rapids: Eerdmans, 1977.

GUTHRIE, D., e MOTYER, J.A. (ed.) *New Bible commentary*. Leicester: InterVarsity, 3ª ed., 1988.

HURTADO, Larry W. "Marcos", in *Novo comentário bíblico contemporâneo*. São Paulo: Vida Nova, 1992.

LANE, William L. "The Gospel according to Mark", in *The new international commentary on the New Testament*. Grand Rapids: William B. Eerdmans, 1975.

MILNE, Bruce. *The message of John*. Leicester: InterVarsity, 1993.

MOLTMANN, Jürgen. *The crucified God: The cross of Christ as the foundation and criticism of Christian Theology*. Nova York: Harper & Row, 1974.

MORRIS, Leon. "The Gospel according to St. John", in *The new international commentary on the New Testament*. Grand Rapids: Eerdmans, 1977.

_____. *Lucas: introdução e comentário*. Série "Cultura bíblica". São Paulo: Vida Nova e Mundo Cristão, 1983.

RIENECKER, Fritz. "O Evangelho de Mateus", in *Comentário Esperança*. Curitiba: Esperança.

STOGER, Alois. *O Evangelho segundo Lucas – Segunda parte*. Petrópolis: Vozes, 1974.

STOTT, JOHN. *Contracultura cristã*. Série "A Bíblia fala hoje". São Paulo: ABU, 1981.

_____. *A cruz de Cristo*. São Paulo: Vida, 1991.

TIPLADY, Richard. "Moravian community, spirituality and mission", in TAYLOR, W.D, *Op. Cit.*

THAYER, Joseph H. *A greek-english lexicon of the New Testament*. Grand Rapids: Baker Book House, 1979.

TON, Josef. *Suffering, martyrdom and rewards in Heaven*. Nova York: The Romanian Missionary Society, 1997.

WARNER, Clifton S. "Celtic community, spirituality, and mission, in TAYLOR, W.D. *Op. Cit.*

YODER, John Howard. *A política de Jesus*. São Leopoldo: Sinodal, 1988.

Este livro foi composto por Sonia Peticov,
em Arrus, e impresso pela Imprensa da Fé
em papel Offset 56 g/m², com filmes
fornecidos pela MJ Serviços de Composição.